KB057608

평범한 부모들의 남다른
자녀교육 다큐멘터리

미국 8학군
페어팩스의
열성 부모들

미국 8학군 페어팩스의 열성 부모들

저자 | 김경하
초판 1쇄 인쇄 | 2009년 5월 15일
초판 1쇄 발행 | 2009년 5월 22일

발행인 | 박효상
편집 | 조승주
영업 | 이종선, 이태호

출판등록 | 제 10-1835호
발행처 | 사람in
주소 | 121- 839 서울시 마포구 서교동 378-16
전화 | 02.338-3555(代) 팩스 | 02.338-3545
E-mail | esaramin@nate.com
Homepage | www.saramin.com

편집진행 | 정은미
디자인 | Style 統攝

:: 책값은 뒤표지에 있습니다.
:: 파본은 바꾸어 드립니다.

ISBN 978-89-6049-115-1 03370

평범한 부모들의 남다른 자녀교육 다큐멘터리

미국 8학군 페어팩스의 열성 부모들

교육 전문 칼럼리스트 · 김경하 씀 ·

사람in
saram
in com

목 차

아이를 글로벌 인재로 키운
부모들의 남다른 교육 비결

　세 살 된 아이 준경이를 키우며 TESOL 석사 학위를 위해 대학
원을 다니느라 늘 허둥대며 살았던 나는 미국 생활 두 해 만에 식
구들과 첫 여행을 했다. 우리가 살던 워싱턴 D.C.의 교외를 떠나
뉴욕을 거쳐 보스턴까지 자동차로 달리면서 프린스턴, 예일, 유
펜, MIT, 하버드 같은 명문 대학들을 둘러보고 문구점에도 들러
기념 볼펜을 사는 재미가 쏠쏠했다. 하버드 대학에 가니 과연 존
하버드 동상 앞에 관광객들이 가장 북적였다. 아무리 기념사진이
좋다지만 아이들을 동상 위까지 들어올려 사진을 찍는 사람들의
모습에 눈살을 찌푸리며 돌아섰는데, 나중에 알고 보니 그들에게
는 나만 모르는 사정이 있었다.
　"어머, 언니는 거기까지 가서 준경이 안 올려줬어?" 하며 놀라

는 이웃 동생의 말을 듣고서야 존 하버드 동상의 발을 만지면 아이가 하버드에 간다는 미신이 있다는 것을 알았다. 아이를 목말을 태워 동상을 만지게 한 미국 아빠들의 모습이며, 이상스레 반질반질하던 존 하버드의 발등이 이해가 되는 것은 물론이었다. 우리나라 엄마들만 좋은 대학가라고 떡 붙이고 엿 사먹고 하는 것이 아니었구나 하는 생각에 절로 고개가 끄덕여졌다.

미국 부모라고 자식이 좋은 대학 들어가고 보장된 미래를 설계하는 데 초연한 건 아닐 텐데, 우리나라 부모들이 숨 막히는 입시전쟁을 피해 도피처처럼 선택하는 곳이 미국이다 보니 이들의 교육열은 실제 보지 않고는 상상하기 힘든 면이 있다. 하지만 미국에 대한 수많은 오해 중 하나가 교육, 특히 대학 입시가 아닐까?

우리나라와 같은 입시 지옥은 없을 거라고 생각했던 나 또한 실제 미국의 교육현장에서 아이들과 함께하며 많이 놀랐다. 미국에서도 좋은 대학 들어가기는 매우 어렵다. 미국 아이들도 좋은 대학에 들어가기 위해 성적에 안달했으며, 공부 외에 대학에서 요구하는 과외활동 등의 자질을 갖추기 위해 무척이나 노력했다.

내가 살던 페어팩스 카운티는 행정구역상 북버지니아에 속하지만 워싱턴 D.C.의 생활권 안에 있다. FBI나 CIA 같은 정부기관이나 대학, 연구소, 사업체 등에서 일하는 소위 백인 중산층들의 거주지인 셈이니 그 교육열이 만만치가 않다. 《워싱턴 포스트》가

UCLA와 UVA 교수들의 연구를 인용해 발표한 "전미 최고의 학군 The Best School System in America"이자, 《US News》가 선정한 전미 최고의 고등학교인 토머스 제퍼슨 과학고등학교ᵀᴶ가 있는 곳이기도 하다.

좋은 프리스쿨Preschool:유치원을 보내기 위해선 임신했을 때부터 대기자 명단에 올려놓아야 하는 곳, 초등학교 3학년부터 GT Gifted and Talented:성적이 우수한 아이들을 가르치는 일종의 영재 프로그램 프로그램이 운영되는 곳, 토머스 제퍼슨 과학고등학교 입시를 위한 학원들이 즐비한 곳, 세 아이의 학교에서 8년 동안 볼런티어 교사Volunteer Teacher:자원 교사를 한 엄마가 사는 곳, 아이와 주말을 보내고자 골프는 아예 시작도 안 했다는 아빠가 사는 곳, 그곳이 바로 페어팩스 카운티이다. 이곳이 과연 우리가 입시전쟁의 도피처로, 비상구로 여기는 그 미국이 맞는가?

그 안에서도 최고의 학군이라 불리우는 맥클린Mclean의 한 초등학교에서 3년을 볼런티어 교사로 일하고 연구하면서 알게 된 사실들, 미국 친구와 이웃을 통해 알게 된 미국 교육의 실상들은 미국에 대해 좀 안다고 생각한 내게도 적지 않은 충격이었다. 특히 그 안에서 어려움을 겪고 있는 한국 학생들을 볼 때마다, 칼럼을 쓰고 있는 'missyusa.com' 엄마들에게서 고민 쪽지를 받을 때마다 어떤 식으로든 그곳의 교육 실상을 기록으로 남겨야겠다는 생각이 들었다.

공부 잘하는 아이를 둔 엄마를 보면 "비결이 뭐예요?" 하고 묻고도 싶고, 몰래 살펴보면서 방법을 배우고 싶은 게 아이 키우는 부모들 대부분의 심정일 것이다. 이 책은 바로 그런 부모들에게 힘이 되어줄 교육 다큐멘터리이다.

미국 최고 학군이라 불리는 버지니아의 페어팩스 카운티, 그곳에서 아이 잘 키우기로 소문난 학부모 8명이 진심을 담아 들려준 메시지들을 모았다. 이와 더불어 부모들이 들려주는 교육 노하우에서 핵심이 될 만한 포인트를 잡아 좀 더 체계적인 설명을 덧붙이고, 우리의 현실에 맞닿아 있는 부분에서는 구체적인 학습 지도 가이드를 제공하고자 한다.

운 좋게도 미국에서 지내는 동안 훌륭한 부모들을 많이 만났다. 아이를 똑똑하고 반듯하게 키운 가정과 왕래를 할 때면 나도 모르게 아이를 키우며 겪는 이런저런 고민들을 털어놓고 조언을 구해 도움을 얻곤 했다.

그러다 아이를 잘 키우고 있는 부모들에게서 이 같은 교육 비결을 들으며 조언을 구하고 싶은 마음이 생기는 것이 비단 나뿐만은 아닐 것이라는 생각에 그분들의 이야기를 책으로 엮어보자는 결정을 하기에 이르렀다. 하지만 인터뷰를 본격적으로 하고자 지인들에게 예상 질문지를 보내 취지를 설명하고 부탁을 했을 때, 대부분은 "우리 아이가 대단한 일을 한 것도 아닌데…" 하며 거절할 태세였다.

그때 꺼내든 것이 바로 '아줌마 카드'다. 그저 옆집 아줌마가 차 마시러 와서 수다 떤다고 생각하시면 된다고 설득했다. 인터뷰를 하는 과정 중에도 나 자신이 아이 키우는 엄마이기에 자연스러운 분위기를 이끌어낼 수 있었다. 처음 보는 사람이 찾아와 녹음용 마이크를 가슴에 꽂아주면서 "그냥 편하게 얘기하시면 돼요" 하며 인터뷰를 시도했다면, "저는 그저 아이가 원하는 대로 하도록 지켜본 것뿐이에요" 같은 판에 박힌 이야기만 들을 수 있었을 것이다.

흔히 들을 수 있는 우등생의 성공담, 그보다 더 진부한 엄마들의 자녀 교육 성공담에서 벗어나 주절주절 속내까지 듣기 위해서 어떤 때는 내가 더 장황한 고민이나 걱정을 늘어놓기도 했다. 그러는 와중에 듣게 된 그분들의 남몰래 속 썩어왔던 경험들, 갈등하고 고민해왔던 내용들은 진정한 '부모'들의 이야기가 되었고, 이는 누구보다도 내게 먼저 위로와 힘을 주었다.

책을 읽다 보면 대부분의 독자들은 아마도 놀라거나 당황하게 되리라 생각한다. 우리에겐 교육의 해방구 내지는 이상향으로까지 비춰지는 미국에서도 이렇게 아이 키우기가 힘들다는 걸 엿볼 수 있기 때문이다.

미국도 아이 키우기 힘들고 부모로서 끝없는 인내심이 요구되는 건 우리와 다르지 않은 것 같다. 아니, 오히려 더 힘들지 않을까 하는 생각마저 든다. 매일 새벽 3시마다 고등학생 아들을 태우고 수영장으로 향하는 엄마, 공짜 스쿨버스를 마다하고 왕복 40킬로미터의 거리를 5년 동안 태워 나르는 엄마, 아이들을 위해 전문의 과정을 포기하고 혹은 수십 년 쌓아온 군 장교 경력을 포기하고 교육에 전념하는 엄마가 사는 곳이 바로 미국이기 때문이다.

굳이 미국의 열성 부모들 이야기를 하고자 하는 이유는 우리가 겪고 있는 이 힘든 교육 현실이 비단 우리 사회만의 문제, 우리 부모들만의 숙제가 아니라는 점을 전달하고 싶기 때문이다. 그래서 우리나라 부모들이 조금은 위안과 힘을 얻었으면 하는 바람이다. 자녀들의 미래를 염려하고 좋은 부모가 되고자 하는 세상 모든 부모의 고민은 그 절실함의 정도가 다를 수 없고, 치열함의 정도도 누가 더하다 덜하다 말할 수 없는 것이라는 생각이 든다. 우리만 힘들다는 생각, 우리 아이들만 불쌍하다는 생각에서 벗어나 조금만 더 긍정적이고 주체적인 마음가짐으로 교육에 임한다면 모두가 지금보다는 더 행복해질 수 있으리라 믿는다.

더불어 아이들을 글로벌 인재로 키우려는 부모들에게는 최근 쟁점이 된 '대치동 엄마들'이나 '목동 엄마들'이 주는 학습 지도 비결 이상의 폭넓은 시각이 필요하리라 생각한다. 결국 우리 아이들이 살게 될 세상은 이 좁은 대한민국만이 아니며, 그들이 친구가 되고 또한 경쟁하며 살아야 할 대상들도 그 너머에 있기 때문이다. 이 책 속에 비친 미국 열성 부모들의 생각, 그리고 아이

들의 생활을 보면서 다양한 교육의 면면들을 접하고 시야를 넓혀
갔으면 하는 바람이다.

　미국 토머스 제퍼슨 과학고를 중심으로 한 명문 고교와 아이비
리그 등 명문대에 자녀들을 입학시켜 세계적인 인재로 키워낸 부
모들의 교육 비결을 생생히 인터뷰하면서 하나의 공통점을 발견
할 수 있었다. 그것은 바로 아이와 함께 호흡을 맞추듯 매순간 관
심과 격려를 아끼지 않는, 부모 역할에 대한 '열정'이었다.
　엄마, 아빠들의 자식 키운 이야기이다 보니 이 책이 논지가 뚜
렷한 여느 자녀 교육서 같지는 않을 것이다. 다만 아이의 취학통
지서를 받아들고 안절부절못하는 나 같은 엄마들에게 필요한 것
은 전권을 관통하는 기발한 교육 이론이 아니라는 생각이 든다.
어차피 백인백색의 모습을 가지는 것이 자식 키우는 일이기 때문
이기도 하고, 이론이 아닌 다양한 경험만이 우리의 고개를 끄덕
이게 하기 때문이기도 하다.
　이 책을 읽는 분들이 한 분 한 분의 이야기를 읽으면서 모범생
아이를 둔 동네 아줌마와 차 한 잔 나누며 수다를 떠는 기분을 느
낄 수 있기를 바란다. 그러는 중에 어느 한 구절에서든 지혜를 얻
을 수 있게 된다면, 몇 달 동안 다리 품 팔며 인터뷰 다닌 것이
더욱 보람 있겠다.

아이가
스스로 하도록
믿고 기다려 주는
순욱이 엄마

—— 꾸준한 독서로 다지는 '자기 주도 학습법'

순욱이네 가족은 아빠의 유학을 계기로 미국에 왔다가 정착했다. 한국에서 의상디자이너였던 순욱이 엄마는 아이의 유년기에 스스로 배우고자하는 동기를 심어주고 습관을 형성해주는 것이 가장 중요하다고 강조한다. 미국 최고의 공립 고등학교, 토머스제퍼슨 과학고등학교에 다니며 연간 5만 달러의 장학금을 받는 순욱이는 엄마의 어떤 교육을 받아 자기 주도적 아이로 커나가게 되었을까?

꾸준한 독서가
자기 주도적 아이로 키운다

　'국제중학교'라는 핵폭탄이 터졌다. 조기유학을 줄이고 기러기 아빠 문제를 해결할 것이라는 낙관부터, 이제 본격적인 사교육 전쟁으로 돌입해서 유아들까지 입시 경쟁으로 몰아갈 것이라는 비관까지 의견이 분분하다. 실제로 국제중에 입학할 수 있는 인원은 수백 명에 불과하지만 이미 학원가는 술렁이고 있다. 덩달아 부모들의 마음도 불안하다. 강남을 중심으로 이미 "국제중 ○○퍼센트는 본 학원 출신"이라는 커다란 광고문을 과시한 셔틀버스가 돌아다닌다.

　특목고 열풍도 그렇다. 전공을 염두에 둔 '특수' 목적이 아닌, 좋은 대학에 가기 위해 거쳐야 할 과정이라는 인식이 일반화되어 버렸기에 학생과 학부모 전체가 동요한다. 외국어 분야를 진로로

삼으려는 목적 혹은 과학 분야로 진출하기 위한 목적이 아니라, 그저 공부 잘하면 더 좋은 대학에 들어가기 위해 거쳐야 하는 코스쯤이 되어버렸다. 이런 세태에 화답이라도 하듯 실제 명문대 입학생 중 특목고 출신은 해마다 증가하고 있다. 지난 3년간 연·고대 인문계 입학생 열 명 가운데 네 명이 외국어고 출신인 것으로 밝혀졌다. 상황이 이렇다 보니 "저 집 아이 그렇게 공부 잘한다더니 외고도 못 갔네" 하는 말이 이상하지 않게 되어버렸다. 내 조카도 '공부 좀 하는 축에 드니 외고 시험 봐서 국제반에 들어간다'는 식의 시류에 휩쓸렸다가 뒤늦게 자기 적성을 찾느라 호된 홍역을 치렀다.(외고 국제반에서는 국내 교과과정을 아예 다루지 않기 때문에 학생들은 사실상 수능을 볼 수 없다.)

아이 스스로 무언가를 결정하기도 전에, 무엇을 했고 무엇을 해야 하는지 생각해보기도 전에, 그저 앞으로만 나아가도록 길들여지고 있는 것이 현실이다. 이런 분위기에서 자란 아이들은 점차 공부 주도권을 잃는다. 학원에서 세워준 시험 계획, 학원에서 만들어준 오답노트에 익숙하다 보니 자생력이 없고 조금만 위기가 와도 와르르 무너진다.

초등학교 저학년 때까지는 엄마의 힘으로 어떻게든 끌고 간다고 하자. 4학년만 넘어도 아이들은 거부 의사를 드러낸다. 엄마가 일껏 내키지 않는 엄마들하고 어울리면서 괜찮다는 학원 정보를 빼내고 새벽부터 줄을 서서 레벨 테스트 시간을 예약했건만,

정작 아이는 시험 답안지를 백지로 낸다. "이 학원 다닐 거냐고 엄마가 나한테 물어나 봤어?" 하고 울먹이며 반항하는 아이. 새벽 2시까지 꼬박 함께 앉아 있는 것으로 할 일을 다 했다고 생각하는 엄마. 이런 엄마들은 하나같이 자녀가 초등학교 때는 어지간히 하더니 중학교 가면서 맘대로 되지 않는다고 하소연한다.

이 같은 현상의 원인은 '동기motivation'를 말살해버린 데 있다. 어떤 일을 하건 동기가 중요하다. 동기가 강할수록 일의 추진력이 생기며, 당연히 성공 확률도 높다. 가난을 극복하기 위해 악착같이 돈을 벌거나 사랑을 위해 어떠한 역경도 이겨내는 것처럼 강한 동기는 무엇이든 되게 만든다. 공부도 이와 같다. 그렇기에 오래전부터 공부를 잘하게 이끌어주는 학습 동기에 관한 연구가 진행되어 왔다.

동기의 중요성을 이해하기 위해 언어 학습의 경우를 살펴보자. 영어를 배우는 동기는 크게 둘로 나누어볼 수 있다. '내부적인 동기intrinsic motivation'와 '외부적인 동기extrinsic motivation', 다시 말해서 내가 재미있어서 하는 공부와 남을 기쁘게 하기 위한 공부이다. '영수는 자신이 영어를 잘할 때마다 엄마가 기뻐하시고 자랑스러워하시는 게 좋았다. 그래서 대회도 나가고 단어도 열심히 외웠다. 그런데 사춘기가 되고, 엄마가 끔찍하게 미워지자 영수는 영어 공부에 부쩍 흥미를 잃었다.' 이렇게 남을 위한 동기에는 위험 요소가 많다. 그래서 교육학자들은 내부적 동기를 가진 학생, 즉 자기 스스로 만족감을 갖기 위해 공부하는 학생이 공부를 더 잘한다고 말한다.

동기를 나누는 또 한 가지 기준은 '통합적인 동기integrative motivation' 와 '도구적인 동기instrumental motivation'이다. 통합적인 동기는 의사소통을 위한 영어 공부, 즉 실제 사용을 목적으로 하는 공부이며, 도구적인 동기는 시험을 대비한 영어 공부이다. 요즘은 도구적인 동기의 효용성에 대해서도 낙관론이 있지만, 실제 의사소통을 위한 동기가 학습에 더 효과적일 것임은 분명하다. 이처럼 부모가 학습과 관련된 동기를 이해한다면 자녀의 학습 효율을 더욱 높일 수 있다.

학습에 효율적	학습에 비효율적
· 내부적 동기 　스스로 배움의 즐거움을 아는 공부	· 외부적 동기 　부모의 기대를 만족시키거나 남에게 　과시하기 위한 공부
· 통합적인 동기 　실제 사용하기 위한 공부	· 도구적인 동기 　시험을 위한 공부

우리 아이들은 어느 쪽에 있을까? 학습에 비효율적인 동기를 갖고 있는 아이가 더 많을 것이다. 이럴 경우 아이가 공부하기 싫은 원인, 즉 공부를 못하는 원인은 명백해진다. 그렇다면 학습에 효율적인 내부적 동기를 높이기 위해서는 어떻게 해야 할까? 내부적 동기, 즉 스스로 배움의 즐거움을 알게 하기 위해서는 자기가 계획하고 실행함에 따라 성공과 실패의 경험을 해보는 것이

중요하다. 그것도 한 번이 아니라 수없이 해보아야 한다. 잘되지 않았을 때의 쓸쓸함을 맛보고 이를 고쳐보려 노력하는 과정을 겪어야만 비로소 잘 되었을 때의 짜릿한 기쁨도 안다.

바로 이러한 과정이 '자기 주도 학습Self-directed Learning'이다. 동기를 조절하는 것이 자기 주도 학습의 출발이다. 그러한 의미에서 볼 때 다음에 이야기하는 순욱이는 어린 시절 할아버지 댁에서 자랐던 시간이 스스로 동기를 찾고 경험하는 좋은 기회가 되었던 것 같다. 아무래도 할아버지, 할머니는 아이를 다그치며 끌고 가기보다는 넉넉한 사랑으로 지켜보며 믿고 기다리는 데 도통한 분들이기 때문이다.

미국에서 와서 부모님과 살게 된 뒤에도 순욱이는 스스로 동기를 찾고 경험하는 성향을 잃지 않았다. 여기에는 바로 아래 두 동생의 역할이 컸다고도 할 수 있겠다. 어린 두 동생 때문에 부모님의 적극적인 개입이 줄었다고나 할까. 그런 생활 속에서도 짬짬이 함께한 엄마에게서 순욱이는 책 읽는 즐거움을 배우며 책속의 무한한 세계에 푹 빠져들었다.

이처럼 순욱이의 자기 주도적 성향은 바로 꾸준한 독서 습관에서 비롯했다. 독서 능력은 문제해결 능력과 자기 주도 학습 능력 그리고 평생학습 능력을 위한 핵심 능력이라고 할 수 있다. 독서를 통해 기초 지식과 어휘력, 이해력을 키우는 것은 물론 학습 정보를 분석하고 습득하는 방법을 익힐 수 있다. 즉 꾸준히 독서하는 습관을 가진 아이들은 정보와 지식을 단편적으로 받아들이고 암기하는 것이 아니라, 그것들을 어떻게 소화시켜 자신의 것으로 만들어야 할지 잘 알고 있는 것이다.

순욱이는 동네에서 소문난 모범 아들이다. 모든 이민 가정의 꿈이라고 할 수 있는 토머스 제퍼슨 과학고등학교에 다니는데, 8학년(한국의 중학교 2학년에 해당)부터 해마다 엄청난 장학금을 받으며 공부하고 있다. 발음하기도 어려운 '순욱'이라는 이름을 고집하며 자기 정체성을 지키고자 하는 순욱이는 무엇보다도 엄마, 아빠를 배려하는 의젓하고 속 깊은 아이다.

한국으로 치면 지금 고등학교 2학년인 순욱이는 8학년에 올라가기 전 쿡스 재단의 영 스칼라스 프로그램Young Scholars Program 장학생으로 선정되었다. 해마다 5만 달러까지 학생의 학습에 관한 한 어떤 지출도 지원해주는 이 장학금은 대학까지의 학자금은 물론, 수혜하는 학생이 나중에 박사과정을 하며 컨퍼런스 참석차 여행하는 데 드는 경비까지도 지원할 만큼 그 지원 폭이 넓다.

순욱이는 지난 2005년 미국 로스앤젤레스 캘리포니아 대학UCLA에서 대학 수업을 들었다. 비행기표, 호텔비 등 필요한 모든 경비는 물론 재단으로부터 받았다. 좋아하는 미술을 배우는 데 드는 돈도 걱정할 필요가 없다. 그뿐 아니라 재단에서 제공하는 일대일 어드바이저가 있어 순욱이를 미래의 지도자로 키우는 데 전반적인 도움을 준다. 재단에서는 좋은 공연 혹은 전시가 있을 때

표를 구해 아이를 초대하는 것부터, 미국 사회의 다양한 일면을 체험해볼 수 있는 특별 프로그램을 구성하여 운영하는 등 부모나 학교가 해줄 수 없는 전폭적인 지원을 해준다.

지난여름에는 워싱턴 D.C. 빈민가에서 일주일간 노숙자 체험을 한 후 참가했던 다른 학생들과 리서치를 하고 열띤 토론의 시간을 가졌다. 장학 프로그램 안의 이러한 과정들이 그 어디에서도 얻지 못할 값진 경험임은 두말할 필요가 없다. 단순히 공부만 잘하는 아이가 아니라 자신을 넘어 이웃을 생각하고 나라를 생각하는 사람으로 성장시키고자 하는 취지가 담겨 있는 것이다.

순욱이 엄마는 이민 오기 전 한국에서 의상디자이너였다. 그 좋은 손재주는 순욱이가 초등학교 다닐 때 프레젠테이션 자료 꾸미기부터 연극 의상 제작에까지 아낌없이 발휘되었다. 명백한 메시지 전달을 위해 시각적인 자료들을 중요시하는 미국의 학교에서 엄마의 손재주는 한몫을 단단히 한다. 순욱이 엄마는 인터뷰를 했던 부모들 중 자식에 대한 믿음이 유난히 깊었던 분이기도 하다. 순욱이가 스스로 찾아 하도록 기다리고, 그런 아이를 기특하게 여기는 모습이 참 인상적이었다.

순욱이 부모님은 소문난 닭살 부부다. 아이들을 내버려두고 부부끼리만 영화를 보러 다니고 한밤중까지 데이트도 즐기는, 한마디로 한국의 고등학생 부모들은 상상도 못 할 간 큰 생활을 한다. 아직도 남편이 세상에서 제일 잘생겼다고 믿는 순욱이 엄마의 뜨거운 애정은 보는 이들의 부러움을 사곤 한다.

아이들 학원 바라지하느라 바쁜 아내 때문에 집에서 따뜻한 저녁을 먹어본 지가 언제인지 모르고, 시험공부를 하는 아이 눈치 보느라 부부가 단둘이 분위기 잡고 술 한 잔 마셔본 지가 까마득한 한국의 부모들이 들으면 참 부러울 소리다.

다정한 부부관계가 화목한 집안을 만들고, 안정된 집안 분위기가 학습 의욕을 높일 수 있다는 뻔한 얘기를 하려는 게 아니다. 부부 싸움을 해본 사람은 누구나 안다. 싸운 뒤 아이에게 다정다감할 수 없다는 것을. 남편이 혹은 아내가 마땅치 않을 때 괜히 벼락을 맞는 건 아이다. 자녀양육에서 가장 기본이 되는 부모의 항상성consistency, 다시 말해 일관적인 모습이 무너지는 것이다. 부모가 못마땅하게 여기는데 주어진 일을 자신감 있게 해낼 수 있는 아이는 없다. 그런 의미에서 아직도 남편을 보면 가슴이 설렌다는 순욱이 엄마는 우등생 엄마가 될 비책을 이미 손에 쥐고 있는 것이나 다름없다.

"아이 스스로 하도록 기다리고
믿어주는 것이
최고의 교육이다"

귀한 자식일수록
거리를 두고 키운다 순욱이는 네 살까지 강릉의 할아버지, 할머니 손에서 자랐어요. 짧게 예정되었던 순욱이 아빠의 유학생활이 뜻하지 않게 길어진 데다, 손자와 떨어져 지내기 싫으신 어르신들의 욕심 때문이었죠. 모자람 없이 해주시니 순욱이는 말 배우는 것도 느렸고, 젊은 엄마들처럼 이것저것 교육적인 것들을 사들이는 일도 없으니 가지고 놀 것도 마땅치 않았어요. 그래서 할아버지께서 순욱이를 위해 천자문을 가르쳐주셨죠. 말도 잘 못하는 데다 한 글도 모르는 아이에게 무슨 교육이 될까 싶어 저는 별로 찬성하지 않았지만, 달리 해주실 게 없으셨던 할아버지는

★TIP

한자 교육 한자는 표의문자로, 표음문자인 한글과는 교육면에서 많이 다르다. 자음, 모음만 깨치면 조합하여 글을 읽을 수 있는 우리말과 달리 한자는 그저 통째로 외우는 길 외에는 방법이 없다. 상형문자들은 그 생긴 모습에서 힌트를 얻을 수 있다고 하나, 그건 뜻을 알고 글자를 볼 때 얘기지 사람 '인(人)' 자가 실제로 사람처럼 생기지는 않았다. 때문에 글자를 외우면서 끝없이 두뇌 훈련이 되는 셈이다. 어려서부터 이러한 문자에 노출이 되면 머리가 좋아진다고 하니, 순욱이 엄마 표현대로 소 뒷걸음질 치다 쥐 잡은 격이지만 어쨌든 확실한 효과를 보긴 했다.

손자에게 한자를 가르치셨어요. 순욱이는 안 그래도 심심한데 새로운 놀 거리가 생겨 좋았고, 달리 할 것도 없으니 한자를 외웠던 거죠.

'동기'는 자기 주도
학습의 원동력　다섯 살이 되어서야 순욱이는 미국으로 왔어요. 하지만 언어며 주위 환경이 너무 낯설었고, 이미 아래로 두 동생이 있어 엄마를 독차지할 수도 없었죠. 그래서였는지 순욱이는 책으로 눈을 돌렸어요. 하지만 영어로 된 책을 읽을 리 만무했죠. 책에 나온 그림들을 보면 무슨 내용인지 궁금하니까 절 보고 그걸 읽어 달라고 하더라고요. 제가 한 줄 읽고 우리말로 해석하고 하니까 그렇게 하지 말고 영어 단어 하나에 우리말 단어 하나씩 뜻을 달아가며 읽어 달라고 하는 거예요. 그렇게 하면 도대체 책을 언제 다 읽을까 싶었죠. 저야 어린 두 아이들 돌보랴 집안일 하랴 바쁜데 어디 그럴 수가 있나요. 자기 생각에도 좀 그랬는지 순욱이가 이런 말을 하더군요.

"엄마, 내가 정신을 바짝 차리고 들었다가 다음에 그 단어가 나오면 절대 잊지 않고 읽을게요."

그래서 가끔 그렇게 읽어줬어요. 그러고 정말로 6개월여가 지나니 순욱이 혼자서 책을 읽기 시작했어요. 그래도 읽다 보면 자꾸 모르는 단어가 나오잖아요. 그럴 때마다 순욱이는 제게 무슨 뜻이냐고 물었죠. 더 이상 안 되겠더라고요. 남편한테 이야기했더니 그림이 많은 어린이 사전을 사왔더군요. 그러고는 1학년도 안 된 애를 옆에 앉혀놓고 사전 찾는 법을 차근차근 가르쳐주는 거예요. 더욱 놀라운 건 순욱이가 사전을 통째로 외우기 시작했다는 점이에요. 일주일에 한 번씩 도서관에 데려다주면 한 가방씩 책을 빌려다 읽었죠. 영어가 안 되니 밖에 나가서 놀지도 못하고, 놀 거리가 별로 없으니 책하고 놀기 시작한 셈인데…. 아이에게 장난감을 너무 많이 사주는 건 좋지 않아요. 아이가 책으로 눈을 돌릴 수가 없으니까요.

순욱이 아빠는 아이가 아무래도 영어가 부족하다 싶으니까 교육용 컴퓨터 소프트웨어를 사다주기 시작했어요. 순욱이는 그때 시중에 나온 건 다 해봤을 정도로 좋아했죠. 혼자서 이리저리 해보기 좋고 하니까요. 돈이 좀 들긴 했지만 다른 데서 아끼더라도 그 정도 투자는 해야죠.

킨더(유치원) 마칠 때쯤엔 한 문장 정도 쓸 줄 알았어요. 1학년 때는 그저 좀 잘하는 편이라고 선생님이 그러셨는데, 2학년에 올라가니 애가 모르는 게 없다는 거예요. 그동안 닥치는 대로 읽어 댔으니 머릿속에 내용이 넘쳐났던 모양이에요. 그러더니 어느 날인가 GT 선발을 한다고 편지가 왔어요. 거기 우수한 성적으로 들어가게 됐는데, 그 다음부터는 제 손을 떠난 것 같아요. 저야 뭐 순욱이가 필요하다는 것을 사줄 뿐이죠.

자기가 필요하다고 절실히 느껴야 추진력도 생기고 자신감도 붙는 것 같아요. 그런 면에서 순욱이는 자신이 하고 싶은 게 뭔지, 그것을 이루기 위해 어떤 준비가 필요한지 스스로 분석하고 판단하는 능력이 있죠. 자기 내부에서 동기가 우러나야 목표를 향해 적극적으로 시도하고 실현할 가능성도 크잖아요. 실패해서 좌절하더라도 다시 도전하려는 용기도 생기고요. 이게 순욱이의 가장 큰 장점인 것 같아요.

생각을 그림으로 표현할 줄 아는 아이

아이가 텔레비전을 많이 봐서 그런지 어려서부터 그림 그리는 걸 좋아했어요. 어린이 프로그램 중에 〈Arthur〉하고 〈Magic School Bus〉 같은 걸 무척 좋아했는데, 그게 순욱이 영어에도 많은 도움이 된 것 같아요. 하루에 그려내는 분량이 엄청났죠. 얘가 만화가가 되려고 그러나 생각할 정도였어요. 책을 읽으면서, 텔레비전을 보면서 생각한 것들을 밖으로 표현하고 싶었던 모양이에요. 그걸 그림으로 표현했던 것 같아요.

지금도 금요일 저녁이면 그림을 그리러 가는데 순욱이는 그 시간이 아주 좋대요. 선생님도 그러세요. 순욱이는 선생님이 옆에 있는지도 의식하지 못한 채 혼자 뭐라고 중얼거리면서 즐기며 그린다고요. 다른 아이들이 테크닉에 주력하는 데 비해 순욱이 그림은 굉장히 창의적이라더군요.

자신의 정체성을 세우며
미래를 준비하다 순욱이는 한국말을 잊지 않도록 자기한테는
꼭 한국말로 이야기해 달라고 했어요. 밖에서 사람들을 만나도
한국말을 할 줄 아는 사람이다 싶으면
꼭 한국말로 하려고 해요.

5학년 때부터 CTY[*]Center for Talented Youth:
존스 홉킨스 대학 영재 프로그램를 들었는데, 이 아
이들에겐 SAT를 볼 수 있는 자격이
주어져요. 7학년(중학교 1학년) 때 SAT
를 봤는데 영어 760점, 수학 740점을
받았죠. 그래서 SET[*]Study of Exceptional Talent
멤버가 됐어요. 보통 이곳의 한국 아
이들은 수학 때문에 CTY에 들어가는
데 순욱이는 영어 때문에 들어간 거
예요. 녀석이 워낙 책을 많이 읽어서
그랬던 것 같아요. 그래도 어디서 영
어 시험을 보면 꼭 1등은 못해요. 한
두 개 틀려서 2등은 해오더라고요. 그
게 집에서 영어를 안 써서 그런 것 같
아요. 우리말도 왜 '살금살금' 다르고
'슬금슬금' 다르잖아요. 집에서 영어

를 안 쓰니 도저히 극복할 수 없는 한계가 있는 것 같았어요.

대학에 가서는 자기가 좋아하는 걸 했으면 좋겠어요. 순욱이는 요즘 물리학에 푹 빠져 있어요. 내일이 시험이라도 오늘 자기가 기다리던 새 책이 나오면 꼭 읽어야 하죠. 책을 많이 읽어서 그런지 작문에서도 두각을 나타내기 때문에 본인도 결정을 내리기 어려워해요. 지난번에 존스 홉킨스 대학에서 작문 수업Creative Writing을 들었는데, 교수가 순욱이에게 타고난 감각이 있다고 하더라고요. 제가 봐도 그래요. 걔가 쓴 글을 읽으면 뭐랄까, 한 장의 그림을 보는 것 같아요. 하지만 여기서 문과 쪽은 아무래도 한계에 부딪히기 쉽잖아요. 인종차별 같은 것도 겪기 쉽고요. 과학 분야야 워낙 실력으로 차이가 드러나니까 부모인 저로서는 과학 쪽에 마음이 있지만, 일단 대학에 가서 해보고 결정할 수 있으니 그렇게 하려고요.

언젠가 순욱이가 "엄마는 하버드밖에 몰라요?" 하더군요. 좀 당황스러워서 "아니, 엄마도 다 알아."라고 말한 적이 있어요. 제가 가끔 하버드 얘기하는 게 아이한텐 스트레스였던 모양인데, 지난봄에 하버드랑 MIT 다녀오더니 순욱이도 하버드가 좋다더라고요. 하버드는 학생 한 명이 수강 신청을 해도 과목이 개설된대요. 그래도 순욱이는 프린스턴 얘기를 많이 해요. 아마 물리학 쪽을 생각하기 때문인 것 같은데, 제가 한번은 "뭐, 꼭 하버드 안 가도 되지." 했더니 무척 좋아하더라고요.

현명한 부모의
코칭 기술　순욱이에게도 한 번 고비가 있었어요. 초등학교 2학년 땐가 어느 집에 놀러 갔다가 게임기를 보고 푹 빠졌더라고요. 순욱인 뭔가에 빠지면 깊이 들어가거든요. 주위에서는 다른 애들도 다 하는데 그냥 사주라고 했어요. 근데 제 생각에 그건 아니다 싶었어요. 그 나이 때 아이들은 스펀지 같아요. 뭐든 주어지는 걸 무섭게 흡수하죠. 그런 시기에 게임을 하게 하는 건 낭비다 싶었어요.

　순욱이도 사달라고 많이 졸랐죠, 왜 안 그랬겠어요. 그래도 순욱인 알아요. 제가 한 번 안 된다고 하면 절대 안 되는 줄을요. 그래도 친구들과의 대화에서 빠지긴 싫으니 나름 방법을 생각해내더라고요. 그때 유행하던 캐릭터가 포켓몬이었는데, 인터넷으로 찾아서 하나하나 다 외우더군요. 물론 한 번 안 된다고 해놓고 그걸 끝까지 지키기가 쉽지만은 않아요. 그래서 너무 기준을 높게 잡으면 안 돼요. 엄마가 일관성을 지키기 힘들어지거든요.

　애들은 화초예요. 거름 주고 물 주고 햇빛 받게 해주면 그렇게 예쁘게 자랄 수가 없어요. 중요한 건 부모가 방향이 있어야 한다는 거죠. 예를 들어 경제 개념을 가르치는 것도 그래요. 우리는 어디에 기부하고 후원하는 건 아까워하지 않아요. 하지만 뭘 사 먹거나 물건을 살 땐 늘 이게 싼가 저게 싼가 따지죠. 순욱이도 당연히 그래야 하는 줄 알고요.

시아버님이 해주신 말씀 중에 기억하고 있는 말이 있어요. 순욱이가 아기 때 한 8개월쯤이었을 거예요. 고맘때 아기가 얼마나 예뻐요. 내가 하도 애지중지하니까 시아버님이 그러시더라고요.

"애는 좀 섭섭하게 키워야 나중에 너 걔한테 덕 본다."

애들 고만할 땐 한없이 예쁘잖아요. 하지만 그 조절을 잘 해야 해요. 물론 어렵죠. 근데 자식이 귀할수록 그렇게 해야 해요. 뭐든 사주고 싶죠. 장난감 그까짓 것 몇 푼 해요. 하지만 그 장난감 때문에 애가 소모하는 시간을 생각해보세요. 장난감들 대부분이 생각만큼 애들 지능을 발달시켜주는 것도 아니거든요. 참, 레고는 예외예요. 하나씩 하나씩 쌓으면서 완성해가는 게 많은 자극이 되죠. 상상력을 무한대로 키워준다고 할까요. 한 가지에 집중하는 훈련도 되고, 인내력을 기르는 데도 좋고요.

옛날 중국에서는 귀한 자식일수록 친구나 어디 믿을 만한 사람한테 보내서 키우게 했대요. 우리 순욱이의 경우 어렸을 때 할머니, 할아버지하고 시간을 보낸 게 참 좋았던 것 같아요. 아무리 잘 해주셔도 엄마가 옆에서 돌보는 것보다야 뭔가 부족했겠죠. 저한테 왔을 땐 이미 자기 앞가림을 다 할 줄 알았어요. 용변을 보고 나서는 변기까지 싹 닦고 나오고, 동생들 목욕이며 옷 입히는 일을 모두 순욱이가 하더라고요. 여러 면에서 동생들은 아무래도 순욱이처럼 강하질 않아요.

책 읽는 아이가
공부도 잘한다 순욱이가 초등학교 때 책 읽는 양이 많아지면서
순욱이 아빠는 좋은 책을 골라주는 데 시간을 할애하기 시작했어
요. 그런데 아무래도 아빠가 읽었으면 하는 책이랑 아이가 좋아
하는 책이 다르기도 하고, 아이들은 일단 재미를 붙이면 한 가지
에만 빠져들기 쉽더군요. 무엇보다 읽어야 할 시기가 있는 책들
이 있다기에 이 부분에 특히 신경을 썼어요. 예를 들어 위인전은
너무 어릴 때보다는 초등학교 고학년처럼 생각이 깊어질 때 읽으
면 효과적이니까요. 그래도 강요는 안 했어요. 일단은 자기가 보
고 싶은 책을 마음껏 고르게 하고, 아빠가 고른 책은 그냥 아이
눈에 잘 띄는 곳에 놓아뒀어요. 그러면 오다가다 읽더라고요. 그
래서 우리 집은 늘 지저분해요.

순욱이 아빠는 생각이 참 유연한 편이에요. 순욱이에게 곱하기
를 가르칠 때도 "3곱하기 2는 6이야." 이렇게는 안 했어요. "바
구니에 사과 세 개를 넣고 또 다른 바구니에 세 개를 넣으면 세
개씩 두 바구니가 만들어졌지? 그럼 사과 개수는 모두 얼마니?"
하고 설명했죠. 3학년 무렵 연산의 기초들이 나올 때 남편이 수
학을 좀 봐줬는데, 남편이 늘 하는 소리가 있어요. "위대한 사람
은 아빠가 교육시켰다", "애들 책 고르는 것도 얼마나 공부를 많
이 해야 하는지 모른다"고요. 뭘 모르고는 좋은 책을 골라줄 수
없대요. 지금이야 순욱이가 스스로 알아서 고르죠. 이제는 아는

게 우리보다 많으니까요. 그렇게 자리를 잡기까지는 순전히 순욱이 아빠 공이 컸어요.

순욱이는 벌써 공부하는 즐거움을 아는 것 같아요. 선생님이 요구하는 것보다 늘 더 하려고 하죠. 자기가 좋아하는 분야는 신간이 나오는 날짜까지 기억했다가 꼭 사서 봐야 돼요. 요즘은 물리학에 빠져 있는데 너무 그쪽으로 많이 생각하는 것 같아요.

다른 애들이 순욱이보다 공부를 잘한다고 해도 저는 그 깊이가 다르다고 믿어요. 순욱이는 겉으로 드러나는 것 아래의 보이지 않는 부분에 엄청나게 쌓여 있거든요. 놀아도 그냥 노는 게 아니고 뭔가를 탐구하고 뭔가를 끊임없이 쌓아가고 있는 거라고 믿어요.

요즘은 저도 순욱이 의견을 많이 따라요. 아이가 신문이며 잡지를 워낙 많이 보고, 다양한 분야의 책을 읽고 하니까 생각도 풍부하고 깊어지는 것 같아요. 제게 무슨 결정할 일이 있으면 "엄마, 이건 이렇게도 할 수 있고 저렇게도 할 수 있는데 이게 가장 좋은 것 같아요." 하는 식으로 의견을 제시해요. 들어보면 늘 논리적이니 따를 수밖에 없더라고요. 제가 가끔씩 놀라곤 해요. 고마운 건 순욱이가 엄마인 저를 먼저 이해해준다는 점이죠. 절대 자기 의견만 내세우지 않고요. 가만 보면 순욱이는 기본적으로 인간을 사랑하는 마음이랄까, 그런 아량이 있어요. 제 자식인 걸 떠나서 인간적으로 봤을 때도 참 유익한 인간이라는 생각이 들어요.

엘리트 그룹이란 건 확실히 있는 것 같아요. 순욱이만 봐도 GT 센터에 있던 친구들이 많이들 토머스 제퍼슨 과학고등학교로 갔고, 그 애들이 생각하는 대학도 다 거기서 거기예요. 그 나이의 다른 학교 다니는 아이들을 보면 이성 친구 사귀고 외모에 신경 쓰고 그러는 데에 비해 얘들은 그런 것하고는 담쌓았어요. 늘 공부 생각을 하면서 어떤 직업이 성장하고 있으며 전망이 있는지 그런 얘기들을 해요.

미국 사회가 그런 것 같아요. 공부를 잘하는 애들은 계속 비슷한 부류의 아이들을 만나요. 또한 그 아이들의 부모들도 그만큼 교육에 열심인 사람들이고…. 그 사람들이 아주 조용히, 전혀 유난스럽지 않게 어떤 그룹을 만든다고 할까요? 아이들이 자라면서 그런 과정이 아주 자연스럽게 이루어지는 것 같아요.

드라마나 영화에서 비쳐지는 미국의 초·중·고등학교 생활은 자유롭기 그지없어 보이잖아요. 어른인지 아이인지 모를 옷차림에 성적이 떨어졌다고 회초리를 들고 언성을 높이는 선생님도 없고요. 기본적으로 미국 공교육의 목표는 건전한 시민 양성에 있어요. 읽고, 쓰고, 사회의 질서를 이해하고 잘 따르는 모범 시민으로 키우는 거죠. 대다수의 학생은 스트레스 없는 즐거운 학교생활을 하고 있어요.

하지만 상위 3퍼센트 아이들은 전혀 다른 세계에서 교육받는다고 해도 과언이 아니죠. 이 아이들은 97퍼센트를 이끌어가는 리더로서 일찍이 따로 교육을 받고 있어요. 주마다 다르긴 하지만 보통 초등 3학년에 올라갈 때 아이들은 시험을 치르고, GT[*]나 GATE^The Gifted and Talented Education라 불리는 영재 교실에 배정을 받아요.

GT 센터를 다니기도 하고, 학교 안에 영재 교육 시설이 있는 경우 한두 과목만 선택적으로 듣기도 하는데, 그렇지 않은 곳은 또 다른 형식의 우등반이 존재해요. 이곳에서는 시스템을 따르는 사람이 아니라 리더, 즉 미래를 이끌어갈 재원을 양성하는 것이 교육의 근본 목적이에요.

수업 시간에 특별히 이 점을 강조해서 우월감을 부추기는 것은 아니고, 커리큘럼 저변에 그 목적이 깔려 있어 그 차별점이 여러 곳에서 드러나죠. 예를 들어 일반 클래스의 수학 시간에는 최선의 공식을 외우고 연산을 하게 한다면, GT 클래스 아이들은 공식 이전에 생각을 하도록 유도하고 그 문제를 풀 수 있는 모든 공식을 접하게 한 다음 스스로 자신의 풀이 방법까지 이끌어내는 수준으로 수업이 흘러가요. 사소한 수학 문제 하나일지라도 학교생활 내내 이러한 사고의 습관이 쌓이다 보면 아이들은 어느덧 특별한 마인드를 갖게 되는 거죠.

선생님들도 마찬가지예요. GT 클래스를 담당하는 선생님들은 끊임없이 재교육을 받고, 그 분야의 연구 성과들을 업데이트해서 학생들을 이끌도록 하죠. 때문에 일반 클래스에서는 어려운 수학을 가르칠 필요가 없어요. 이렇게 GT나 GATE 같은 클래스에 들어가고 학교에서 최상위의 성적을 유지하면 존스 홉킨스 대학 영재 스쿨 같은 곳에서 편지가 날아와요.

물론 GT에 선발되지 않았다고 해서 공부를 못하는 아이라거나 좋은 대학을 못 간다거나 하는 의미는 절대 아니에요. 하지만 한국식 개념을 굳이 사용하자면 '우열반'이라고도 할 수 있는 이런 시스템이 버젓이 있다는 것이지요. 미국의 학교라고 해서 과연 자유와 평등의 낙원이기만 하겠어요? 미국 사회는 고등학교 과정까지 나라가 보장해주는 안정된 공교육 시스템으로 교육의 평준화를 지향하지만, 엘리트 교육 등 차별화된 교육의 특성화에는 정부가 적극 나서면서 미래 인재를 키우고 있는 거죠.

1. 공부의 주도권은 아이에게

중학교 다닐 때 일이다. 대학생이던 작은언니가 함께 도서관에 가서 공부하자며 연습장을 한 권 사줬다. 언니 따라 도서관에 다니게 된 것도 신이 나는데 연습장까지 얻으니 공부할 마음이 절로 났다.

"이번 방학 동안 이 연습장 한 권 가득 공부해봐."

"무슨 공부해?"

"그냥 네가 알아서 해."

한참 고민을 하다가 우선 언니 오빠들이 보던 《TIME》지에서 예쁜 사진을 한 장 찢어 표지에 붙였던 기억이 난다. 방학 내내 연습장에 수학 문제도 풀고, 영어 단어도 외우고, 사회 정리도 하면서 한 권 다 쓰기로 한 약속을 지켰다. 지금 생각해보면 별것 아닌 일이지만 내 스스로 해냈다는 사실이 무척 기뻤던 모양이다. 지금도 그 연습장 표지의 꽃병 사진이며 유난히 하얗던 종이의 질감, 수학 문제를 풀 땐 종이를 아끼기 위해 절반 접었던 것까지 기억이 난다. '이달학습'인지 '다달학습'인지 하던 책들은 제목도 가물가물한데, 그 연습장 기억은 이토록 생생하니 참 신기한 일이다. 연습장을 채운 일로 언니가 무슨 선물을 주었는지 아닌지는 기억나지 않는다. 시험도 아닌데 스스로 공부 계획을 세워서 나 자신과 시합을 했다는 사실이, 그리고 거기서 이겼다는 사실 자체가 무척이나 좋았던 것 같다.

이렇게 '자기 주도 학습'이란 그리 거창한 것이 아니다. 시작은 작을수록 좋다. 그래야 성공할 확률도 높다. 앞서 이야기한 동기 부분이 자기 주도 학습 전문가들이 일순위로 꼽는 '시작'이라면, 이렇게 실제로 공부를 해나가는 과정이 두 번째 단계이다. 오답 노트를 쓴다거나 단어장을 만든다거나 학습 내용을 스스로 고민 해서 정리해보는 것이다. 일단 첫 번째 단계를 넘어서면 부모가 해줄 수 있는 일은 별로 없다. 이는 순욱이 엄마의 인터뷰 내용 에서도 잘 드러난다. 책을 읽으며 이미 지식 세상에서 유영하는 즐거움을 알아버린 순욱이에게 엄마는 별로 해줄 게 없었다고 한 다. 그저 필요하다는 책을 사주고, 아이가 자신의 배움을 기반으 로 어떤 일을 결정할 때 존중해주는 것, 그것뿐이었다.

자기 주도 학습의 세 번째 단계는 행동에 관한 것, 즉 생활 관 리에 있다. 자기 스스로 시험 계획을 세우고 공부 환경을 최적으 로 만드는 것이다. 내 세대(현재 3,40대)의 학생들은 시험 날짜가 발표되면 2주 전쯤 공부 계획을 세우기 시작했다. 언제 어떤 과 목을 공부할 것인지 색색 사인펜으로 계획표를 그리고, 일주일이 지나면 밀린 부분을 넣어 다시 계획표를 짜고, 수정하고 또 수정 하며 밤을 샜다. '나는 초저녁잠이 많으니 좋아하는 사회 과목은 저녁 먹고 7시쯤 해야지', '새벽엔 집중이 잘 되니 수학을 해야겠 다', '이건 내일 학교 가서 과학을 잘하는 희경이한테 물어봐야 지' 하며 계획을 세웠던 기억이 난다. 하지만 이제 중학교에 다니는 조카에게 계획표 세운 것 좀 보자 하니, "계획표? 학원에서 다 짜주는데?" 한다. 자기 주도 학습법의 효과에 대해 역설하니, "그럼 나 그거 배우는 학원 다녀야 돼?" 한다. 시험일이 발표되면 학원에서 알아서 계획을 짜주니 학생들은 해야 할 필요도 못 느낀다. 잘 짜인 일정에 끌려가다 보니 자신이 뭘 모르는지 생각해볼 겨를도 없다.

미국서 인기가 많다는 챕터북Chapter Book:짧은 동화보다 이야기 호흡이 길며 여러 장 (章)으로 나뉜 책을 학원에서 교재로 쓰기에 혹시나 했지만, 역시나 밑줄 치며 단어 하나하나 외우느라 아이는 이야기 내용에 빠져들지도 못한다. 브레인스토밍부터 초고 작성, 수정에 또 수정에 거쳐 친구들과 토론하고 의견을 얻어 최소한 일주일은 수업시간에 다루어야 완성할 수 있는 영어 작문을 한국의 학원에서는 한 시간 만에 두 개씩 뚝딱 해치운다. 브레인스토밍도 내 경험, 내 느낌에서 나오는 게 아니라 선생님 입에서 나온다. 아이들이 생각할 틈이 없다. 아이가 책을 몇 권 끝냈느냐가 곧 학원의 경쟁력이 되니 학원을 탓할 수도 없다. 6개월에 작문 책 한 권을 뗀다면 학원도, 서점도 모두 망할 분위기이다. 엄마들 또한 그걸 보며 믿고 기다리기엔 마음이 불안하다. 어느덧 공부의 주도권이 학생이 아닌 학원으로 넘어갔기 때문이다. 이 잃어버린 주도권을 되찾아야 한다.

아이가 이 세 단계 과정을 거쳐 공부의 주도권을 찾아오는 동안 부모는 할 일이 있다. 아이를 믿고 기다려주는 일이다. 이 믿음이 얼마나 큰 힘을 발휘하는지 섬뜩하리만치 잘 입증해주는 것이 바로 '피그말리온 효과'이다.

옛날 피그말리온이라는 조각가가 살았는데, 그는 자기 이상형의 여자를 조각해놓고는 조각과 사랑에 빠졌다. 그 사랑이 어찌나 애틋했던지 여신 아프로디테(비너스)는 조각에 생명을 불어넣어주었고, 그 후 두 사람은 행복하게 오래오래 살았다고 한다. 이 신화 속 인물 '피그말리온'의 이름을 딴 이론이 피그말리온 효과이다. 가르치는 사람의 기대치가 아이들을 실제로 변화시킨다는 것인데, 학자들이 해온 수많은 실험 중 이를 증명하는 몇 가지 예를 들어보겠다. 학기 초에 학생들을 두 그룹으로 나누고 선생님들한테 정보를 준다. 한 그룹의 아이들은 우등생이며 다른 그룹의 아이들은 열등생이라고 알려준다. 물론 아이들은 무작위로 그룹 지어진 것이며, 선생님들이 받은 정보는 전혀 사실이 아니다. 하지만 신기하게도 일 년 뒤, 우등생 그룹이라고 했던 아이들은 성적이 많이 향상되었고, 열등생 그룹의 아이들은 그렇지 못했다. 바로 선생님의 기대치가 달랐기 때문이다. 우등생 그룹의 선생님은 아이들에게 긍정적인 기대와 격려를 강화한 반면, 열등생 그룹의 선생님은 높은 기대나 격려를 보내지 않은 것이다.

또 한 가지 예를 들어보자. 25명의 선생님들에게 "올해 당신의 학생들은 좋지 않은 가정환경의 열등한 아이들입니다."라고 일러주고, 다른 25명의 선생님들에게는"당신의 학생들은 좋은 가정의 우수한 아이들입니다." 하고 정보를 주었다. 물론 이번에도 학생들은 성적과 관계없이 무작위로 그룹 지어졌다. 하지만 앞의 예와 비슷하게도 전자의 학생들은 시험 성적이 25퍼센트 떨어지고, 후자의 학생들은 50퍼센트나 향상되었다.

이런 실험은 사람뿐 아니라 말이나 쥐를 대상으로 이루어지기도 했다. 하버드 대학의 한 교수는 학생들에게 '천재 쥐'와 '바보 쥐'를 나누어주고 미로 찾기 훈련을 시키도록 했는데, 천재 쥐 그룹이 놀라운 성과를 나타냈다고 한다. 물론 쥐들은 모두 보통 쥐였고, 쥐들을 훈련시킬 연구자들에게 알려준 천재 쥐와 바보 쥐라는 사전 정보는 새빨간 거짓말이었음에도 결과는 그랬다.

왜 이렇게 가르치는 자의 기대치가 학생들에게 – 사람이 아닌 심지어 동물에게까지도 – 영향을 미치는 것일까? 한 가지 논리를 설명해본다면 이렇다. 우선 학생에게 높은 기대치를 가지고 있는 선생님의 경우, 다시 말해 학생의 배경이나 좋은 선입견 등으로 학생이 잘 할 것이라고 믿는 선생님은 말 이외의 표현 수단을 활용한다. 즉 미소, 고개 끄덕임, 눈길, 설명할 때 몸을 가까이 하는 등 친밀감을 보인다. 또한 칭찬을 자주 하고, 설명을 할 때도 좀 더 자세하고 풍부한 반응을 보인다. 조금이라도 더 가르치고

자 하는 경향을 보이며, 학생들의 대답을 적극적으로 이끌어내고 언어적·비언어적 수단으로 학생들을 응원한다.

이런 과정이 반복되면 학생들은 더 잘 배우고, 성적도 향상되게 된다. 부모가 가르칠 때도 마찬가지이다. 부모가 보여주는 높은 기대치는 단지 아이를 더 몰아붙이고, 학원 시간표를 더 빼곡히 짜넣느냐로 가늠되는 것이 아니다. 아이를 얼마나 믿어주고 잘할 거라고 응원해주느냐에 있다.

2. 자기 주도적 능력을 향상시키는 독서법

중학교 때 순정만화를 읽으면서 그 배경이 되는 프랑스의 종교 전쟁에 대해 열심히 공부했던 기억이 있다. 텔레비전에서 방송되는 사극을 보며 역사책이나 인터넷을 뒤적이다 그 시대를 배경으로 한 책 한 권쯤 읽어본 기억이 부모님들에게도 있을 것이다. 독서가 자기 주도 학습법에 특효가 있는 이유는 책을 통해 지식이 확장되고 어휘력과 이해력이 향상될 뿐 아니라, 지금 읽고 있는 책 자체가 종종 다음 책으로 이어지는 동기가 되기 때문이다. 맨 처음 어떻게 책을 고르고, 그것을 어떻게 확장시켜 나가야 스스로 공부하는 습관이 생기고 학습 효과도 나타나는지 짚어보자.

인터넷 여성 포털(www.missyusa.com)에 초등 영어 관련 칼럼을 쓰면서 독자들에게서 수많은 고민 쪽지를 받았다. 대부분은 아이의 학습 부진을 의논하는 내용이지만 간혹 그와 반대의 경우도 있었다. 3세에 이미 영어 동화책을 줄줄 읽고 5세에 챕터북도 읽어냈는데, 아이가 초등학교에 들어가더니 책을 읽어도 무슨 말인지 모르고 헤맨다며 어찌 해야 좋을지 모르겠다고 했다. 또한 초등학교 고학년쯤 되면 "책은 많이 읽는데 성적은 좋지 않다"는 얘기도 빠지지 않는다.

굳이 "모든 일에는 때가 있다"는 옛말을 언급하지 않더라도 우리 교육에는 종종 앞뒤가 바뀐 일이 많다. 아이가 동물에 관심을 보이기도 전에 동물도감이 전집으로 들어오니 책 위엔 먼지만 쌓이고, 우리가 살고 있는 세상에 대한 이해도 부족한데 위인전을 읽으라 하니 아무리 위대한 일생을 읽은들 감흥이 생기지 않는다.

자기 주도 학습법의 출발은 스스로 동기를 가지는 데에 있다. 너무 일찍, 다시 말해 이해력이 뒷받침되지 않거나 미처 호기심이 생기기도 전에 책을 접해버리면 정작 탐구를 해야 할 시기에 흥미를 잃고 만다. 서점보다는 인터넷이 싸고, 낱권을 골라주는 것보다는 전집을 사는 게 편하다는 논리 때문에 요즘 아이들은 책을 골라 볼 틈이 없다. 하지만 책은 아이가 직접 고르도록 이끌어주어야 한다.

올 초 우리 아이가 뼈가 주렁주렁 달려 있는 인체의 신비 책을 보더니 사 달라고 졸랐다. 그런데 전집을 파는 아주머니가 그건 얼마 안 되어 못 읽게 될 테니 초등학교 가서 내내 보도록 한 단계 위의 책을 들여놓으라고 했다. 그러나 그렇게 구입한 전집은 어렵기만 해 먼지만 뽀얗게 쌓였고, 결국 아이가 사달라던 뼈가 주렁주렁한 그 책을 다시 사야 했다. 아이는 신이 나서 책이 너덜너덜해지도록 열심히 봤다.

책이 늘 나보다 앞서 있고, 궁금해 하기도 전에 책장을 메우고 있으면 아이는 책 읽는 재미를 느끼지 못한다. 책이 재미없는 것이 되어버리면 독서를 통한 자기 주도 학습법은 시작도 할 수 없다. 어릴 때부터 서점이나 도서관 나들이를 하며 자기 손으로 책을 골라, 그 속에 어떤 내용이 있을까 궁금해 하며 집으로 돌아와 펼쳐본 경험을 가진 아이들은 책을 사랑하게 된다. 자기 마음에 드는 새 책은 아직 뜯지 않은 장난감처럼 기대감을 불어넣어 준다. 일주일에 한 번은 아이와 함께 시간에 쫓기지 않는 서점 나들이를 해보자. 이것이 바로 자기 주도 학습법의 시작이다.

동기 유발이 되었다면 꾸준히 이어가는 것이 중요하다. 이제는 책 읽기가 양적으로나 질적으로 깊어져야 한다. 어쩌다 서점에서 사주는 책들로는 부족하다. 아이가 고른 책을 보고 관심 분야를 관찰했다면, 그 관심이 깊어질 수 있도록 부모가 제안을 해주어야 한다. 순욱이 아빠가 책 고르는 데 상당한 시간을 할애한 것처럼 부모들도 책 고르는 공부를 해야 한다. 아이가 공룡이 나오는 동화책을 골랐다면 공룡도감을 구하고, 공룡 스티커북을 찾아주고, 한 단계 높은 공룡 책을 구해주는 것이 바로 부모의 몫이다.

관심 분야가 있어도 내용이 확장되고 깊어지지 않으면 흥미는 대번에 사그라진다. 이런 훈련이 여러 번 반복되면 아이가 스스로 알아서 하는 단계가 온다. 자기 주도 학습법에서 스스로 계획을 세우고 수정을 해가는 단계가 연습되는 셈이다. 책은 많이 읽는데 공부를 못한다는 아이들은 대개 읽고 있는 책이 횡적으로만 확대되는 경우가 많다. 미스터리 챕터북만 줄곧 읽는다던가, 만화로 된 학습서만 읽는다던가, 픽션 류에만 몰두하는 경우처럼 독서가 양적으로만 늘 뿐 '깊이'로의 탐구가 빠져 있는 것이다.

아이가 공룡에 관한 동화를 읽었다면, 그 속에 나오는 공룡들을 도감에서 찾아보고, 다른 책 속에 나온 공룡들과 비교해보고, 그림을 그리거나 점토로 만들어보기도 하고, 한 단계 높은 수준의 이야기책에는 어떤 내용이 추가되는지 차이를 생각해보면서 아이는 독서를 통한 학습 방법을 절로 훈련하게 된다. "너는 상어 나오는 책이 집에 있는데 이 책을 왜 또 사니?" 하고 묻기 전에 그 책이 상어에 대한 아이의 관심에 깊이를 더해줄 수 있는지를 반드시 살펴보아야 한다.

이렇게 지금 읽은 책 자체가 다음 책으로 이어지는 동력이 되도록 자리를 잡으면 아이의 사고력이 확장되며 학습 습관도 함께 형성된다. 미국의 초등학교 수업 시간에 책을 읽고 나서 반드시 빠지지 않는 것이 '연상 작용 연습'이다. 다시 말해 책을 읽고 이야기할 때 "네가 읽은 다른 책과 비교해서 어떻게 다르니?"와 "책 내용 중에 네 실생활과 연결되는 부분이 어떤 것이니?" 하는 질문이 꼭 나오는 것이다. 겨울이 되면 미국 초등학교 1, 2학년 아이들은 학교에 잠옷을 입고 와서 코코아를 마시며《The Polar Express》한 소년이 크리스마스이브에 기차를 타고 북극에 가 산타와 엘프를 만나는 내용의 동화를 읽는다. 책 내용에 대한 공부를 마치고 나면 아이들은 저마다 읽은 기차 책 이야기나, 산타할아버지가 나오는 책 이야기로 토론의 폭을 넓혀가고, 자기가 타본 기차 이야기나 받은 크리스마스 선물 이야기를 하면서 수업에 생동감을 더한다.

이렇게 지금 책에서 다른 책, 책에서 자신의 생활로 생각을 발전시키는 훈련이 몸에 배면 나중에는 반대로 다른 책에서 읽은 내용이 배경 지식이 되고 경험한 일들이 동기가 되어 학교 수업을 이해하는 지원군이 된다. 단편적으로 습득한 지식은 훨씬 많지만 연결이 되지 않는 우리식 교육의 단점을 이러한 독서 습관을 통해 극복하면, 아이들은 스스로 사고를 확장해가고 주도적으로 학습해나갈 수 있다.

아이에게
든든한 지지자이자
역할 모델이 되어 준
혜원이 엄마

—— 아이가 좋은 길을 걷도록 이끌어주는 '서포트 교육법'

혜원이네는 아버지와 어머니가 모두 미국 대학에서 학생들을 가르치고 있다. 혜원이 부모님은 두 아이를 키워 존스 홉킨스 대학과 토머스 제퍼슨 과학고등학교에 보내기까지 수많은 시행착오를 경험했고, 그를 통해 정보를 수집하고 가이드를 해주는 것까지가 부모의 역할임을 깨달았다고 한다.

스스로 결정하고 책임지는 아이로 자란 혜원이는 전미 최고의 권위를 자랑하는 장학금, 내셔널 스칼라십 어워드 세미파이널(Nationl Scholarship Award Semi-final)에까지 올라 더 넓은 세상을 준비하고 있다. 아이의 든든한 지지자로서 아이가 자립심 강하고 책임감 있는 아이로 커가게 이끌어준 혜원이 엄마의 경우를 살펴보자.

부모는
최고의 에듀 서포터

'열성 엄마' 하면 왠지 치맛자락 흩날리며 마구 달려가는 모습이 떠오른다. 아이가 학교며 학원을 오갈 때, 열성 엄마들은 집안 살림은 일단 뒤로 제쳐두고 정보 하나라도 더 얻으려고 여기저기 부지런히 뛰어다닐 것만 같다. 실제로 여러 가정에 인터뷰를 다니면서 '공부 잘하는 아이들 집은 책 더미들이 여기 저기 쌓여 있어서 말끔하게 정리된 집과는 거리가 머네' 라고 많이 생각했다.

하지만 혜원이네 집은 그와 확실히 달랐다. 잘 가꾼 난과 화초들이 집 안에 가득했으며, 구석구석이 그림처럼 정돈되어 있었다. 말소리조차도 나직나직 조용한 혜원이 엄마를 보며 과연 열성 엄마의 모습이 있기는 할지 궁금했다. 그러나 걱정도 잠시, '엄마'이기 때문에 열성적일 수 밖에 없었던 이야기들이 술술 흘러 나왔다.

혜원이 엄마는 교수인 동시에 동시통역사로 바쁘게 일을 하면서도 아이들이 초등학교 다니는 내내 자원봉사를 다니고, 학교 내 다문화에 관한 인식을 넓히기 위해 직접 위원회를 만들고 활동하였다. 거기에 페어팩스 카운티의 다문화 가정 부모들을 도와주는 태스크포스 팀Task Force Team:특정 목표를 위해 외부 전문가 등을 초빙하여 구성하는 전략 기획팀 20명 중 학부모로는 유일하게 참여하였다니 그 열성이 정말 대단하다고 하겠다. 그뿐 아니라 기라성 같은 미국 학부모들도 좀처럼 끼기 어렵다는 토머스 제퍼슨 과학고의 학부모회 부회장까지 맡았으니, 아이 키우는 부모라면 누구든 혜원이 엄마의 교육 이야기가 궁금할 만도 하다. 평소 차분한 성격의 혜원이 엄마는 아이들 교육에 관한 한 열성적이고 적극적이다. 그다지 사교적이거나 활동적이지 않은 성격임에도 아이들을 위한 엄마의 마음으로 적극 노력하는 것이다.

훌륭한 부모들은 부모 자신이 좋은 교육자이거나 정보 수집 능력이 탁월한 매니저 역할을 하는 등 나름대로의 특성이 있다. 그 중에서도 혜원 엄마의 경우는 좋은 '지지자', 다시 말해서 아이들을 믿고 그들의 결정을 존중해주는 부모라고 할 수 있다.

아이를 키우다 보면 여러 선택의 기로에 선다. '내가 해줄 수 있는 일인가, 없는 일인가?' 하는 문제, 더욱 근본적으로는 '해줄 필요가 있는 일인가, 없는 일인가?' 하는 문제부터 '스스로 하도록 시켜야 한다면 언제 시킬 것인가?', '얼마나 오래 시켜야 하나?', '싫다고 하면 어디까지 끌고 가는 게 옳은가?' 등 판단의 순간이 끝없이 닥친다.

어떤 부모는 순전히 자신만의 의지로 아이의 일과와 미래를 결정하고, 어떤 부모는 우왕좌왕하다가 결정의 순간을 놓치며, 또 어떤 부모는 바쁘거나 귀찮아서 아이를 방치한다. 그런 점에서 볼 때 혜원이 엄마는 최선을 다해 정보를 수집해서 제시하고 아이를 독려하지만, 마지막 선택은 늘 아이에게 맡길 줄 아는 미덕을 지니고 있다.

처음부터 아이의 의사는 아랑곳없이 부모 자신이 결정하고 밀어붙인다면 좋지 않은 결과의 책임 또한 부모가 떠안을 수밖에 없다. 부모의 의사대로 밀어붙인 일이기에 결과가 좋지 않더라도 아이에게는 면책 사유가 있는 셈이며, 아이 스스로 최선을 다하는 경우 또한 드물다. 하지만 아이에게 결정권을 준다면 결과에 대한 책임 또한 아이에게로 간다.

물론 아이들은 부모보다 성숙하지 못하기에 판단력이 떨어질 수 있고, 정보도 연륜도 많은 부모의 결정이 여러모로 옳을 수 있다. 그러나 혜원이 엄마의 말처럼 아무리 좋은 음식도 아이가 먹기 싫다고 하면 그만이다. 산에서 산삼을 캐온들, 몇 날 며칠 사골국을 끓인들 아이가 먹지 않으면 도리가 없다. 그렇기에 아이가 주도권을 가지고 결정을 내릴 수 있어야 한다.

우리나라는 교육은 물론 엄마들의 치맛바람마저 획일화된 느낌이다. 마치 패션처럼 교육에도 유행이 있다. "일곱 살에는 피아노를 시작해야지", "논리 수학은 늦어도 1학년에는 시작해야 돼"라는 말처럼 언제 무슨 교육을 해야 하는지 거의 정해져 있다. 미국 교과서가 좋다니 모두 미국 교과서로 가르치는 학원을 향한다. 옆집 아이는 학원을 5곳이나 다니는데 우리 애는 3곳밖에 안 다녀 불안하다.

미국의 열성 엄마들도 아이들 과외활동을 보통 서너 개씩은 시키지만 우리나라 엄마들처럼 조급해 하는 느낌은 없다. 유행을 타지 않아서 그렇다. 온통 사교육판인 우리나라에서, 부모들은 아이들의 발달 상황이나 적성, 관심은 눈여겨보지 않으면서 남들 하는 대로 따라 하기 바쁘니 무얼 해도 늘 불안하다. 옆집 엄마에게서 얻은 정보를 바탕으로, 학원의 광고를 반신반의하며 엄마는 드디어 수업을 등록한다. 엄마가 가라고 하니 아이는 어쩔 수 없이 학원을 다닌다. 친구들 만나는 즐거움에 꼬박꼬박 다니긴 하지만, 수업 내용이 조금만 어려워지면 더 이상 다니고 싶어 하지 않는다. 이쯤 되면 누구를 위한 공부도 아니다. 학원만 배를 불리는 형상이다. 영문도 모르고 끌려간 아이를 탓할 수는 없는 노릇이다.

물론 아이의 결정을 지지해주기 위해서는 무조건 믿기만 해서도 안 된다. 아이들에게는 충분한 정보나 경험이 없기 때문이다. 이를 채워주는 것이 부모의 첫 번째 역할이다. 혜원이 엄마는 누구보다 열심히 정보를 수집한다. 누가 그랬더라, 하는 식의 간접 정보에만 의존하면 안 된다. 엄마가 직접 담당자를 만나고 전화를 하는 등 정확한 정보를 얻어야 한다. 충분한 양의 정보를 아이의 눈높이에 맞추어 전달해주고 역할 모델을 보여주는 것도 좋은 예가 된다. 외교관이라고는 본 적도, 만난 적도, 이야기를 들은 적도 없는 아이가 커서 외교관이 되기를 꿈꿀 수는 없다. 혜원이 엄마가 아이들을 어릴 때부터 워크숍 같은 곳에 데려간 것도 이와 같은 이유에서이다.

직접 경험이 여의치 않을 경우, 아이가 간접 경험을 쌓을 수 있도록 돕는 가장 훌륭한 도구는 역시 책이다. 직접적이든 간접적이든 아이가 충분히 경험하도록 이끌어주었다면, 이제 부모의 남은 역할은 아이가 스스로 결정을 내리도록 기다려주고 그 결정에 따르는 일뿐이다. 물론 말처럼 쉽지만은 않은 일이다. 아이 스스로 선택하고 실행하도록 든든한 지지자가 되어준 혜원이 엄마의 교육 이야기를 들어보자.

"자녀에게 역할 모델이자 든든한 지지자가 되어 준 혜원이 엄마의 서포트 교육법"

'엄마'의 힘으로
성격을 바꾸다

처음 미국에 왔을 땐 미네소타에서 살았어요. 그러다 제가 제임스 매디슨 대학에서 학생들을 가르치면서 버지니아로 왔죠. 처음엔 아무래도 아이들이 어리니까 친구들이나 익숙한 학교를 떠나게 하는 게 마음에 걸려 제 아빠랑 미네소타에서 지내게 했어요. 아이들한테 "어떻게 할래? 엄마하고 버지니아로 갈래, 아님 아빠하고 있을래?" 했더니, 그냥 있겠다고 하더라고요.

그때만 해도 미네소타는 약간 사회주의 분위기라고 할까, 특수교육special education 쪽으로는 자원이 많았지만 GT 프로그램이 아예 없었어요. 우리는 부부 둘 다 교육 쪽에서 일했지만 GT라는 건 여기 와서 처음 알았죠. 큰아이가 중학교에 가면서 버지니아로 왔는데 잘 적응해줬어요.

아이가 미네소타에서 초등학교를 다닐 땐 학교에도 자주 갔어요. 프론트 데스크에 있는 사람이 "Hi, Esther(혜원이 엄마 영어 이름)!" 하고 인사를 할 정도였죠. 중부에는 동양 아이들이 별로 없는데, 아이가 학교에 간 첫 날 조금 안 좋은 일을 당하고 왔어요. 누가 동양인이라고 막 놀리면서 때렸다는 거예요. 큰애가 초등학교 들어가고 하면 신기하고 그렇잖아요. 그래서 남편이랑 아침부터 사진 찍고 한창 들떠 있다가 오후에 스쿨버스 앞으로 마중을 갔는데 그런 일이 있었다고 아이가 우울한 표정으로 말하더라고요.

세상에 어떻게 그런 일이 있을 수 있는지 놀라서 학교에 짧게 편지를 보냈어요. 누가 그랬는지는 모르지만 선생님이 알고 계셔야 할 것 같다고 썼죠. 그러자 선생님이 면담을 하자고 그러셨어요. 선생님과 아이에 대한 이런저런 얘기를 나눴는데, 선생님이 저보고 '다문화위원회multi-cultural subcommittee'를 한번 만들어보면 어떻겠냐고 제안하셨어요. 아무래도 아이들이 다문화에 대한 이해가 부족하다 보니 그런 일도 생겼다고 생각하니 그냥 있을 수만은 없겠더라고요. 선생님의 제안을 받아들여 부모님과 선생님이 함께하는 커뮤니티를 구성하고, 학생들 대상으로 사생대회도 열고 전시도 하는 등 여러 활동을 했어요. 그런 게 꼭 필요하다는 생각이 절실히 들었으니까요.

저는 원래 외향적이거나 나서는 성격이 아닌데, 아이들을 위해서 해야겠다고 생각하니 그게 동기가 되더라고요. 딱히 시간이 많아서도 아니고, 나서는 일을 잘하는 것도 아닌데 꼭 필요하다는 생각이 드니 힘이 생겼어요. 엄마란 그런가 봐요.

지금 사는 페어팩스 같은 경우는 다문화에 관한 자원이 상당히 많아요. 영어가 모국어가 아닌 제2의 언어인 ESL 학생뿐 아니라 부모들을 위한 프로그램도 많은데, 보급이 잘 안 되어 있어 한국 분들은 많이 참여하지 않는 것 같아요. 그런 정보에 관심을 두고 적극적으로 찾아보면 도움이 되는 점이 많을 거예요. 가령 학교 마다 있는 페어런트 리에선*parent liaison의 도움을 받을 수 있어요. 페어런트 리에선이 부모님들과 선생님들 사이에서 대화도 중재 하고 통역이 필요하면 도움도 주는 등 많은 역할을 하더군요. 통 역은 페어팩스 카운티의 랭귀지 서비스 센터language service center에 서도 도움을 받을 수 있어요.

명문대는
이런 학생을 원한다 미국 명문대학들은 모든 면에서 뛰어난 학 생을 원해요. 말하자면 공부만 잘하는 학생이 아니라 전인적인 교육을 받은 학생이랄까요. 그래서 고등학교 때부터는 특별활동 이 중요해지죠. 그 중에서도 입학사정관admission department의 평가 기 준은 한 분야의 전문성을 갖추고 있으면서 다른 분야에 대해서도 잘 알고 있는 학생인가 하는 데 있어요.

두 아이를 키우다 보니 아무래도 아이마다 다른 면이 있다는 걸 인정하게 되더라고요. 큰애는 아들이라 성격이 강하고 해서 자기가 원하는 대로 하도록 했더니 한 가지를 오래 못했어요. 축구 좀 하다가 야구에 관심을 갖는 등 이것저것 조금씩 했는데 특별히 잘하는 건 없었죠.

반면 딸애인 혜원이는 그래도 한 가지를 꾸준히 하는 편이에요. 운동 중에서는 트랙(육상)을 했는데, 체력을 유지하기 위해 언제든지 할 수 있는 것이 뭐가 있을까 제 아빠와 의논하더니 트랙을 선택하더라고요. 그런데 운동을 꾸준히 하다 보니 아이가 중심이 잡히더군요. 특히 사춘기 때 아이들은 호르몬 때문에 이랬다저랬다 하잖아요. 그런데 땀 흘리면서 열심히 운동하고 나면 성격도 원만해지고 좋아요.

혜원이가 다니는 토머스 제퍼슨 과학고등학교는 다른 학교보다 조금 늦은 오후 3시 50분에 끝나요. 옷 갈아입고 4시 10분부터 6시까지 학교에서 운동하면 6시에 부모님이 픽업하러 오죠. 물론 바쁘죠. 트랙은 매일 하는 훈련도 그렇지만 대회를 앞두면 더 힘들어요. 토요일 같은 경우엔 아침 7시에 버스가 떠나서 오후 5시에 픽업을 하는데, 그런 날이면 숙제를 하느라 쩔쩔매요.

운동이 확실히 도움이 되긴 하는데 조절을 잘 해야 돼요. 우리나라 아이들은 체질적으로 미국 아이들과 확실

★TIP

Parent Liaison 페어팩스 카운티의 학부모 지원 프로그램 중 하나로 160개 학교에 175명의 직원이 있다. 대개 해당 학교 학부모 출신으로 주당 일정 시간을 근무하고 보수를 받는데, 학교 활동에 적극적인 엄마들이 주를 이룬다. 이민자 가정처럼 언어와 문화 등에서 오는 문제를 안고 있는 경우, 아이들에게 직접적으로 상담이 필요한 경우, 특정 사안에 대해 학교 측과 효과적인 대화가 필요한 경우 등에 도움을 받을 수 있다.

히 다른 것 같아요. 하루 종일 뛰고 와서도 숙제하고 재잘재잘하는 미국 애들하고 달리 우리 아이들은 체력이 달려 힘들어하니까 자기 조절을 하는 것도 중요하죠.

미국 부모들의
전략적인 치맛바람

우리 부부가 학교에서 아이들을 가르치고 있지만 둘 다 이곳 대학원에서 석·박사과정을 밟았을 뿐, 미국 대학에 응시를 해서 학부 교육을 받았다거나 한 건 아니에요. 그래서 이곳에서의 경험이 별로 없다 보니 아이들 교육도 약간 주먹구구식이 되더라고요. 특별히 공부를 막 시키는 스타일도 아니고, 그냥 즐겁게 공부를 하라는 식이니깐 더 그랬죠. 지금 생각해보면 조금 아쉬워요. 우리 부부가 어떤 교육 방법을 알아서 그렇게 한 건 아니니까요.

토머스 제퍼슨 과학고등학교에서도 부모들 중에는 우리나라 엄마들 저리 가라로 치맛바람이 심한 사람이 많아요. 엄마, 아빠 가릴 것 없이 굉장히 열심히들 교육하죠. 열성적인 부모들은 여하튼 굉장히 나서서 하는데, 그분들이 얘기하는 걸 들어보니 아주 단계적으로 차근차근 아이를 준비시켰더군요. 11학년이 우리나라 고3 정도 되잖아요. 11학년이 거의 끝나고 12학년 가을쯤 입학원서 준비하고 에세이 쓰고 그러는데, 우리는 그저 11학년이 중요하다고만 생각했어요. 11학년 때 AP^{Advanced Placement:대학의 교과목을}

선이수하는 제도로 고등학교 때 이 시험에서 일정 점수 이상을 받으면 대학에서 해당 과목을 이수한 것으로 인정해준다. 요즘은 입시에서 가산점을 받기 위한 목적으로 더 많이 응시하는 편이다 도 많이 하고 과외활동extra-curricular:예체능 활동. 즉 오케스트라나 체육, 미술 분야에서의 수상 및 다양한 클럽활동도 많이 해야 된다고만 알고 있었죠. 혜원이도 선배들한테 이미 들어서 알고 있는지 '이제 우리는 죽었다' 그렇게 생각하고 있더라고요.

그런데 미국 부모들한테 들은 바는 우리 생각과 전혀 달랐어요. 9학년 때부터 차근차근 이것 해놓고 저것 해놓고, 각종 대회에 출전하기 시작하고, 10학년부터 운동 팀에 들어가고, AP를 나눠서 9학년과 10학년에 하고 그런 식인 거예요. 우린 그것도 모르고 11학년 때 왕창 몰아서 했으니 아이가 얼마나 힘들었겠어요. 이제 12학년에 들어갔으니 거의 끝나는 단계지만요.

과학고 바람,
그 부작용은 미국에도 페어팩스 카운티 교육 시스템에도 조금 아쉬운 면이 있어요. 이웃한 메릴랜드 주 같은 경우에는 GT 프로그램이 초·중·고에 맞게 실시되고 있어요. 특히 고등학교에는 이과와 문과, 두 트랙으로 나뉘어 있고, 뉴저지의 경우는 트랙이 여러 개 있다고 들었어요. GT 프로그램이 굉장히 활성화되었다는 얘기죠.

이곳 페어팩스 쪽은 사실 8학년 때 성적이 우수한 아이들은 거의 토머스 제퍼슨 과학고등학교를 목표로 하는 편이에요. 그런데 학업 성적이 누구누구 우수한 아이들이 이 학교를 목표로 할 뿐, 특별히 자신이 과학자가 된다거나 의사가 될 거라는 확고한 생각을 가진 아이들은 드물어요. 공부 괜찮게 하는 애들이 응시해서 들어가면, 일단 커리큘럼이 과학과 수학을 기본으로 하기 때문에 문과 쪽으로 우수한 아이들은 혜택을 못 받더라고요. 문과 쪽으로는 많이 약하죠.

미국 부모들 중에는 아이가 토머스 제퍼슨 과학고등학교에 들어갈 자격이 충분하지만 문과 쪽의 성향이 강해서 안 보냈다고 하는 분도 계세요. 혜원이 친구 부모님 중에도 그런 분이 계시고요. 혜원이는 문과 쪽인 것 같았지만 일단 계속 다니게 했어요. 결과적으로야 대학 들어갈 시점에서 토머스 제퍼슨 과학고등학교 평균 이상으로 AP도 듣고 했지만, 아이가 능력껏 할 수 있는 만큼 뒷받침을 못 해준 것 같아서 늘 마음에 걸려요. 대학은 전공을 정하지 않고 들어가니 일단 가서 해보고 신중하게 결정하라고 하려고요.

저희 큰애는 토머스 제퍼슨 과학고등학교를 다니다가 일반 고등학교로 옮겼어요. 문과적인 성향도 영향이 있었고, 무엇보다 다른 학교들에 비해 학업량이 과도하게 많기 때문에 다른 활동 영역이 줄어든다는 데에 아이가 반감을 많이 가졌죠.

미국에서
대학 가기　진학 상담을 할 때는 부모, 학생, 그 다음으로 카운슬러가 입김이 세요. 요즘 페어팩스 카운티에서는 'GPA', 'AP score' 같은 걸 가지고 진학 지도표scatter gram를 만들어요. 가령 이 정도 수준이면 UVAUniversity of Virginia: 버지니아 주립대가 가능할지 예측하는 거죠.

그렇지만 여기에 포함되지 않는 요소들이 또 있어요. 바로 과외활동extra-curricular이에요. 가령 상을 타고, 각종 대회에서 입상하고, SGAStudent Government Association : 학생단체나 학생회에서 리더로 활동했다는 등의 요소는 안 들어가 있죠. 이런 걸 '소프트 팩터스soft factors'라고 하더라고요. 또 한 가지 레거시legacy가 있죠. 이는 자기 부모가 예일대 출신이면 조금 더 플러스되고 하는 식의 제도라고 보면 될 거예요. 여기에 특정 학교에 대한 특별한 인식도 한 몫을 해요. 예를 들면 토머스 제퍼슨 과학고등학교 애들은 콜롬비아 대학이랑 잘 안 맞는다고 카운슬러가 딱 잘라서 말을 할 정도예요. UVA 같은 경우는 상당히 많이 가고요.

반면 부모와 아이들이 학교를 선택할 때는 조금 달라요. 한국 분들의 경우 한국에서 알아주는 학교, 그러니까 하버드, 프린스턴 같은 아이비리그 학교들에 집착하시죠. 아는 아이 중에 고등학교 때 미국에 온 아이가 있는데 어찌나 열심인지, 오자마자 카운슬러 설득하고 막 쫓아다니고 해서 AP도 찾아서 듣는 등 암튼 공부하는 자세가 기가 막힌 아이가 있었어요. 한번은 한국에서 손님이 오셔서 그 애한테 어느 대학에 진학하고 싶은지 물었나 봐요. UVA 생각하고 있다고 답했더니, "UVA? 못 들어봤는데?" 하면서 공부를 못했나 의심을 하는 눈치더래요.

미국 아이들 중에는 이런 경우도 있죠. 로드아일랜드에 아는 교수가 있는데 그분 아들은 아이비리그 중 하나인 브라운 대학에 들어갈 수 있는데도 싫다고 하더래요. 집이랑 가깝다고요. 부모님과 떨어져 지내고 싶어서 다른 곳, 다른 주로 가려는 거죠.

저는 딸을 키우니까 이와 반대의 경우죠. 이번에 혜원이가 내셔널 메리트 스칼라십 세미파이널*National Merit Scholarship Semi-final에 선발됐어요. 다른 학교는 전교에서 한두 명인 것 같은데, 토머스 제퍼슨은 150여 명이나 선발되었어요. 일단 여기에 뽑히니까 대학들에서 그 결과를 보고 자기네 학교에 지원하라는 편지를 보내더라고요. 미국 전역에서 다 오는데, 저로서는 딸이라서 멀리 보내고 싶지 않거든요. 여태까지는 100마일(약 85㎞) 반경 이상 거리의 대학은 혜원이가 보기 전에 얼른 다 휴지통에 넣었어요. 스탠포드 대학에서 왔을지언정 혹시 혜원이가 보고 관심을 가지면 어쩌나 걱정이 되더라고요. 요즘은 대입 막바지에 서로 신경전을 해서 골치가 아프니까 확 먼 데로 보내버릴까 그런 생각도 들긴 해요. 하지만 다른 주를 가더라도 가까운 조지타운이나 존스 홉킨스 정도로 그리 멀지 않은 곳이었으면 해요.

　학교 규모도 고려 대상 중 하나죠. 주로 주립대학들은 규모가 크고 사립들은 비교적 작은 편이지만, 꼭 그런 것도 아니기 때문에 일단 그 학교 학생 전체 숫자가 중요한 것 같아요. 윌리엄앤메리 대학 같은 경우도 공립이지만 작기 때문에 교수 한 명당 학생 비율이 높지 않아서 신경을 잘 써줄 수 있고 좋을 것 같아요.

결정은 늘 아이가
하도록 힘을 실어준다

저희 부부의 기본 생각은 아이 스스로 찾아서 선택하는 길을 서포트하자는 거예요. 우리가 원하는 방향이 있다고 하더라도 먼저 정하기보단 아이가 선택하도록 하죠. 우리가 정한다고 되는 것도 아니고요. 그래도 일단 우리가 원하는 방향으로 정보를 많이 제시해주려고 노력하죠. 아이들 중학교 때는 워크숍도 많이 데리고 다녔어요.

남편은 문과지만 그래도 숫자를 다루는 분야이기 때문에 큰애를 그쪽으로 자꾸 유도했어요. 존스 홉킨스 대학에서 아빠도 재정학finance을 가르치니까 아들도 경제학으로 전공을 하길 바랐는데, 자기가 아니다 싶으니까 결국 정치학 쪽으로 바꾸더라고요.

우리가 생각하는 것과 본인이 좋다는 것이 맞아야 하는데, 그렇지 않을 때는 아이 의견을 따르는 게 현명한 것 같아요. 늘 가이드를 하고 정보를 주지만 결정은 아이가 할 수 있도록 여지를 두죠. 다른 한국 부모들보다는 아이들에게 많이 맡기는 편이에요.

물론 아쉬움은 있죠. 특히 미국에서 소수 민족으로 살아가는 걸 경험해본 우리로서는 아이들이 최대한 그런 시행착오를 덜 겪게 하고 싶고, 우리가 아는 한 최선의 선택을 하도록 이끌어주고 싶죠. 저만 해도 그래요. 남편하고 저하고 똑같이 박사 학위를 받았고, 저는 오히려 석사 학위를 하나 더 받은 격인데, 좀 우스운 얘기지만 교수 월급을 비교해보면 저희 같은 순수 인문학과 남편이 하는 파이낸스 비즈니스 쪽은 2.5배 정도 차이가 나요. 공부 자체는 재미있지만, 현실에서 받는 대접은 엄연히 다른 거죠.

딸인 혜원이를 보면 그런 마음이 더해요. 공부하는 것도 일하는 것도 늘 여자가 더 힘든 조건이니까 가능한 한 편한 길을 갔으면 하죠. 하지만 그렇게 뻔히 눈에 보이는 길인데도 억지로 시킬 수는 없더라고요. 게다가 여기서 태어나고 자란 아이들이라 자의식이 확고하기 때문에 자기가 아니다 하면 아니거든요. 이민 1세대와 2세대가 다르다는 것을 가끔 느끼지만 이런 부분에선 더 그런 것 같아요. 아이와 백 번 싸워봤자 관계만 나빠질 뿐 잘된다는 보장이 없으니, 자기가 좋아하는 걸 하다 보면 스스로 길을 찾아서 가리라 믿고 기다리는 거죠.

가이드를 주는 것까지가
부모의 역할   대학에 지원할 때는 대학의 입학사정관 입장에서 봐야 된다고 생각해요. 물론 기본적인 성적이나 활동 내용들은 갖춰야 하지만, 대학 내부 사정에 따라 플러스가 될 수 있는 부분들이 있거든요. 예를 들어 대학 오케스트라에서 바이올린이 필요하다면 바이올린 활동 내용이 두드러진 지원자가, 비올라가 필요하다면 그 활동 경력이 영향을 미친다 이거죠. 아무리 우리 아이는 이런 재능이 있고, 이런 쪽을 좋아하고, 훌륭한 학생이니 뽑아 달라고 해도 학교 입장에서 볼 때 필요한 학생은 따로 있는 거예요.

일례로 아이비리그 대학들은 크루 _{Crew : 보트를 타고 하는 경기(rowing)로 영미의 사립대학들 간 대항전이 치열하다} 시합을 중요하게 여기거든요. 프린스턴 대학은 크루 경험이 있으면 거의 100퍼센트 들어간다는 얘기가 있을 정도예요. 엊그제만 해도 아이비리그 학교 중 한 곳에서 크루를 하는 아이를 벌써 뽑아갔다더군요. 오죽하면 크루 경험이 없어도 좋대요. 크루 선수가 될 수 있는 신체조건, 즉 폐활량이며 노 젓기 테스트 같은 기록만 좋아도 크루 선수로 일단 뽑는 거예요.

엄마들은 그걸 아니까 아이에게 은근히 입김을 주지만, 지금 미국에서 자라는 아이들한테는 통하질 않아요. "엄마, 나는 그 대학이 좋고 전공이 맘에 들어서 가고 싶지, 단지 대학을 가기 위해서 그런 운동을 하고 싶지는 않아요." 하고 똑 부러지게 말해요. 아이들 얘기도 일리가 있죠. 어디까지가 부모 욕심이고 어디까지가 아이를 위한 것인지 때로는 참 분간하기가 힘들어요. 가이드를 주는 것까지가 부모의 역할인 것 같아요.

똑같은 환경에서도
다르게 크는 아이들   저는 어려서 부모님을 따라 외국 생활을 해봤지만, 남편은 30년 가까이 한국에서 살다 온 사람이라서 아빠, 엄마의 역할 구분이 뚜렷한 편이에요. 미국에 와서 서로 일하느라 바쁘니까 도와주긴 하지만, 일차적으로 아이들 교육은 엄마가 해야 한다고 생각하죠. 제가 워낙 아이들 교육에 관심이 많으니까 그냥 믿고 맡겨두는 면도 있고요. 예를 들어 백 투 스쿨 나이트Back to School Night: 매 학년 초에 있는 행사로, 학생과 부모가 학교에 와서 학교를 둘러보고 선생님을 만나 이야기를 나눈다 행사에 내가 회의 때문에 못 가니 좀 가 달라고 특별히 부탁을 하면 가기는 하지만, 스스로 나서서 학교에 봉사를 하거나 활동하는 편은 아니에요.

아이들이 중학교 다닐 때까지는 남편이 공부도 봐주고, 같이 데리고 낚시도 다니고, 테니스며 수영도 가르치고, 함께 자전거도 타고 그랬어요. 남편은 제게 아이들을 공부 쪽으로만 몰지 말라는 식이에요. 아이들 교육에 관한 한 부부가 합심을 해서 일관된 모습을 보여줘야 하는데, 남편은 좀 내버려두라고 하고 저는 어떻게든 끌고 가려고 하니깐 안 좋은 점도 있었죠.

아이들이 부모에게서 받는 영향은 분명히 있어요. 타고나는 것도 있을 거고요. 저희 남편의 경우는 안 보인다 싶어서 찾아보면 어디 구석에서 책을 읽고 있어요. 식당에 가거나 어디를 가면 하여튼 뭐든 집어서 읽곤 하는데, 아이들이 남편의 그런 점을 많이 닮았죠. 혜원이도 그렇거든요. 초등학교 다닐 때는 책 좀 그만 읽고 빨리 숙제하라고 계속 얘기해줘야 할 정도였어요. 그래서 매일 도서관에 가서 책을 빌려다주고 읽어주고 그랬죠.

두 아이를 키우고 보니 아이들은 역시 부모의 기대나 관심, 양육 태도에 따라 다르게 성장한다는 사실을 깨닫게 되더군요. 중요한 건 아이 스스로 성장할 수 있는 힘을 키울 수 있도록 일깨워주어야 한다는 점이에요. 아들은 첫애고 해서 그런지 굉장히 공을 들였죠. 두 살 때 알파벳 가르치고 한글 가나다라 다 외우게 하고 그랬거든요. 그래서 잘하긴 했죠. 그런데 지나치게 학습 쪽으로 몰아가면서 애써 시키다 보니 아무래도 늘 엄마가 먼저 나서서 끌어주는 식이 됐어요. 자연히 아이 스스로 뭘 하려는 의욕이나 근성이랄까, 욕심이 별로 없었어요. 그냥 대충 해도 점수가 나오니까 매번 대충하고, 뭐든 쉽게 쉽게 하는 편이죠.

반면 혜원이는 막내라 그런지 그저 예쁜 마음에 이래도 흥, 저래도 흥 내버려뒀어요. 다행히 책을 좋아하고 우리 기대치에서 크게 벗어나지 않고 하기에 스스로 알아서 하도록 내버려뒀더니, 되려 뭐든지 꼼꼼하게 자기가 챙기면서 열심히 해요. 그런 걸 보면 큰애한테도 좀 여유를 갖고 기다려줄 걸 하는 후회가 들어요.

미국 사회에도 만연한 학원과 과외 문화 부모의 욕심 때문에 아이를 명문 학교에 입학시키는 데만 공을 들이는 경우가 많아요. 아이비리그에 입학을 했다가도 견디지 못하고 중간에 그만두는 아이가 생각 외로 많은데 말이죠. 들어가는 데만 치중하다 보니 아이가 능력을 최대한 발휘해서 도전할 만한 곳인지 생각을 안 하는 거죠.

토머스 제퍼슨 과학고등학교만 해도 그래요. 페어팩스에 토머스 제퍼슨 과학고등학교 입시를 준비하는 전문 학원이 얼마나 많은데요. 그러나 학원에서 찍어주는 대로만 공부하고 스스로 해내지 못하면 학교에 입학하더라도 다니는 내내 아이는 견뎌내질 못해요. 겨우겨우 숙제만 따라가다가 비관하면서 중간에 그만두게 되는 거죠.

미국도 어느새 학원 문화가 뿌리를 내리고 있어요. 과외도 만연해 있고요. 조기유학을 결심하는 가정들은 대개가 한국의 비싼 사교육 문화에 지쳐 '그 돈이면 차라리 미국에 가서 아이 고생이나 덜 시켜야지' 하고 생각하시겠죠. 하지만 크게 오해하시는 거예요. 페어팩스만 해도 토머스 제퍼슨 과학고등학교 입학을 위한 초·중학생 대상의 전문 학원부터, SAT와 SSAT 등 각종 시험 준비를 하는 학원이 성행하고 있어요. 또한 중학교 이상이 되어 유학 온 아이들은 영어나 수학 같은 교과목을 따라가기 위해 따로 과외도 많이 받고요. 여기에 귀국을 생각하는 아이들은 한국 교과과정도 따로 과외를 받죠.

게다가 특별활동으로 악기나 운동 한 가지쯤은 해야 하니 그 비용도 만만치 않아요. 피아노나 바이올린 레슨비의 경우 대개 1분당 1달러씩 받으니까 30분이면 30달러, 1시간이면 60달러가 되죠. 유치원 아이가 일주일에 세 번, 한 번에 1시간씩 피아노 레슨을 받는다면 한 달에 약 720달러가 드는 셈이에요. 이런 사교육 문화가 한인 사회를 중심으로 퍼지다 보니 이제는 미국 아이들도 학원을 많이 찾아요. 초등학교 같은 경우, 학교에 튜터 tutor : 과외교사 리스트가 비치되어 있어 부모가 참고할 수 있도록 하기도 하죠. 한국에서 제법 공부를 잘하던 아이들은 공부하는 태도가 이미 잡혀 있으니까 여기 와서도 빨리 자리를 잡고 성공하는 경우가 많아요. 거기에 비하면 여기서 줄곧 자란 아이들은 아무래도 사고와 행동이 자유로운 편이라서 해이해지기 쉽죠.

많은 한국 부모가 아이를 이끌어가는 식으로 키우기 때문에 자녀를 제대로 파악하는 경우가 드물어요. 아이의 적성이나 능력을 두고 볼 기회가 없었으니까요. 다들 천재인데 노력을 안 해서 그렇다고들 많이 생각하잖아요. 미국 부모들은 어려서부터 아이들을 신경 써서 관찰하고 방향을 잡아주는 식으로 교육하니까 고학년이 되어 여러 결정을 해야 할 시기에 그 힘이 나타나는 것 같아요. 한국 부모들처럼 무리하게 아이를 몰아붙인다거나 하는 일은 없겠죠.

부모에게 부족한
'협상의 기술' 지난여름에 숙명여대에서 여성 리더십 프로그램에 참가했었는데 거기서도 일하는 엄마와 관련된 질문을 하더군요. 힘들죠. 저뿐 아니라 여자가 일하면서 엄마 역할을 한다는 게 어디 쉽겠어요. 특히 미국에 있으면 어디 도움 청할 데도 없고 전부 엄마가 해결해야 하잖아요.

대학원 때는 아이가 아주 어렸기 때문에 무척 힘들었어요. 낮잠자는 시간 그 30분까지 빈틈없이 활용해야 했어요. 만약 애가 낮잠을 자면 무엇을 할지 아니라면 또 무엇을 해야 하는지 계획을 세우는 게 굉장히 복잡했어요. 그리고 둘째 때는 시어머님이 잠깐 오셔서 봐주긴 했는데, 한편으로는 육아의 짐이 가벼워졌지만 보통 때 신경을 안 썼던 반찬을 신경 써야 하니 일이 상쇄가 되더군요.

혜원이가 한 세 살쯤에 박사학위를 다시 시작했는데, 그때도 상당히 당황스러운 일이 많아서 힘들었어요. 엄마라면 챙겨줘야 할 일이 많은데 마음처럼 잘 못하니 늘 자책했죠. 아이의 생일날 생일 파티, 하다못해 미역국이라도 챙겨서 끓여주고 싶은데 꼭 페이퍼 마감 날과 겹치는 거예요. 또 시험 전날 새벽이면 꼭 아이가 깨서 잠을 설치고….

우리 혜원이가 초등학교 때였는데, 하루는 엄마가 집에 있는 아이가 굉장히 부럽다고 하더라고요. 우리는 부부가 다 학교에 있으니까 아무래도 시간적으로 자유로워서 애들이 학교에서 올 때쯤 버스 시간 맞춰서 들어오고, 선생님이 따로 감사 카드를 보내줄 정도로 학교 봉사활동도 열심히 했는데도 그런 얘기를 하더라고요. 다른 엄마는 학교에 매일 와서 봉사한다며 엄마도 그랬으면 좋겠다는 거예요. 아이에게서 그런 말을 들으니 과연 이게 잘하는 건지 마음이 괴로웠어요.

하지만 최근에 혜원이가 쓴 에세이를 보며 엄마가 일하면서도 이렇게 여러 활동을 한다는 데에 대해서 좋게 생각하고 내심 자랑스러워한다는 걸 느낄 수 있었어요. 아무래도 혜원이는 딸이니까 엄마를 보면서 '나도 커서 엄마처럼 선생님이 될 수도 있고, 일하면서 가정을 이끌어나갈 수 있겠구나' 하고 생각하지 않을까요? 아이에게 그런 역할 모델이 되어줄 수 있다는 생각에 몸은 힘들지만 굉장히 뿌듯해요.

부모가 집에 있어야만 아이에게 반드시 좋은 영향을 주는 건 절대 아니라고 믿어요. 중요한 건 양적인 시간이 아니고, 질적인 시간이니까요. 아이들과 보내는 시간에 텔레비전 켜놓고 아이들을 방치하거나, 집안 살림을 하느라 아이랑 눈 맞추고 보내지 못할 때도 많잖아요. 잠깐이라도 시간이 날 때 그 시간을 최대한 활용해서 바람도 쐬러 가고 얘기도 했던 것들이 저한테는 많이 위안이 되고 도움이 됐던 것 같아요.

엄마가 일을 하든 안하든, 엄마의 역할이 얼마나 가치 있는지 늘 생각하고, 아이들에게도 수시로 "너희가 내 인생에서 제일 중요해." 하고 항상 얘기해야죠. 물론 제가 그런 얘기하면 엄마가 바빠서 늦게 들어오고 밥 못 챙겨준 것들을 기억해내면서 자기들끼리 웃고 그러죠. 일하다 보면 일에 빠져서 간혹 소홀할 때도 있지만, 아이들이 가장 소중하다고 자꾸 표현해주면 저도 맘이 편하고 아이들도 그걸 믿고 잘하려고 해요.

제가 아이들 교육에 관한 한 가장 만족스럽게 생각하는 건, 제 일이 있고 바빠서 신경 못 써줄 때도 많았지만 그래도 아이들이 부모 생각에서 크게 벗어나지 않고 잘 커준 점이죠. 아들은 중간에 진로를 결정하면서 잠깐 힘들게 했지만 이제 원 궤도로 돌아왔고, 혜원이도 잘 해내고 있어요. 모두 우리가 타협을 잘 했기 때문인 것 같아요. 부모 입장에서 프랜치혼 오케스트라에 들어가는 악기 중 하나. 악기를 다루는 데 힘이 들고 소리도 안 예뻐서 아이들은 배우기 싫어하지만 오케스트라에는 꼭 필요한 악기이므로 진학을 염두에 두고 전략적으로 배우기도 한다을 억지로 시킬 수도 있고 크루를 강요할 수도 있지만, 어떤 일이든 부모가 어느 정도에서 욕심을 버리고 아이의 의견을 듣는 게 중요해요. 특히 한국에서 교육받은 이민 1세대들과 여기서 나고 자란 아이들인 2세대 사이에 이런 타협은 어렵지만 중요한 일이지요.

아이에게 부담을 주는 부모
vs. 힘을 주는 부모
제가 학교에 있다 보니 지역의 이런저런 모임들에서 학부모들을 만날 기회가 많아요. 학부모들과 얘기를 나누다 보면 '이건 아닌데…' 하는 생각이 드는 경우가 있는데, 가장 답답한 부분이 몇몇 손에 꼽을 만한 대학 이름들만 얘기하면서 아이의 능력이나 재능, 원하는 바와는 상관없이 거기에 보내야겠다는 얘기를 할 때예요. 부모가 그렇게 강요하면 잘 따라주는 아이도 물론 있지만, 부모의 기대에 대한 부담감 때문에 반감이 생기거나 평소보다 더 못하는 아이가 사실 많거든요. 부모와 자녀의 생각에 차이가 크다 보니 부모는 아이가 왜 그러는지 모르고, 아이들 또한 자신의 부모가 왜 그렇게 강요하는지 몰라 서로 골만 깊어지죠.

또 하나 아쉬운 점은 아이에 대한 기대치가 높은 것에 비해 부모가 아이와 함께 보내는 시간이 무척 적다는 것이죠. 한국 부모들은 생활력이 강해서 이민 온 지 1년 만에 집 사고 사업 확장하고 그래요. 하지만 그렇게 바쁘게 일하느라 아이들 숙제 며 친구관계에 소홀하기 쉽죠. 이민 초기에는 바빠서 현실적으로 아이들에게 잔신경을 쓰기가 힘든 경우도 있지만, 어느 정도 자리가 잡혀서 큰 집 사고 근사한 차 굴리고 다니면서도 정작 아이가 공부는 어떻게 하며, 어떤 친구와 어울리는지 통 모르는 분들도 있어요.

물론 아이를 똑 부러지게 잘 키우는 분들도 계시죠. 제가 아는 선배님 한 분은 이민 온 지 1년밖에 안 됐는데 20년을 산 저보다도 정보가 많아요. 뭘 해야 하고 하지 말아야 할지 잘 알 뿐 아니라, 대화로 아이들을 잘 이끌어가더군요. 제가 이상적으로 생각하는 교육이 바로 이런 거예요. 무조건 공부만 잘하라고 하기보다는 어떻게 하면 새로운 시스템 속에서 공부를 잘할 수 있을지 부모가 정보를 알아보고 아이와 같이 공

★TIP

엄마는 에듀 매니저 한국에서는 근래 '대치동 엄마', '목동 엄마' 하는 말들이 생겨나면서 아이 매니저로서의 엄마 역할이 주목받고 있다. 이러한 현상은 미국도 마찬가지이다. 차로 아이들을 실어 나르는 로드 매니저뿐 아니라 아이의 진로 방향까지 컨설팅하는 역할이 바로 엄마표 매니저이다. 당연히 정보 수집도 부모 몫이다. 학교 카운슬러를 찾아가 특정 정보 수집을 요청하는 것까지도 부모가 해야 할 일이다. 굳이 말로 표현하지 않으면 아무런 정보도 주지 않는 곳이 바로 미국 학교이기 때문이다.

유하는 거죠. 직접 학교 카운슬러를 찾아가서 아이가 무슨 수업을 들으며, 어떤 단계에 있고, 어떤 과정이 있는지 알아보면서 아이와 정보를 공유해야 해요.

1. 아이에게 든든한 지지자가 되어주자

아이를 믿고 기다려주는 부모의 태도는 맘만 먹는다고 해서 어느 순간 갑자기 생겨나는 것이 아니다. 부모 노릇에도 훈련이 필요하다. 아이에 관한 어떤 사안을 결정하고자 할 때, 다음의 단계에 따라 차분히 대처해보자.

정보 우선 최대한의 정보를 수집해야 한다. 누구의 말이 이렇더라 하는 '카더라 통신(입으로 전해지는 소문 정보)'이 아닌 '직접 정보'를 모은다.

관찰 자녀가 잘하는 것이 무엇인지 알기 위해서는 객관적인 관찰이 필요하다. 늘 관심을 가지고 살펴보면 자녀의 장단점, 관심 분야 등을 알 수 있다.

대화 관찰만으로는 자녀가 원하는 것과 관심 분야를 파악하는 데 한계가 있다. 자녀와 대화를 많이 나누어야 하는 이유가 바로 여기에 있다.

인정 결정을 내리기 전에 자녀의 의지를 인정해야 한다. 이는 아이가 원하는 것을 무조건 받아들이라는 의미가 아니다. 자신의 문제에 관한 한 부모와 의견을 나누며 스스로 결정할 수 있다는 믿음을 주면, 아이들은 자신의 선택에 대해 더욱 책임감을 갖는다.

지지 이전의 단계가 모두 원만히 이루어졌다면 이제 결정을 지지해주자.

신뢰 어떤 일이든 하다 보면 어려움에 부딪힌다. 이때 "거 봐라, 내가 뭐랬니!"라는 식으로 빈정거린다면 아이들은 자존감이 뚝 꺾이고 만다. 이때 자신감을 불어넣어주고 무한한 신뢰를 보여주는 것이 지지자로서 부모의 역할이다.

아이 스스로 선택했든 엄마가 선택했든 모든 일에는 고비가 있음을 알려주자. 그래서 선택한 일을 잘 해냈다면 아이는 더할 수 없는 성취감을 느낄 것이다. 거기에서 얻는 교육적 효과는 굉장하다. 혹시 아이가 잘 해내지 못했더라도 상관없다. 다시 처음부터 천천히 단계를 거치면서 아이와 의견을 나누자. 좌절도 다음의 결정을 위해선 값진 약이 된다.

아이에게 든든한 지지자가 되어주려면 부모도 노력이 필요하다. 아이가 자라는 만큼 부모도 부모의 역할에 최선을 다하며 성장해야 한다. 미국의 한 유명 육아 단체가 제시하는 다음의 부모 진단 리스트는 늘 자신을 되돌아보며 부모로서 성장하는 데 도움

을 준다. 원래는 100개의 항목을 15분 동안 풀고 상담을 받는데,
여기에는 부모가 아이의 좋은 '지지자'로서 성장하는 데 필요한
질문들만 모아 정리해보았다. 함께 진단해보자.

〈정보를 제공하는 등 좋은 가이드로서의 부모인가〉

☐ 아이에게 모범이 되기 위해 늘 새로운 정보를 읽고 새로운
   것을 배우려 노력한다.

☐ 아이가 나의 좋은 모습을 따라 배울 수 있도록 긍정적인
   모델이 되기 위해 노력한다.

〈관심을 보이고 관찰하는 시간을 갖고 있는가(평소의 신뢰감 형성)〉

☐ 아이의 희망 사항과 장래 희망에 대해 알고 있다.

☐ 아이의 야외 활동에 함께 참여한다.

☐ 아이의 학교 행사에 빠지지 않고 참여하려 노력한다.

☐ 아이가 숙제 때문에 도움을 필요로 할 때 항상 도와줄 준
   비가 되어 있다.

☐ 아무리 바빠도 짬을 내어 아이와 의미 있는 시간을 보내려
   노력한다.

〈바람직한 접근 방식으로 자녀와 대화하고 있는가〉

☐ 아이가 좋아하는 사람들에 대해 부정적인 말을 하지 않기

위해 늘 조심한다.

□ 아이가 원하는 바와 장래 희망에 대해 자주 묻곤 한다.

□ 아이를 무시하거나 핀잔을 주지 않는다.

□ 아이가 누군가 이야기할 사람을 필요로 할 때 나는 항상
  들어줄 준비가 되어 있다.

□ 아이에게 고맙다는 말과 미안하다는 말을 할 준비가 항상
  되어 있다.

□ 아이가 말할 때 적극적으로 관심을 표현하기 때문에 아이
  는 내가 열심히 듣고 있다는 것을 알고 있다.

〈평소 자녀의 의지를 인정하고 있는가〉

□ 대체로 아이의 결정을 지지하는 편이다.

□ 아이가 자신만의 독특한 생각이나 개인적인 부분을 이야
  기하도록 독려한다.

□ 항상 아이를 존중한다.

□ 아이가 자신을 위해 목표를 세울 수 있도록 용기를 준다.

□ 아이가 착한 일을 했을 때 즉시 상을 준다. 이를 통해 아이
  가 착한 일을 하면 상을 받을 수 있다는 것을 이해하게 한다.

□ 아이가 매사 스스로 선택할 수 있도록 격려한다.

□ 아이의 의견을 자주 묻는 편이다.

〈과연 자녀에게 좋은 지지자인가〉

　□ 아이에게 벌주는 일보다 칭찬하고 상을 주는 일이 훨씬 잦다.

　□ 아이가 어떤 잘못을 했을 때, 내가 아이를 변함없이 사랑하고 있음을 꼭 확인시켜준다.

이 질문들에서 알 수 있듯이 '아이를 성공적으로 키우기 위한 100가지 질문' 중 상당 부분은 부모가 과연 든든한 '지지자'로서 아이를 믿어주고 있는지를 묻는다. 자녀에 대한 관심과 대화를 바탕으로 하여 아이가 작은 선택부터 자신의 선택에 책임지는 훈련이 이루어지도록 부모가 이끌어준다면, 나중에 큰 결정도 아이 스스로 현명하게 내릴 수 있다.

100가지 질문들 중 그 다음으로 높은 비중을 차지하고 있는 내용은 '부모가 자신의 화와 스트레스를 잘 다스리고 있는가'이다. 부모가 감정에 휩쓸리지 않고 항상 같은 기준으로 아이에게 상과 벌을 주는 것이 교육 효과를 높이는 것은 물론, 아이에게도 좋은 모범이 된다고 한다.

2. 학교와 적극적으로 커뮤니케이션한다

부모가 학교와의 대화를 통해 아이를 서포트하는 데에도 나름의 방법이 있다. 표현하는 데 전혀 어려움이 없는 우리말이지만 '아' 다르고 '어' 다른 것처럼 말의 표현, 즉 대화의 방식이 중요하다. 자녀가 어리면 어릴수록 선생님과 이야기할 기회는 많다. 아이의 사소한 부분까지 챙겨주어야 하고, 아이가 정확하게 사건이나 심정을 묘사하는 데 서툴기 때문이다.

선생님과의 대화에서 가장 중요한 것은 부모의 긍정적인 마음가짐이다. 좋은 학군일수록 부모의 교육 수준이나 생활 수준이 높은 경우가 많은데, 간혹 선생님을 일하는 사람 부리듯 하는 부모도 있다. 부모가 교사를 불신하고 무시하면 아이들에게 부정적인 영향을 줄 게 틀림없다. 학교 선생님이든, 학원 선생님이든, 과외 선생님이든 부모가 교사를 신뢰하고 존중해야 아이들도 자신이 최선의 교육을 받는다고 믿는다.

아이가 새로 다니기 시작한 학교나 학원에서 돌아오면 "애, 어떻디? 선생님 잘 가르치디?" 하고 말하기보다는, "그 선생님 실력이 최고시라더라. 적극적으로 참여하는 아이들한테는 더 열심히 가르치신대. 엄마는 무척 기대가 된다." 하고 말해주면 아이가 겉으로 뭐라고 퉁명스럽게 말해도 속으로는 긍정적인 마음가짐을 갖게 된다. 엄마가 주는 긍정의 힘은 어마어마하다. 부모가 이런 마음으로 대화에 응해오면 교사는 그야말로 힘이 난다.

또 하나 중요한 건 '내가 도와줄 일이 없을까?' 하는 자세이다. 아이에게 부족한 점이 무엇인지 묻고 그것을 보충해주기 위해 부모가 선생님에게 도움을 청한다면 선생님들은 그렇게 반가울 수가 없다. '내가 뭐 하러 그 비싼 돈 들여 거기 보내는데?', '집에서 뭘 또 하라고?' 하는 식의 반응이 나오면 선생님들은 입을 닫아버릴 수밖에 없다. 대화가 끊기는 셈이다.

예전에 한 경기고등학교 선생님이 자신의 교사 시절을 회고하며 쓰신 글이 생각난다. 그때 선생님들이 아이들을 최고로 가르칠 수 있었던 건 부모님들이 선생님들을 존중하고 믿어주었기 때문이라고 그 분은 말했다.

시대가 변했다고는 하지만 선생님을 신뢰하는 부모님은 지금도 있고, 그래서 더욱 열심히 교육하는 선생님도 분명 있다.

아빠의 사랑과
적극적인 참여로
아이에게 힘을 주는
준영이 · 우영이 아빠

—— 자녀 교육에 열정적인 맹렬 아빠의 '전인 교육법'

고등학교 때 미국으로 유학을 가 하버드 대학을 거쳐 변호사와 카운티 교육위원으로 미국 주류 사회에 입성한 준영이·우영이 아버지는 두 아들 역시 미국 아이들과 당당하게 경쟁하며 성장하기를 꿈꾼다. 형인 준영은 하버드 대학에서, 동생인 우영은 토머스 제퍼슨 과학고등학교에서 공부 뿐 아니라 음악과 운동을 사랑하는 옹골찬 인재로 성장하고 있다. 은근한 사랑을 미덕으로 하는 한국적 아버지의 모습이 아닌 적극적이고 구체적인 아버지 사랑이 아이들에게 어떤 비전을 제시할 수 있는지 살펴보자.

아빠의 힘으로
아이 미래를 코칭하라

2007년 말, 미국 버지니아 주 교민들에게 반가운 소식이 있었
다. 한인 후보가 페어팩스 카운티 교육위원*에 재선된 것. 도로변
에 심심치 않게 눈에 띄었던 노란색 'Moon'피켓의 주인공은 바
로 준영·우영 형제의 아버지인 문일용 위원이었다. 가뜩이나 보
수적인 주에서(버지니아는 미국 남북전쟁 당시 노예제를 옹호하는 남군의
아성이었다) 한인이 주류에 끼었으니 기분 좋았고, 더욱이 페어팩

스 카운티는 교육 수준이 높고 부모
들의 교육열이 남다른 곳이라 의미
가 컸다.

지인의 소개로 문일용 위원께 교
육 관련 인터뷰 요청 편지를 보내고

한 달이 넘어서야 약속을 잡을 수 있었다. 정확한 시간에 나타난 문 위원은 변호사라든가 교육위원이라든가 하는 여러 커다란 직함들에 비해 작은 체구를 가졌고, 말소리도 부드러웠다. 아이들 이야기를 늘어놓으실 때면 더욱 밝아지는 목소리에서 자녀 교육에 대단한 열정을 가진 분임을 짐작할 수 있었다.

교육위원의 업무 그리고 교육 정책을 결정하는 사람으로서의 관점을 들어보기 위해 찾아간 자리에서 그분이 열성 아버지임을 알게 된 순간, 뜻하지 않은 수확에 쾌재를 불렀다. 준비해간 인터뷰 질문은 다 접어버리고 방향이 급전환된 셈이다.

문 위원의 큰아들은 토머스 제퍼슨 과학고등학교를 거쳐 하버드 대학에 진학했고, 작은아들은 토머스 제퍼슨 과학고등학교에 재학 중인데 역시 하버드 대학을 꿈꾼다고 한다. 어쩌면 조만간 삼부자가 하버드 동문이 되었다는 소식을 접하게 될지도 모르겠다. 하지만 정말 놀라운 건 이 가족의 화려한 학력이 아니라, 아이들 교육 전반에 걸쳐 열심히 뒷받침하는 아버지로서의 문 위

★TIP

교육위원이란? 카운티 주민들이 직접 선출하며, 주민들의 의견을 반영해 페어팩스 카운티의 교육 정책을 최종 결정하는 사람이다. 또한 위원회를 통해 모든 공립학교(유치원부터 고등학교까지)의 교육감을 고용하고, 정책 예산을 집행하도록 하며 이를 평가 감독한다(참고로 교육위원회는 공립학교만 관할한다. 사립학교는 공교육 행정과 상관없이 운영되므로, 학교 휴일을 비롯하여 대부분의 학교 운영을 완전히 독자적으로 한다). 한마디로 공립학교에서 일어나는 모든 일에 관여한다고 보면 되는데, 교육감이 교육 전문가인 데 비해 교육위원들은 교육 전문가라기보다는 정치가에 가깝다.

원의 모습이었다.

골프 나고 사람 났지 사람 나고 골프 난 게 아닌 세상인 듯, 한 인 사회에서는 오래전부터 골프가 대중화되었다. 그런 분위기 속에서 아이들과 주말을 보내기 위해 골프를 안 친다는 사람을 보았으니, 온 동네 구석구석 열성 부모들을 쫓아다니고 있던 차에 눈이 번쩍 뜨이는 게 당연했다. 아이의 농구 시합마다 열 일 마다하고 뛰어간다는 이야기에 놀랐고, 가서는 남이 듣건 말건 항상 제일 큰 목소리로 응원한다는 말에 더욱 놀랐다. 게임이 끝나면 단순히 잘했다고 칭찬하는 게 아니라, 패스 하나하나에 대해서까지 깊은 대화를 나눈다는 얘기에 감동했다.

아빠가 이렇게 적극적이니 아이들이 성공적인 학교생활을 하는 건 어쩌면 당연하리라는 생각마저 들었다. 게다가 공부뿐 아니라 운동과 예술 활동까지 두루 힘을 실어주는 모습이 참 인상적이었다. 큰아들이 바쁘고 힘든 대학 공부를 하면서도 합창단에서 열심히 활동하며 정서적으로 풍요로운 생활을 하는 것도 어려서부터 아빠가 심어준 전인 교육의 효과가 아닐까 하는 생각이 들었다.

미국의 한 사립초등학교에서 여는 학교 설명회에 가본 적이 있는데, 평일 오전 시간임에도 대부분 부부 동반이었다. 슈트까지 멋지게 차려입은 아빠들이 번쩍 손을 들며 질문을 쏟아 붓는데, 내 머릿속에 든 첫 번째 생각은 '이 아빠들은 출근 안 하나?'였다. 자녀 교육에 적극적으로 참여하는 아빠가 늘고는 있다지만, 아직까지 우리나라에서는 육아라면 당연히 엄마들의 몫이며 아빠는 뒷짐 지고 무게만 잡아주면 된다는 식의 사고가 일반적이기 때문일 것이다.

교육의 중심이 학원이 아닌 가정으로 돌아오고, 내 아이의 미래가 아줌마들의 수다 사이에서가 아니라 부모의 대화 속에서 진지하게 준비되는 이상적인 모습을 만들어가기 위해서는 아빠들의 역할이 반드시 변해야 한다. 열성 아빠 문 위원의 자녀 교육 이야기를 통해 아빠의 적극적인 교육 참여가 자녀의 미래에 어떤 역할을 하는지 살펴보자.

"아빠가 참여하지 않는 반쪽짜리 교육으로는
아이의 올바른 성장을 기대할 수 없다는 문일용 위원의
전인 교육법"

아이의 역할모델이
되기 위해 전환점을 모색하다　교육위원으로 나서게 된 계기요?
제가 1974년에 미국엘 왔어요. 고등학교 2학년 나이였죠. 한국에
서는 문과 지망생이었는데 미국에 와보니 영어 실력이 형편없어
서 안 되겠더군요. 문법과 단어숙어 암기 위주의 공부였으니 영
어가 충분할 리 없었겠죠. 이민자가 가지는 영어적 한계, 또한 유
색 인종이 겪을 수 있는 인종 차별을 염두에 두다 보니 장래 문
제에 관한 한 확실한 직업, 그러니까 엔지니어나 과학자, 의사 같
은 직업을 택해야겠다고 결심했죠. 그래서 하버드 대학에 진학해
전공을 화학으로 선택했는데, 아무래도 적성이 아니다 싶더군요.
그래서 동아시아 정치학East Asian Studies 쪽으로 전공을 바꿨어요.

　대학을 졸업하고는 법학대학원Law School에 진학하고 변호사가 됐
죠. 그러다가 1994년 말, 지명제이던 페어팩스 카운티 교육위원
직이 선출직으로 바뀐다는 신문 기사를 봤어요. 제가 1984년부

터 변호사 생활을 했는데, 그 기사를 보면서 뭐랄까 제 자신을 돌아보게 되더라고요. 미국이라는 거대한 땅에서 사는 모습, 그 안에서도 이 작은 한인 커뮤니티 안에서 사는 내 모습을 되돌아보니 미국에서 살아가야 할 두 아이를 키우는 부모의 입장에서도 이게 과연 바람직한 모습일까 하는 생각이 들었죠. 과연 내가 아이들에게 모범적인 삶을 살고 있는지 의문이 들더군요.

저야 우리말도 자유롭게 하고 언제고 돌아가겠다는 맘만 먹으면 돌아갈 수 있는 고국이 있지만, 우리 아이들은 미국에서 태어난 미국 아이들이잖아요. 그 애들은 앞으로 다른 미국인들과 더불어 협력하고 경쟁하며 살아가야 하고 그 과정에서 최대한 자신의 역량을 발휘해야 할 텐데, 결국 제가 그런 부분에 관한 한 아빠로서 보여줄 수 있는 게 많지 않다는 생각이 들었습니다. 제가 한국에 있을 땐 남 앞에서 이야기하는 것도 좋아했는데, 그런 모습을 그동안 감추었다고 할까, 짓눌렸었다고 할까 그런 느낌이 들기도 했고요.

이 선출직 공직자 자리가 비록 작더라도 나를 찾아가는 어떤 출발이 될 수 있겠다는 생각이 들었죠. 교육에 관해 별로 아는 게 없지만 열심히 하려는 각오가 있었고, 한국과 미국의 교육 환경을 경험하면서 느낀 점들이 쓰일 데가 있지 않을까 생각했죠. 편안하고 익숙한 한인 사회 안에만 머무는 것이 아니라, 이렇게 주류 사회에서 하나의 주체가 되어 참여하고 이민자로서 가질 수 있는 특별한 경험과 시각을 장점으로 활용하는 아빠의 모습을 보면서 우리 아이들도 자신의 자리를 잘 찾아가길 바랐습니다.

능동적인 아빠가 능동적인 아이를 만든다

문화적인 장벽이라든가 언어적인 장벽으로 인해 선생님과 학생 간에 오해가 생긴 경우, 해결을 위해 적극 노력하는 것은 물론 선생님의 역할입니다. 하지만 자식을 가르치는 부모님 또한 통역을 통해서라도 반드시 해결하려는 노력을 해야죠.

한국에선 '치맛바람'이라는 용어가 그다지 좋은 의미는 아니죠. 부모가 학교 일에 이래라 저래라 하는 것을 볼썽사납게 여기고, 선생님을 불신하는 의미로 받아들이니까요. 하지만 미국에서는 특히 저학년 아이들의 경우, 학교 일에 부모가 참여하는 게 일반화되어 있어요. 오히려 참여하지 않는 부모를 무책임하게 여기고 아이에게 관심이 없는 것으로 간주하기도 하죠. PTA Parent-Teacher Association:학부모-교사 협의회에 참석하는 것은 기본이고, 도서관 일이나 학교 행사에 볼런티어volunteer를 하는 것, 수업 시간 중 진행에 도움을 주는 것까지 학부모의 참여 폭은 매우 넓습니다.

이곳 교육은 학부모와 선생님, 또한 저같이 교육 정책을 담당하는 사람이 세 축이 되어 유기적으로 돌아가는 구조라고 볼 수 있어요. 때문에 부모들이 교육의 큰 파트너, 즉 주체라는 것을 빨리 받아들이고 파트너로서의 역할을 해야 합니다. 그러기 위해서는 다소 어려움이 있더라도 좀 더 능동적으로 참여해야 합니다. 예를 들어 선생님과의 관계에서 불편한 점을 느낀다면 먼저 마음을 트고 적극적으로 다가서야 합니다. 부모가 불편을 극복하는 모습을 보여주면 자녀들도 어떤 어려움에 처했을 때 잘 이겨나가겠죠.

매일 집으로 출근하는 아빠

큰아이 준영이는 하버드 대학 2학년에 재학 중이고, 둘째 우영이는 토머스 제퍼슨 과학고등학교 11학년이에요. 제가 이민 1.5세대이다 보니 아빠 역할도 한국과 미국 아빠들의 모습을 반반 정도 하지 않았나 싶어요. 수학 문제는 한 7학년(중1) 이후로는 아이들 수준을 따라가기 힘들었던 것 같네요. 제 나름대로는 열심히 했지만요. 큰아이는 주말마다 축구를 했는데, 선수 급은 아니지만 애가 많이 좋아했어요. 제가 항상 응원을 갔죠. 저는 좀 시끄럽다 싶을 정도로 크게 응원을 해요. 극성 아빠였죠. 끝나고 나서도 아이와 축구 얘기하고….

제 일이 시간적으로 좀 자유로운 편이라서 아이들 학교 일에 많이 참여했죠. 여기 분들은 골프를 많이들 좋아하고 잘하는데, 저는 워낙 운동에 소질이 없어서 즐기는 편은 아니에요. 게다가 토요일에 애들하고 시간을 보내다 보면 아무래도 힘들죠. 애들이

제 도움을 필요로 하는 동안에는 자제를 해야겠다는 생각이 컸습니다. 아이들과 함께하기 위해서는 부모로서 감수해야 할 부분이 분명 있다고 봅니다.

이렇게 말하면 한국 아빠들도 할 말이 많으실 겁니다. 매일 회사 일이며 자기계발이며 눈코 뜰 새 없이 시간을 쪼개 쓰며 살고 있는데 어떻게 애들 학교 일에까지 참여하느냐고요. 하지만 미국 아빠들의 실생활을 본 한국 아빠들은 확실히 문화적 충격을 받습니다.

제가 보기엔 한국에서의 엄마 노릇과 미국에서의 엄마 노릇엔 별 차이가 없어요. 미국 엄마들은 운전이 필수라는 것 외에는. 하지만 아빠 노릇은 확실히 다릅니다. 보통 미국 회사들은 아침 7시 출근에 오후 3~5시면 퇴근이죠. 이런 문화에서 살고 있는 미국 아빠들은 자기 취미도 있고, 집수리며 정원 관리 등 많은 일을 직접 하는 것은 물론, 아이들과 앉아서 공부도 하고 얘기도 하는 걸 자연스러운 일과로 받아들입니다.

미국 아이들의 일과가 시계처럼 움직이는 건 아빠가 시계처럼 퇴근을 하기 때문입니다. 정해진 저녁식사 시간, 정해진 취침 시간을 통해 일과가 규칙적이 되면 아이들의 학습 시간도 규칙적이 되는 거죠. 재료를 사다가 아이들과 집안 물건을 만들기도 하고, 가족과 산책하며 이야기하고, 아이들이 학교에서 무엇을 배웠는지 함께 들여다보면 어느새 아이들에게도 좋은 부모가 되는 거죠.

제가 아는 한국 아빠 중 한 분은 퇴근하고 집으로 올라가는 엘리베이터 안에서 거울을 보며 '나는 지금부터 집으로 출근한다'고 매일같이 다짐한다고 합니다. 아이들에게 기대하기 전에 아빠가 먼저 생활을 바꿔야 합니다. 생활을 바꾸기 위해서는 마음가짐부터 새롭게 해야겠죠. 동료들과의 술자리를 감수하고라도 아이와 시간을 만들어야겠다는 독한(?) 다짐 말이죠.

어려서부터 강조한 음악 교육이 아이의 평생 취미로 제가 공부를 강조하지 않은 것은 아니에요. 그렇지만 아무래도 전 여기서 고등학교와 대학교를 다녔으니 이곳 사정에 대해 잘 알고, 교육위원직을 맡고 있으니 학교 돌아가는 시스템도 아는 편이라 공부 이외에 중요한 것이 많다는 걸 아이들에게 알려주려고 노력했어요. 여러 면을 고루 갖춘 인격체가 되기 위해서는 무엇을 배워야 할지 스스로 찾아가는 그런 능력도 키워줘야 하고요.

하버드 대학에 다니는 큰 녀석은 특별활동으로 음악을 하고 있어요. 어려서부터 첼로를 배웠는데, 대학에서도 첼로 연주를 하면서 쳄버 오케스트라에서 활동하고 있죠. 지금 2학년인데 참 재밌는 모양이에요. 연습 시간 얘길 들으면 그걸 언제 다 하나 싶을 만큼 열심히 하더군요. 처음엔 듣고 기가 막힐 정도였죠. 오케스트라 연습은 일주일에 세 번 저녁 7시부터 9시 반까지 하고,

노래는 밤 10시부터 12시까지 하고, 교회 활동도 열심히 하니 교회에서 연주도 한다고 그러더군요.

2학년 2학기가 되면서 전공으로 경제학을 선택했으니 이제 전공 공부에 대한 부담이 커지겠죠. 하지만 대학에서 꼭 학과 공부만 하는 건 아니니까요. 선택한 그룹 내에서 자기 역할을 하며 리더십도 키우고 그러는 게 다 공부인 셈이죠. 지금 노래하는 그룹이 크리스천 아카펠라인데 내년 3학년이 되면 자기가 피치pitch:아카펠라 그룹의 리더가 될 것 같다고 해요. 그러면 리더십 공부도 제대로 하게 되겠죠. 무엇보다 좋은 건 이 모든 것을 자기가 즐기면서 한다는 점입니다. 어려서 시작한 음악 공부가 성인이 되어서까지 즐거움을 준다니 좋을 뿐이죠.

의미를 찾아가는 공부가
'진짜' 공부 한국 학생들은 보통 밤 10시까지, 특목고 준비를 위해서는 새벽 2시까지 학원을 다니고 있다고 들었어요. 저희 애들이라고 새벽까지 공부 안 하는 건 아니에요. 저희 둘째 녀석은 음악만 하는 게 아니라 학교 농구 선수로도 활동하고 있어서 일과가 더 바쁘죠. 게임 끝나고 오면 밤 10신데, 그때부터 학교 공부를 해요. 학교도 토머스 제퍼슨 과학고등학교를 다니니까 숙제 양이 굉장히 많아요. 게다가 형이 간 학교를 저도 가고 싶어 하니까 공부에 대한 스트레스도 많은 편이고요. 당연히 자고 싶은 잠 다

못 자죠.

하루 일과, 일 년 일정을 보면 한국 아이들에 비해 공부 시간이 결코 적지 않아요. 여기 아이들이 겉으로는 자기 시간을 잘 컨트롤하고 있는 것처럼 보이지만, 모두들 스트레스 받아가며 힘들게 공부하고 있어요. 한 가지 차이라면 공부의 내용이랄까, 질이 다르다는 거죠. 한국의 학원에서처럼 요점을 집어서 가르쳐준다거나, 이 부분은 중요하고 이 부분은 외워야 한다는 식으로 가르쳐주는 공부가 아니니까요. 저희 세대는 "태정태세문단세…" 하면서 조선왕조 왕 이름을 외우고, 어느 왕이 어떤 업적을 세웠는지 달달 외우는 식으로 공부했잖아요. 어느 왕이 탕평책을 실시했다고 나오면 도대체 탕평책이 뭔지도 제대로 모르면서 그저 외우기만 했죠.

제가 고등학교 1학년 마치고 미국엘 왔는데 공부 방식이 많이 다르더군요. 가령 화학 시험을 볼 때는 '화학원소 주기율표'라는 걸 펼쳐놓고 문제를 풀어요. 한국에서는 화학원소 달달 외우면서 공부했거든요. 전혀 의미가 없는 공부를 한 셈이죠. 어떤 원소가 왜 그 자리에 있어야 하는지 근본적인 이유 같은 걸 토론하면서 이해해야 할 시간에 그저 외우기만 하는 게 의미가 없다는 거죠.

그런 게 화학 과목뿐이 아니에요. 역사 시간도 그렇고 수학 시간도 그렇고 다 그런 식으로 공부해요. 제 아이들은 한국에서 교육을 받아본 적이 없으니 이렇게 비교를 할 순 없을 거예요. 그러나 저는 확연히 다르다는 게 보이죠. 이렇게 의미를 생각하는 공부를 통해서 아이들 스스로 흥미를 가지고 재미를 붙일 수 있게 된 듯합니다.

모든 아이가 공부를 잘할 순 없겠죠. 또 그럴 필요도 없고요. 아이들이 공부 잘하는 비결을 알려 달라고들 하시는데, 제 생각에는 부모가 해줄 수 있는 게 있고 해줄 수 없는 게 있어요. 아무리 부모가 도와주고 싶어도 애를 위해 대신 공부해줄 수는 없으니, 좋은 여건을 만들어주는 것까지가 부모의 역할이겠죠.

좋은 여건을 만드는 제일 좋은 방법은 무조건 부모가 먼저 실천하는 겁니다. 애들이 책을 안 읽는다면 부모가 읽어야 돼요. 애들이 영어 공부를 안 한다면 부모가 열심히 영어 공부하는 모습을 보여줘야 해요. 충분히 할 수 있고, 당연히 그렇게 해야만 하는 거예요. 불편하죠. 불편하지만 부모가 그렇게 불편을 극복하는 모습을 보여줘야 아이들도 그렇게 하는 겁니다. 물은 위에서부터 아래로 흐릅니다. 윗물이 맑지 않으면 아랫물이 깨끗할 리가 있겠어요.

공부만큼 중요한
세상 경험   제 아내는 예고 피아노과 선생님이에요. 대학원 때 미국에 왔기 때문에 이곳 초·중·고 교육과정은 잘 모르죠. 똑똑한 사람이기 때문에 자기가 모르는 부분은 다른 사람의 도움을 받을 줄 알아요. 그래서 주로 제 의견을 믿고 따라주는 편이에요. 하지만 아무래도 한국에서 공부했기 때문에 아이들 성적이라든 가 하는 면에서 안달하는 경우가 있어요.

물론 성적도 중요하지만 그것만으로 사람이 세상을 살 수 있는 것도 아니고 대학에 가는 것도 아니니까 그렇게 안달하지 말라고 제가 이야기를 하죠. 가끔 아내는 제게 "누구는 이번 여름에 서머스쿨*에 가서 부족한 학과목을 보충한다는데…" 식으로 말해요. 그럼 저는 그러죠. 일년에 9개월을 학교에 가는데 여름까지 굳이 학교를 가야 하겠냐고. 여름에 AP 클래스 하나 더 듣는 것, 별 의미 없다고도 하죠.

큰애 같은 경우는 9학년 마친 여름에 뮤직 캠프를 갔고, 10학년을 마치고는 두 애 모두 여름 내내 일을 했어요. 작은 녀석은 식료품점 계산대에서 일했는데, 다른 사람들의 사는 모습을 이해하기 위해서라도 꼭 필요한 경험이라고 생각해요. 시간당 7달러 정도

★TIP

미국의 서머스쿨 미국은 겨울방학이 짧고 (크리스마스 무렵부터 약 열흘간) 여름방학이 무척 길다. 프리스쿨의 경우 6월 초부터 9월 초까지 석 달간이 방학이고, 초·중·고도 6월 중순이면 수업이 끝난다. 때문에 이 시간을 잘 활용하려는 부모들의 사전 준비도 대단하다. 보통 2월이면 서머스쿨의 안내 책자가 나오고 접수가 시작된다. 한국 학생들은 이 기간을 이용해 학교에서 하는 학습 관련 프로그램을 듣거나 사설 학원에서 부족한 과목을 공부한다. 운동이나 악기 실력을 끌어올리는 데도 좋은 기회이다.
이런저런 욕심을 부리다 보면 문 위원처럼 아이들에게 일을 하게 한다든지 세상 공부를 하게 하는 등의 결정은 절대 아무나 못한다. '공부를 잘하니까 그럴 수 있겠지' 하고 말할 수 있지만, 공부 잘하는 학생들도 방학 동안 AP 과목을 더 듣거나 유명 기관에서 인턴을 하는 것이 주 관심사이다. AP 수업을 많이 들어놓으면 대학에서 필요한 교양 수업 시간을 줄일 수 있으니 빨리 졸업해서 비싸디 비싼 대학 등록금을 아낄 수 있고, 국제기구나 공공 단체들에서 인턴을 하면 대학 지원서를 작성할 때 요긴하게 쓰이기 때문이다.

받는데, 세금 떼고 나면 5달러 남짓 되죠. 점심을 사먹어야 하는 데 점심 값이 7달러인 거예요. 아이는 이렇게 힘들게 일했는데, 잠깐 10분 먹느라 1시간 일한 돈이 나가버리는구나 생각하면서 느끼는 게 많았던 모양이에요.

큰 녀석은 11학년 마치고 리치몬드에 내려가서 혼자 방 하나 얻어가지고 그 당시 주지사에 출마하신 분의 선거 캠프에 가서 자원봉사를 했어요. 저는 여름까지 학교 보내는 것에 반대하는 쪽이에요. 청소년기에 다양한 경험만큼 값진 것이 없으니까요. 기회가 되면 외국에 가서도 공부해보고 다양한 방면으로 시각을 넓히길 바라죠.

아빠는
최고의 응원단 작은 녀석이 농구를 하는데, 보시다시피 저도 키가 작고 애 엄마도 그러니 아이도 키가 작아요. 그런데 그 키에 농구를 해요. 아이가 학교 대표팀에 있는데, 게임이 있으면 전 웬만한 일 아니고서는 다 참석합니다. 9학년부터 지금 11학년까지 연습 게임을 포함해서 제가 딱 한 게임 빠졌어요. 그때는 제가 교육위원회 의장으로 회의를 주재해야 해서 어쩔 수 없었고요.

부모가 오든 안 오든 애들이 상관 안 할 것 같죠? 그렇지 않아요. 얘길 안 할 뿐이죠. 지난주에 알링턴에 있는 워싱턴 헨리 고등학교에서 저희 애가 농구 시합이 있었어요. 그날도 가서 다른 선수들 부모들과 학교에서 응원하러 온 학생들과 같이 있었죠. 시합 전 국민의례를 위해 전부 일어나서 국기를 보고 있는데 국가가 안 나오는 거예요. 그러더니 안내 방송에서 시스템 작동에 문제가 생겼다며 "혹시 여러분 중에서 국가를 부르실 분이 있겠습니까?" 하는 거예요.

퍼뜩 제가 해야겠다는 생각이 들었어요. 대뜸 제가 하겠노라 내려갔죠. 두 가지 이유 때문이에요. 제가 교육위원인 걸 아는 분들이 계시다는 점도 그렇지만, 그보다 더 중요한 이유는 우리 막내 녀석이 어떻게 생각할까 하는 생각에서였죠. 아버지를 자랑스러워할 수 있는 기회를 한번 만들어보자는 의도였죠. 끝나고 나서 물었어요. "우영아, 아빠 노래 어땠니?" 하니까 뭐 들을 만했다고 쓱 그러더라고요.

1. 좋은 아빠가 되기 위한 실천 과제를 구체적으로 정하자

좋은 아빠가 되기 위해서 무엇을 어떻게 시작해야 할지 고민스럽다는 아빠가 많은데, 미국의 저명한 가정 문제 전문가가 제안한 '좋은 아빠가 되기 위한 5가지 실천 과제'를 보면 그 해답을 얻을 수 있지 않을까 싶다. 미국처럼 여가 시간이 많지 않은 우리나라 아빠들의 여건에 오히려 더 잘 맞기도 하고, '아이와 단둘이 여행을 떠나라!' 같은 단편적인 방법 제시보다는 좀 더 근본적인 접근이 될 듯 하다.

첫 번째 : 누구보다도 아내를 존중하자

전업주부건 워킹맘이건 육아의 중심에 있는 사람은 엄마이다. 하루 종일 밖에서 일을 해도 아이가 아플 때 밤잠을 설치며 돌보는 것도 결국 엄마이고, 이런저런 정보력을 바탕으로 학원을 알아보고 등록하러 다니는 것도 엄마이다. 엄마는 단지 엄마라는 이유만으로 아빠의 존중을 받아야 한다고 전문가는 이야기한다. 아빠가 엄마를 존중하는 모습을 보면서 아이들도 엄마를 존중하고, 다른 사람을 존중하며, 나아가 아빠가 바빠서 아이들 곁에 없더라도 아빠를 늘 존중하는 마음을 갖는다는 것이다.

서로 존중하고 신뢰하는 부부의 모습에서 아이들은 심리적 안정을 찾고 자신의 역할에 열중한다. 서로 존중하는 부부 모습에서 아이들은 자신도 존중받는다고 느끼며, 자신의 의견이나 주장이 잘 받아들여지고 있다고 느낀다는 연구 보고도 있다.

두 번째 : 가족과 함께하는 시간을 정하자

이는 당연한 이야기처럼 들리겠지만, 여기에도 한 가지 특이한 주장이 눈에 띈다. 아이들과 보내는 시간뿐 아니라 아내와 보내는 시간도 늘리라는 조언이 그것이다. 시간을 내어 아이들과 특별한 경험을 하는 것도 중요하지만, 부모의 친밀한 모습은 아이들에게 심리적 정서적 안정감을 준다. 아이가 성장해 원만한 가정을 꾸리고 자신의 역할을 올바로 해나가길 바란다면 간과하지 말아야 할 부분이다.

세 번째 : 긍정적인 역할모델이 되자

이 역시 판에 박힌 듯한 말이지만, 이어지는 주장은 섬뜩하기까지 하다. "자녀가 지금의 당신 나이에 살았으면 하고 바라는 삶의 모습대로 살아보라"고 하는 전문가의 말은 부모 자신의 현재 삶을 되돌아보게 만든다. 자기는 옆으로 걸으면서 "야! 너 똑바로 걸어!" 하는 꽃게의 심정으로 아이들을 키우고 있는 대부분의 부모에게 이보다 더 가슴 철렁한 말이 있을까? 물론 여기서 말하는 바는 얼마만큼 돈을 번다든지, 몇 평의 아파트에서 살아야 한다는 것을 의미하지 않는다. 평소 생활 모습, 더 직접적으로 말한다면 '태도'나 '습관'을 의미한다.

아들을 키우고 있다면 아빠의 모습은 더더욱 큰 의미가 있다. 나는 책 한 줄 안 읽고 텔레비전 앞에서 꼼짝하지 않으면서 아이에게는 "나이가 몇 살인데 고전 하나 안 읽었어?" 하고 말할 수는 없다. 지인의 아버지께서 오랜 흡연 끝에 폐암으로 돌아가시며 마지막 유언으로 "아들아, 너는 꼭 담배를 끊도록 해라."라고 하셨다고 한다. 하지만 그 사람은 아직도 담배를 끊지 못하고 있다.

네 번째 : 아이의 선생님이 되어보자

이는 아이들에게 직접 수학을 가르치고 영어를 가르치라는 의미만은 아니다. 물론 아빠가 어느 과목을 맡아서 가르친다면 그보다 좋을 수는 없다. 단지 아이에게 공부를 가르쳐서 좋다는 의미가 아니다. 아이와 규칙적으로 소통하는 경험이 지속적으로 생기는 셈이고, 아이가 실력이 느는 것을 보면서 아빠 스스로도 행복해지기 때문이다.

교육은 어찌 보면 동물의 본능이다. 동물이 새끼에게 헤엄치는 법을 가르치고 사냥하는 법을 가르치는 것처럼, 아이가 무엇을 부모에게서 배우는 것은 매우 자연스러운 행위이다. 교사인 나는 학생들을 가르쳐서 그 애들이 잘하는 걸 볼 때 그렇게 좋을 수가 없다. 학생들이 성장해가는 모습을 보는 것처럼 기쁜 일이 없는데, 하물며 부모인 아빠가 느끼는 기쁨은 오죽할까?

아이에게 무엇을 가르친다고 할 때 꼭 교과목에 제한을 둘 필요는 없다. 바둑이나 장기도 좋고, 자전거 타기나 줄넘기도 좋다. 뭐든 한 가지를 정하면 그걸로 좋다. 내가 아는 교수님 한 분은 전공이 영어인 터라 매일 아침 한 시간씩 아들에게 영어를 가르쳤다. 몸이 열이라도 모자랄 바쁜 일정에다 대단한 애주가였으니 아침마다 일어나는 게 쉽지는 않았을 것이다. 그래도 그 시간이 그렇게 즐겁다고 했다. 술을 많이 드신 날은 다음 날 아침 아이에게 "오늘 하루만 봐주라"고 통사정을 해도 먹히지 않을 만큼 아이도 재미를 붙였다고 했다.

골프도 좀 쳐봐야 재미가 들고, 바둑도 좀 두어야 재밌는 것처럼 아이를 가르치는 일도 반복과 시간 투자를 통해 '좀 해봐야' 재미가 난다. 아빠가 재미를 느끼고 진심을 담아야 아이들도 진지해진다. 어쩌다 선심을 쓰듯 "요즘은 뭐 배우니? 아빠가 오늘은 수학 숙제 좀 도와줄까?" 하며 보이는 관심에 아이들은 절대 반응하지 않는다.

다섯 번째 : 가정의 리더가 되자

육아나 집안일은 엄마의 몫이라며 나 몰라라 하는 아빠가 수도 없다. 하지만 절대 잊어서는 안 된다. 아내에게 내맡긴 일들에 어떤 결과가 나오건 그것은 남편의 책임이라는 점을 말이다. 책임이 자신에게 있다고 생각해야 정성이 가는 법이다. 자녀 교육이든 집안일이든 간에 아빠가 리더가 되어 적극 나서자. 아이를 키우는 일은 결코 엄마 혼자만의 몫이 아니다.

2. 아빠 역할이 변하고 있다

자녀 양육에 관한 한 아빠의 역할이 중요하다는 연구 보고들이 쏟아져 나오고 있다. 한 학자는 육아에는 애초에 아빠의 영역, 엄마의 영역이 따로 있어 엄마가 아무리 혼자 노력해도 아빠의 영역까지 커버할 수는 없다고 한다. 또한 아빠의 사랑은 자녀가 성장하면서 겪을지도 모르는 모든 일탈 행동과 문제 행동들을 막아주는, 자동차의 범퍼 같은 역할을 한다고도 한다.

사실 1960년대나 1970년대 이전까지만 해도 자녀 양육에 관한 한 아빠의 역할은 그리 큰 주목을 받지 못했다. 아이가 엄마와 보내는 시간이 절대적으로 많으니 엄마에게서 받는 영향이 대부분일 것이라 여겨졌다. 하지만 최근의 연구들은 아빠의 교육 참여와 사랑이 아이를 전혀 다른 사람으로 성장시킨다고 말한다. 그뿐 아니라 아빠가 교육에 적극 참여하면 엄마의 육아에 상승효과가 나타난다고 강조한다.

임상을 통한 연구 결과에 따르면, 아빠가 육아에 일찍 참여할수록 아이가 학교와 사회에서 성공할 확률이 높다. 여기엔 엄마들이 주목할 점도 있는데, 육아에 서툰 남편을 핀잔하거나 하나부터 열까지 고치려 든다면 이후 아빠가 아이와 보내는 시간들이 질적으로 떨어진다는 것이다. 반면 아내에게서 칭찬과 신뢰를 받으며 육아를 시작하고, 아이와 단둘이 친밀한 시간을 가지도록 지지를 받았던 아빠들은 성공적인 '아빠 역할'을 한다.

온 국민의 열병이 되다시피 하고 있는 영어 교육에서도 아빠의 역할은 특별한 의미가 있다. 외국어 습득에 영향을 미치는 수많은 요인 중에 '사회적 거리Social Distance'라는 것이 있다. 이는 배우고자 하는 언어(영어)와 모국어(우리말)에 대한 태도를 말한다. 간단히 말하자면 두 문화에 대한 인식이 배우는 사람의 머릿속에 동등한 것으로 자리 잡아야 외국어를 가장 효과적으로 배울 수 있다는 얘기다. 미국 문화를 우월한 것으로 인식하고 선망한다거나, '우리 것이 소중한 것이여' 하며 미국 문화를 배척한다면 말이 입으로 나오기 전에 머릿속에서 한번 멈췄다 나오는 결과를 만든다. 영어를 '별것'이라고 생각하면 미국 사람 앞에서 이야기할 때 주눅이 들고 실수할까 봐 두려운 마음이 생긴다. 기분이 나쁘니 당연히 동기도 나빠지고 표현력이 저하된다. 이 둘을 동등한 문화, 동등한 사회, 동등한 언어로 인식해야 말이 걸림 없이 나온다. 그런데 아이들의 상대 문화에 대한 인식은 대부분 부모의 태도가 결정한다. 영어는 세상의 많은 언어 중 하나이고, 영어로 된 유용한 정보가 많으니 우리가 열심히 배워야 한다는 중립적인 생각을 아빠가 먼저 가져야 한다.

아이가 영어를 쓰는 나라의 문화를 편견 없이 받아들이고 배울 수 있도록 아빠가 개방적인 자세를 유지해야 한다. 물론 아이가 영어를 잘한다고 해서 우월감을 가질 필요도, 못한다고 해서 주눅이 들 필요도 없다. 특히 아이에게 영어 공부를 시켜 자신의 한을 풀어보려는 아빠의 태도는 아이에게 걸림돌만 될 뿐임을 잊어서는 안 된다.

3. '인간 됨됨이'를 가르치는 아버지

전인 교육이란 지식이나 기능 위주의 교육에서 벗어나 인간이 지닌 자질들을 조화롭게 발달시키는 것으로 정의할 수 있다. 우리의 교육 현실과 멀게만 느껴지는 이 말은 교과 성적뿐 아니라 자녀의 인성이나 리더십, 자신을 조절할 수 있는 방법으로서의 예체능에 대한 밑바탕을 마련해주라는 의미이다. 다시 말해 대부분의 부모가 자녀 교육의 끝으로 생각하고 있는 '대학' 그 이후의 삶까지 염두에 두고 큰 그림을 그리는 교육이라고 할 수 있다.

NIH(미국 국립보건원)에 파견 나가 있던 후배가 이런 얘기를 들려준 적이 있다. 미국에서도 우수한 인재들이 모여 있는 NIH. 그곳의 저명한 교수와 연구원들의 이력서를 보니 특기 사항 첫 줄이 무척이나 화려하더란다. 무슨 오케스트라와 협연, 무슨 대회에서 우승…. 연구에 관한 이력은 말할 것도 없거니와 예술, 체육 그리고 봉사활동에 대한 내용이 후배를 놀라게 한 모양이다. 이러한 특기 사항은 단순히 이력서 구색 맞추기용이 아니라, 평생 살아가면서 즐기는 삶의 일부가 되며 스트레스와 긴장을 풀어주는 친구가 된다.

전인 교육의 또 한 측면은, 함께 살고 있는 주변 사람들과의 관계를 잘 만들어가는 데 큰 역할을 한다는 점이다. 미국 유치원 아이들이 제일 먼저 접하는 교육의 주제는 "Everybody is special(우리 모두는 특별해)"이다. 노래로 이야기로 책으로 은연중에 수없이 반복되는 이 주제는 모두가 특별하다는 의미이다. 모두가 특별하다는 것은 서로의 개성과 차이를 인정하고 다양성의 일부로 보자는 것이다. 앞으로 다양한 인종이 넘쳐나는 사회에서 살아가야 할 아이들에게는 가장 절실한 개념이다.

다양성에 대한 이해를 넓히기 위해 봉사활동은 필수적이다. 어린아이부터 노인에 이르기까지 자신이 살고 있는 커뮤니티community에 자신이 받은 혜택의 일부를 돌려주고 함께 발전시켜나가자는 뜻이기 때문이다. 요즘 들어 우리도 봉사활동에 대한 사회적 시각이 많이 달라지고 있긴 하지만, 생활 속에 완전히 자리 잡았다고 보기는 아직 힘들다. 한 예로 토플 작문 시험에 '커뮤니티'에 대한 과제가 자주 등장하지만, 그 속의 한 구성원으로서 어떻게 사안을 바라보고 어떤 해결책을 제시할 것인가에 대해 우리 학생들은 서툴기만 하다. 성장 과정에서 별로 생각해본 적이 없기 때문이다. 대개 지식적인 것만을 나열하려 하니 이야기에 논지가 없으며, 고득점과는 당연히 거리가 멀어진다.

전인 교육을 쉽게 실천할 수 있는 키워드는 '취미'와 '봉사'이다. 돈이 되기는커녕 돈을 써야 하지만 내게 즐거움을 주는 것이 취미이며, 일하고 공부하기도 바쁜 시간을 어렵게 쪼개야 하지만 그 속에서 다른 삶의 모습을 볼 수 있는 것이 봉사이다. 오랫동안 저비용 고효율 사회를 지향해온 우리 문화 속에서는 어색하게 들리는 것이 어쩌면 당연하다. 하지만 문화와 체육 활동을 통해 자녀가 자신을 조절하는 데 필요한 평생 취미를 만들고, 봉사활동을 통해 이웃과 함께 성장하는 것을 깨닫는다면 현대 사회가 추구하는 '원만한 인간형well-rounded person'의 초석을 다지는 셈이다.

아이의 재능과 장애를 있는 그대로 받아들이고 존중하는 캐서린 엄마

—— 더 큰 세상을 향해 도전하도록 자신감을 북돋아주는 '존중 교육법'

해병대 장교 출신인 캐서린 엄마는 전형적인 미국 중산층 가정의 부모이다. 캐서린 엄마는 토미, 크리스, 캐서린 세 남매 모두를 명문대에 진학시키기까지 각각 개성이 다른 아이들을 있는 그대로 인정하는 것이 가장 큰 어려움이었다고 한다. 당장 눈에 보이는 성적을 넘어 다문화를 존중하고 인간애를 키우는 것이 결국은 아이들이 세상으로 뻗어나가는 데에 큰 재산이 될 것이라는 캐서린 엄마. 아이들에게 도전정신과 세상을 보는 다양한 안목을 키워준 캐서린 엄마의 이야기를 들어보자.

세상을 보는 다양한 안목과
도전정신을 키워라

　캐서린 엄마인 팸은 필자의 바로 옆집에 살던 이웃이다. 바람이 많이 부는 날이면 그 집 현관 양쪽에 걸려 있던 해병대 깃발과 성조기가 무섭게 펄럭거리는 소리에 밤잠을 설치곤 했던 기억이 제일 먼저 떠오른다. 그 다음 생각나는 건 벌겋게 상기된 얼굴로 캐서린 엄마가 우리 집 문을 들어서던 순간이다. 손에 편지한 장을 들고는 막내 캐서린을 불러 달라고 했다.

　우리 준경이랑 한창 놀아주고 있던 캐서린도 그 편지를 보고 얼굴이 금세 벌겋게 달아올랐다. 아이비리그 중 하나인 다트머스 대학Dartmouth College에서 온 합격 통지서였다. 캐서린은 기대도 안 했는데 뜻밖의 결과라며 잔뜩 상기되어서 "Oh, my god!"을 연발했다. 기뻐서 눈시울이 붉어지는 모습을 보니, 나도 덩달아 마음이 울컥했다. 좋은 대학에 붙어서 기뻐하는 모습은 한국 아이들과 다를 바가 없어 보였다.

캐서린의 두 오빠는 대학에 다니느라 학기 중엔 거의 집에 없지만, 바로 옆집이다 보니 명절이나 방학 동안엔 종종 마주치곤 했다. 어찌나 예의바르고 반듯한지 볼 때마다 칭찬이 절로 나는 청년들이었다. 막내 캐서린은 날씬하고 예쁜 데다 착하기까지 해서 우리 준경이가 무척이나 따랐다. 당시 다섯 살밖에 안 된 준경이가 "She is beautiful!(누나 예쁘다!)"이라나 뭐라나. 캐서린의 합격 소식을 접하고는 캐서린 엄마를 찾아가지 않을 수 없었다. 어쩜 그렇게 공부 잘하고 반듯한 아이들로 키웠는지 무척 궁금했다.

흑인이 거의 살지 않는 페어팩스의 오래된 주택가(내가 살던 곳은 1970년대에 지은 집들로 이루어져 있었다)에 흑인인 팸 아줌마와 백인인 톰 아저씨 부부는 단연 눈에 띄는 커플이었다. 해병대 장교 출신인 아줌마와 군 변호사인 아저씨는 워낙 동네 반장 역할을 도맡아하는 데다, 타지 생활에 어려움이 많던 우리에겐 '무엇이든 물어보세요' 역할까지 해주었다.

미국 생활 2년이 넘도록 수줍어서 "Hi!"도 못하는 우리 준경이를 보다 못한 캐서린 엄마는 어느 날 캐서린과 함께 우리 집에 찾아왔다. 캐서린이 학교 오케스트라에서 비올라를 맡고 있으며 카운티 오케스트라에서 꼬마들을 가르치고 있으니, 준경이도 악기를 통해 마음을 열도록 해보자고 제안하였다. 준경이에게 악기를 가르치는 것은 결국 실패로 돌아갔지만, 캐서린은 시간 날 때마다 우리 집에 와서 한 시간씩 준경이랑 놀아주겠다고 했다. 그래도 우리로 따지면 고3 학생인데 그렇게 하라는 엄마나 좋다고 하는 딸이나 도무지 이해가 안 되었다. 학교 오케스트라 활동과 자원봉사, 거기에 AP 과목까지 듣느라 바쁠 텐데도 캐서린은 정말 시험 전날만 빼고 빠짐없이 우리집에 왔다.

아이들 잘 키운 비결을 듣자고 찾아가서는 우선 우리나라 상황부터 얘기해야 했다. 우리나라 학생들이 얼마나 힘들게 대입을 준비하고 있는지 설명하자 캐서린 엄마의 첫 마디는 "한국도 대학 가기가 그렇게 힘들어요?"였다. '한국도'라니, 그럼 우리만 힘든 게 아니란 말인가? 미국도 좋은 대학 가기가 날로 힘들어지고 있다는 캐서린 엄마의 이야기 속엔 분명 우리가 모르는 배울 점이 있었다. 아이들의 재능도 장애도 있는 그대로 받아들이고 그것을 존중하는 데 충실한 엄마, 나아가 세상 속의 다양성을 바로 이해하고 포용하는 것에 자녀 교육의 근본을 두었던 열성 엄마, 팸의 이야기를 들어보자.

"인정받는 아이만이
스스로 미래를 설계하고 도전할 줄 안다는
캐서린 엄마의 존중 교육법"

최고의 학군, 그 안에서
사립학교를 선택하다 남편은 아들만 5형제인 집에서 부모의 반대를 무릅쓰고 대학에 갈 만큼 공부의 필요성을 아는 사람이고, 저는 교육의 중요성을 늘 강조하시는 부모님 밑에서 컸어요. 우리는 둘 다 대학 졸업 후 군생활을 시작했고, 이쪽으로 발령이 나면서 페어팩스 카운티와의 인연도 시작되었죠. 여러 지역에서 생활해봤지만 이곳에 자리를 잡는 데는 학군의 영향도 컸어요. 학교 환경이나 경쟁력을 보여주는 여러 자료도 일일이 살폈죠. 이 지역 학교들은 전반적으로 수준이 높은 편이에요. 그 중 몇몇은 아주 훌륭하고요.

유치원부터 7학년까지 공립학교를 다니는 동안은 그 나이에 맞는 충분한 교육을 공립학교가 해주고 있다고 믿었죠. 하지만 캐서린의 두 오빠가 고등학교에 가야 할 때 문제가 생겼어요. 위치상 폴스 처치Falls church 고등학교에 배정될 예정이었는데, 그 학교가 SOL TEST ^{버지니아 주에서 실시하는 학력평가 시험으로 영어, 수학, 과학, 사회 등 주요 과목들의 패스율이 각} ^{학교별로 모두 고시된다} 성적이 썩 좋지 않았거든요. 그래서 어려운 결정을 내려야 했죠. 그냥 그 학교를 보낼지 아니면 가까운 사립 성바오로^{Paul VI} 고등학교를 보낼지 고민을 했죠. SOL TEST 기준에도 못 미치는 학교가 아이들에게 어떤 영향을 줄지 심각하게 고민했어요. 특히 아이들이 대학 입시를 준비할 때를 생각했죠. 그래서 결국은 사립인 성바오로를 선택했어요.*

한국도 교육에서 경쟁이 심하다고 하는데, 여기도 마찬가지예요. 교육이 상당히 획일화되어 있죠. 아직도 교육을 좋은 일자리를 얻기 위한 수단쯤으로 보고 있으니까요. 그런 상황에서 학생 개개인의 필요에 맞는 걸 공교육이 줄 수는 없는 거죠. 반면 사립인 성바오로는 학교가 작아서 학생 개개인에 신경을 많이 써요. 선생님들 중에는 숙제에 대해 궁금한 점이 있으면 새벽 1시까지는 언제든 전화해도 좋다고 하는 분들도 계세요. 성바오로는 전교생이 1200명 정도로 수업에 따라 20여 명 정도가 들어요. 선생님이 학생 한 명 한 명에게 관심을 써줄 수 있는 거죠.

★TIP

미국 공립학교 수준 미국 공립학교들의 수준을 알아보기 위한 객관적인 기준은 크게 세 가지이다. 학교의 학력평가 시험 결과, 학생들의 인종 구성 그리고 무료 급식을 먹는 학생수가 그것이다. 시험 결과는 보통 학년별, 연도별로 집계되기 때문에 학생들의 수준이나 변화 추이를 살펴볼 수 있다. 인종 구성으로는 백인, 아시아계, 흑인 또는 히스패닉 등의 학생이 얼마나 많은지 알 수 있다. 보통 시험 성적이 높은 학군들은 백인과 아시아계 비율이 높다. 무료 급식을 먹는 학생수로는 부모들의 재정 상태를 알 수 있다. www.greatschools.net 등에서 각 학교 자료를 검색해볼 수 있다.

남의 실수도
내 약으로

책을 읽는 것이 기본이라고 하는데, 정말 그래요. 아이가 유치원에 들어가기 전부터 도서관에서 책을 빌려다 읽게 했고, 여름이면 모두가 둘러앉아 책을 읽었어요. 동네 도서관의 북페어*는 꼭 놓치지 않았죠. 학교에 가지 않는 날에는 텔레비전도 볼 수 있었지만, 비디오 게임만큼은 절대 금지였어요. 텔레비전은 교육적인 측면이 많잖아요. 일상에서 접하기 힘든 간접 경험을 제공해주기도 하고요.

우리 조카 중 한 아이는 비디오 게임에 중독이 돼서 현실을 인식하지 못하고 살았죠. 지금 나이가 서른 살인데도 엄마가 게임하는 아이의 어깨를 툭툭 치며 "너 샤워했니?", "오늘 뭐 좀 먹었니?" 하고 물어야 할 정도예요. 저는 다른 사람의 실수를 통해서 큰 배움을 얻을 수 있다고 생각하는 편이에요. 그래서 우리 아이들은 닌텐도를 비롯해서 어떤 게임도 허락하지 않았어요. 물론 주변에는 게임을 하는 아이도 있고 우리 아이가 그 집에 가서 게임을 할 수도 있지만, 여하튼 우리 애가 게임에 몰두를 하게 되진 않으니까요.

큰 아인 토미가 일곱 살 땐가 이모한테 크리스마스 선물로 게임기를 받았어요. 그 자리에서 제가 동생을 나

★TIP

북페어(Book Fair) 미국은 동네마다 공립도서관이 잘 되어 있기로 유명하다. 그 중에서 제일 눈길이 가는 것은 봄과 가을, 일 년에 두 차례 열리는 북페어이다. 도서관에서 소장했던 책들이나 기증받은 중고책들을 싼값으로 판매하는 행사인데, 아이들 책은 1달러 안팎에 구입할 수 있다. 오는 순서대로 골라가는 것이라 북페어가 열리는 첫날은 개관 두 시간여 전부터 길게 줄이 늘어서 있다.

무랐죠. 우리 애들한테는 비디오게임을 허락하지 않는다고 했지 않느냐고. 동생은 무안해하면서도 '설마' 하는 표정이었지만, 아이들 할머니가 이 집 기준에 따르라고 거들어주셨죠. 꼬마녀석들은 눈치만 보다가 결국 울기 시작했고, 전 동생 차 트렁크에 게임기를 실었어요. 그러고는 그게 끝이었어요.

몇 해 전 여름에 아이들이 그런 얘기를 하더군요. 엄마가 그때 그런 결정을 내려준 걸 고맙게 생각한다고요. 아이가 여름에 사립학교 교복을 파는 가게에서 일한 적이 있는데, 들어오는 아이들마다 손에 작은 게임기를 들고 있더라는군요. 여름 캠프에서 일한 다른 녀석도 아이들이 도무지 집중을 하지 못한다고 얘기를 해요. 그런 모습을 보더니 저더러 고맙다는 거예요. 큰아이가 대학에 합격한 뒤 자신이 번 돈으로 중고 게임기를 하나 사더라고요. 게임을 가끔 하지만 중독이 되는 수준은 아닌 거죠. 아이는 사람들이 영화를 보는 것처럼 자기가 긴장을 풀고 싶을 때 여가로 이용하는 법을 아는 것 같아요. 어릴 때 뭣 모르고 빠져들면 현실과 게임을 구분하지 못하고 하루 종일 게임에만 매달리는 게 되니 위험해요.

아이가 한창 자랄 때는 친구들이 하면 따라 하고 싶고 부러워하고 그러지만, 우리 애들한테는 단호하게 "나는 우리 엄마가 못하게 해."라고 말할 수 있도록 지도했어요. 부모가 아이들을 이기지 못해서, 또는 원칙을 세우지 못해서 지금 집중력에 문제가 있는 아이가 무척 많아요.

전 중독의 여지가 있는 건 어떤 것도 하지 않아요. 담배나 술, 게임. 그게 뭐든 내 시간을 내가 원하는 대로 컨트롤할 수 없게 만드는 것은 좋지 않다고 생각하니까요. 무엇보다 그러한 것들이 아이들의 삶에 영향을 미치게 되는 건 더 싫고요. 아이들 말로는 친구들 중 밤새 게임을 하는 아이가 있다고 하더군요. 비디오 게임 개발자나 프로 게이머가 되겠다는 목표를 갖고 있는 아이라면 얘기가 물론 다르죠. 하지만 캐서린이 다니는 음악 캠프 선생님이 그런 얘길 한 적 있어요. 게이머가 되는 게 목표인 아이가 있는데 학과 성적이 아주 좋지 않다는 거예요. 집중을 못하기 때문이죠. 일단 게임에 익숙해지면 다른 일에 집중을 할 수 없어요. 게임을 보세요. 우리 실제 생활은 그런 말초적인 즐거움을 주지 못하잖아요. 물론 교육용 소프트웨어들은 도움이 될 수도 있겠죠. 이거 누르면 파란색, 저거 누르면 빨간색 하는 식으로요. 하지만 전 텔레비전이나 컴퓨터를 선생님으로 활용하는 데는 절대 찬성하지 않아요.

부모의 '인정'과 '지지'는
어떤 장애도 극복하게 만든다 둘째 크리스는 우리가 일본에서 살 때 입양한 아이예요. 갓난아기였죠. 출생 직후 병원에 있을 때 부모가 원치 않는다고 해서 입양을 했는데, 그때가 큰아이 토미를 낳은 지 넉 달쯤 뒤였죠. 크리스에게 발달장애가 있었는데, 우리 그게 신체적인 장애라고만 생각했어요. 하지만 지능에도 영향이 있었죠.

일본에서 임기를 마치고 돌아와서는 한동안 노스캐롤라이나에서 살았고, 아이들이 초등학교 다닐 무렵에 이곳으로 이사를 왔어요. 처음엔 초등학교도 가톨릭 재단의 사립학교에 보내고 싶었어요. 입학시험을 두 아이가 같이 치렀는데 크리스가 통과하지 못했어요. 입학 담당자가 크리스에게 과외선생을 붙일 필요가 있겠다고 하는 얘길 들으니, 그 학교는 아이에게 부담이 되겠구나 싶었어요. 그래서 아이 둘 다 같은 공립학교에 보내기로 했고, 그때부터 크리스는 우리 부부가 직접 가르쳤어요.

크리스는 같은 유형의 수학 문제를 네 개 주더라도 그게 같은 유형인지 인식하지 못할 정도였어요. 첫 문제를 풀고도 두 번째 문제는 새롭게 받아들이는 거죠. 학교에서는 진도를 따라가지 못하는 크리스에게 별로 해줄 수 있는 게 없었어요. 학교에서 배울 내용을 아이 아빠와 내가 미리 반복해서 연습시키고, 나중에 복습시키고 그랬죠.

수업을 따라가는 데 어려움이 있으면 아이들은 단지 수업 내용만 놓치는 게 아니더군요. 수업 자체에 흥미를 잃으니 다른 데로 눈을 돌리게 되는 거예요. 따라가는 게 영 처지니 크리스는 수업에서 아예 소외되었는데, 한번은 선생님이 연락을 주셔서는 크리스가 늘 다른 발달장애 아이하고만 어울린다고 하더군요. 그러고 싶진 않았지만 일단 두 아이를 떼어놓았어요. 같이 있는 것이 당장은 서로 심리적으로는 편할지 모르지만 궁극적으로는 서로에게 도움이 되지 않을 거라고 생각했으니까요.

지금은 특수교육이 어떤 형태로든 도움이 필요한 아이를 도와주는 개념이지만, 그때만 해도 정신적으로 문제가 있는 아이들을 위한 것이었어요. 그럼에도 어렵게 마음을 먹고 테스트를 했는데, 이상하게도 학교에서 짐작했던 것보다 결과가 훨씬 좋게 나왔어요. 간단한 더하기 빼기는 못하면서 복잡한 수학은 하고, 학교에서 가르치지도 않은 문법은 또 맞추고 하는 거예요. 그래서 학교와 우리는 고민 끝에 결정을 내렸어요. 아이를 일반 학급에 계속 두면서 집에서 도움을 주기로요. 학교에서 과제를 보내면 집에서 우리가 공부를 봐줬는데, 아이가 집중력이 확 떨어지는 순간까지 우선 시켜봤어요. 억지로 시키기보다는 집중할 수 있는 시간을 기록하고 관찰하면서 일종의 패턴을 찾아보는 과정이었죠. 참고 기다리는 과정이 쉽진 않았지만 시간이 지나자 효과가 나타났어요.

크리스는 책 읽는 것도 토미나 캐서린보다 많이 힘들어했어요. 초등학교 때 토미는 비올라를, 크리스는 드럼을, 캐서린은 바이올린을 배우고 있었는데 어느 날 크리스가 말하더군요. 음악 레슨을 받는 대신에 학과 공부에 시간을 더 쓰고 싶다고요. 아무래도 동갑내기 형이나 동생이 많이 자극이 되었을 거예요.

아이들은 보통 초등학교에서 한 번쯤 어너 롤 Honor Role:우수 학생에게 주
는상을 받는데, 크리스는 6년 내내 한 번도 못 받다가 졸업 직전에
처음으로 받았어요. 중학교에 들어가서는 첫 성적표에서 어너 롤
을 받더니, 두 번째에서는 'A' 어너 롤을 받아왔어요. 정말 감격
스러웠어요. 그 이후로는 쭉 받았죠.

그러다 가톨릭 사립고등학교에 들어가기 위한 시험을 봤는데,
학교에서 연락이 왔어요. 학업이 부족한 아이들을 도와주는 반이
있는데 거기서 수업을 받는 게 좋겠다는 거였죠. 우린 다시 긴장
했어요. 그러고는 학기가 시작되고 2주가 지났는데 다시 전화가
오더군요. 이번엔 전혀 예상치 못한 얘기였어요. 크리스가 왜 이
반에 왔는지 모르겠다고요. 반 아이들이 크리스에게 모르는 것을
물어보고 도움을 받고 있대요. 일 년인가가 지나고서야 어떻게
된 건지 알았어요. 크리스는 시험을 보던 날 교실 맨 뒤에 앉았
는데, 다음 과목을 풀어도 좋다는 소리를 듣지 못했대요. 그래서
한 과목의 결과가 안 좋았던 건데, 엄마가 돈 낸 걸 날려버릴 순
없어서 차마 말을 못했다고 하더라고요. 지금이야 웃으면서 얘기
하지만 그땐 피를 말리는 심정이었어요.

지금도 어렸을 때의 크리스를 알던 사람들은 그 아이가 대학에
갔다고 하면 깜짝 놀라요. 저는 부모가 아이의 가장 큰 지지자가
되어주어야 한다고 생각해요. 자기 아이를 정확히 파악해야 하고
요. 특히 공부 면에서는 더 그렇죠. 누군가 이 방법은 안 된다고

말하면 다른 방법을 찾아주어야 하는 게 부모 역할이지 싶어요.

다문화, 다계층에 대한
이해와 포용을 가르쳐라 많은 아이가 교육을 그저 당연한 것, 당연하게 누리는 것으로 생각해요. 특히 페어팩스 카운티의 아이들은 많은 교육적 혜택을 그저 당연하게 받아들이는 경우가 많아요. 다른 지역도 모두 이곳과 같을 거라고 생각하지만 절대 그렇지 않거든요. AP나 IP 코스를 듣는 것만 해도 하나 듣기도 힘든 여건인 지역이 많아요. 여기처럼 자기가 골라 듣는 환경이 아닌 거죠. 한 코스당 85달러씩 내면서 들을 수가 없는 환경도 있으니까요. 그렇기 때문에 자기 주변의 환경에 갇혀 좁은 시각을 갖게 되는 걸 막기 위해서 다양한 경험을 해보도록 하는 게 중요해요.

페어팩스 카운티에서는 고등학교 졸업반 학생 대부분이 대학엘 진학하죠. 하지만 제가 자라던 시대만 해도 20퍼센트 남짓 하는 학생들만 대학엘 갔어요. 대부분의 부모는 아이가 고등학교를 졸업하면 일자리를 찾고 자립하기를 원했죠.

저는 늘 이곳 바깥의 세상을 아이들에게 보여주려고 노력해요. 이제는 그런 노력들이 생활의 일부가 됐죠. 아이들이 사촌들이 사는 모습을 보면서 자연스레 느끼도록 하고, 애써 여행의 기회를 만들어주기도 하죠. 토미와 크리스는 8학년 마치고 프랑스와 스페인에 여행을 다녀왔어요. 여행을 통해 또래의 다른 아이들이

다른 문화에서 생활하는 걸 보며 느낀 게 많았던 모양이에요. 토미는 작년에 오스트리아에서 한 학기를, 크리스는 호주와 뉴질랜드에서 한 학기를 보냈어요. 캐서린도 스페인과 이탈리아에서 보내려고 준비하고 있어요. 일단 넓은 세계를 알게 되니 그에 대한 지적 호기심도 저절로 자라는 것 같아요.

대학과 전공
선택하기
아이들이 중학교 땐가 학교에 갔다 오더니 그래요. 선생님들이 모두 버지니아 주립대가 제일 좋다고 한다고. 자기도 거길 가야겠다고 하더군요. 토미가 GT반에 있을 때 버지니아 주립대에서 하는 GT 캠프에 다녀오기도 했죠. 하지만 토미와 크리스, 두 녀석 모두 버지니아 주립대에서 어드미션^{admission}을 받고도 결국엔 가지 않았어요.

토미가 다니는 윌리엄스 칼리지는 학생수가 2,000명 정도인데, 학교도 시골에 있어 놀 데도 없고, 다들 가족 같이 지내는 모양이에요. 크리스가 다니는 윌리엄 앤드 메리엔 4,500명 정도의 학부생이 있고, 캐서린이 가기로 한 다트머스도 학부생이 4,500명 정도예요. 그러니 결국 다들 작은 학교를 선택한 셈인데, 학생들과 교수진 간의 교류도 많고 학생들끼리도 잘 어울리는 곳이죠. 우리 아이들에게는 최상의 환경이에요.

큰 학교들은 입학할 때 단과대학 정도는 정하기도 하지만, 우리 아이들이 다니는 세 곳 학교들은 모두 2학년 2학기까지만 결정하면 되죠. 입학할 땐 따로 전공을 정하지 않는 거죠. 크리스는 파이낸스finance에 관심이 있어요. 더하기 빼기도 못했던 아이가 말이죠. 지금도 전화하면서 제가 가끔 농담을 해요. "3 더하기 5가 뭐니?" 하고요. 그럼 녀석 깜짝 놀라죠.

토미는 정치학과 음악을 전공해요. 캐서린은 이제 시작이니 전공이 없지만, 뭐든 사람을 돕는 일을 하고 싶다고 해요. 필수 과정을 우선 듣고 전공을 결정하는 셈인데, 캐서린 같은 경우 우선 작문 세미나, 사회학, 언어학을 듣죠. 인류학 같은 데 관심이 많은데 사람에 대한 이해나 도우며 같이 사는 세상에 관심이 있는 거죠. 대학에 가서 여러 친구들을 만나고 여러 분야의 개론을 접한 뒤 전공을 정하는 것이 모든 대학에서 누릴 수 있는 건 아니에요.

일하는 엄마의 교육 노하우

결혼하고 아이를 낳았을 무렵부터 저는 아이들이 고등학교에 들어가기 전에는 전역을 하려고 계획했어요. 진행하던 프로젝트 때문에 계획이 1년 늦어져서 결국 큰아이들이 고등학교 1학년이 될 때까지 일을 했죠. 전 그 시기가 아이들 인생에서 가장 중요하다고 봤어요. 그래서 엄마가 옆에 있어주어야 한다고 믿었죠.

일반적으로 엄마들은 저와 반대로 생각하시더군요. 아이들이 어릴 때는 가정에 있다가 아이가 학교에 가면서 일을 하는 경우가 많죠. 하지만 10대는 어느 때보다 관심과 지도가 필요한 시기예요. 아이들이 어느 정도 자라서 혼자 할 수 있는 일이 많아지니 슬슬 일을 찾는 엄마가 많지만, 전 이 시기가 제일 중요하다고 생각해요. 아이가 이 시기에 미래에 대한 비전을 세우지 못한다면, 마약을 하거나 술을 하거나 또 다른 형태의 나쁜 길로 빠질 수 있으니 말이죠. 그래서 그렇게 결정한 거예요. 10대에는 엄마가 집에 있는 것이 아이들에게 여러 면에서 안정감을 줄 수 있어요.

캐서린의 경우 특히 엄마의 도움을 필요로 했어요. 오빠들하고 네 살 차이가 나는데, 오빠들이 대학으로 떠나고 난 뒤 첫해는 캐서린에게 참 힘든 시간이었죠. 늘 곁에서 무슨 일이든 다 해주던 오빠들이 갑자기 사라진 거니까요. 군에 있는 동안엔 출장이 잦았기 때문에 최대한 애를 쓴다 해도 한계가 있었어요. 아이들을 제일 잘 아는 건 엄마니까 아무리 아빠가 곁에 있어도 출장 중에는 엄마의 역할이 비게 되는 셈이었죠.

한번은 노르웨이에 출장을 가서 집에 전화를 했더니 토미가 우는 거예요. "왜 우니?"하니까 폭풍이 분다고 하더라고요. 토미는 번개를 무서워했거든요. 아빠가 집에 계시긴 했지만 무섭다고 해봤자 "뭐가 무섭다고 그러니. 무서워할 거 하나도 없다."라고 말했겠죠. 엄마가 있었다면 그 심정을 잘 이해해줬을 텐데 하는 생각을 하니 눈물이 쏟아졌나 봐요.

아이들이 대학에 간 이후에도 집에 전화할 때 보면 아빠한테 하는 이야기랑 엄마한테 하는 이야기랑은 내용이 다르더군요. 엄마한테는 온갖 사소한 얘기를 다 하지만 아빠한테는 그렇지 않아요. 그만큼 엄마 자리와 아빠 자리는 아이들에게 달라요.

그렇다고 해서 엄마가 무조건 일을 포기하고 가정에 충실해야 한다는 얘기는 아니에요. 미국에서도 1960, 70년대에 그런 시각이 있었죠. 결혼 당시 저는 군에서 일하고 있었는데, 시어머니는 절 볼 때마다 언제 일을 그만둘 거냐고 물으셨어요. 계속할 거라고 대답하면 이해를 못하셨죠.

어머니 세대엔 여자는 결혼하면 당연히 직장을 그만두고 집에서 저녁을 지으며 남편이 퇴근하길 기다려야 하는 존재였으니까요. 우리 세대는 여자가 일하면 왜 일을 하는지 꼭 물었죠. '남편이 돈을 많이 못 벌어오나?' 하고 속으로 생각하면서 말이죠. 남자들이 일하는 건 당연하게 받아들이면서요. 하지만 엄마가 일하는 모습을 보여주면 아이들의 사고도 그만큼 폭이 넓어져요. 일을 하고 안 하는 것이 엄마의 선택에 달렸다고 생각하는 것과 왜 일을 할까 꽉 막힌 생각으로 바라보는 것은 다르니까요. 따라서 자녀를 정확히 파악해서 엄마의 도움을 가장 필요로 하는 때가 언제인지 고민하고 결단을 내려야 해요.

캐서린은 두 살 때부터 댄스 클래스를
했어요. 한 가지에 몰두하고 훈련하는 연습이 되었죠. 그렇게 시
작한 캐서린은 2년 전 엉덩이를 다쳐 수술을 할 때까지 댄스 클
래스를 계속 했어요.

캐서린 오빠들은 이 동네의 여느 아이들처럼 어려서부터 축구
를 했죠. 둘 다 커서는 농구를 했고, 토미는 고등학교 때부터 대
학 1학년까지 라크로스를 했어요. 그렇게 운동을 하는 것이 몸에
배니 대학에 가서는 자기들이 평생 즐길 수 있는 운동을 스스로
알아서 열심히 찾더군요. 골프도 해보고 보디빌딩도 해보면서 평
생 할 수 있는 운동을 찾아야겠다고 말할 정도였죠.

운동을 잘해서 대학 진학에 유리해지는 것처럼 어떤 성과를 내
는 것도 좋지만, 어려서부터 자기가 좋아하는 일을 선택하고 훈
련하는 연습을 하는 면에서도 큰 의미가 있어요. 특히 집을 떠나
대학을 가면서부터는 자기 관리 문제가 중요해지는데, 규칙적으
로 운동하는 것만큼 큰 도움이 되는 것도 없을 거예요.

미국 사람들은 자신의 생활이 전부인 줄 아
는 경우가 많아요. 한국 사람들도 아마 그럴 거예요. 몇 해 전 뉴
올리언스에 허리케인 카트리나가 왔을 때 페어팩스 사람들 모두

가 그랬어요. 왜 그곳을 떠나지 않느냐고요. 뉴올리언스 사람들이 차가 없어서, 또는 돈이 없어서 떠날 수 없었던 걸 페어팩스 사람들은 이해하지 못한 거죠.

아이가 다양한 부류의 사람들과 교류하는 것은 무척 중요해요. 미국의 대학들도 다양한 나라, 다양한 배경을 가진 학생들을 뽑아 논의의 폭을 넓히려 하죠. 아프리카에서 온 학생 한 명에 대해 모르고서 아프리카의 기아를 이야기한다면 그건 그저 피상적이기만 할 테니까요. 부자로 자라서 그 부류하고만 어울린 아이는 그만큼 세상을 보는 시각이 좁을 거고요.

캐서린이 막 대학에 입학했을 때 다트머스 기숙사에 데려다준 적이 있는데, 공동 세탁실에 가보니 한 한국 학생이 세탁기를 다 쓰고 있는 거예요. 어떻게 된 거냐고 물으니, 룸메이트가 자기한테 한국 식당 냄새가 난다면서 뭐라고 했다는 거예요. 그래서 그 한국 학생은 멀끔히 깨끗한 옷을 다시 다 빨았던 거죠.

미국엔 이런 사람이 많아요. 예전에 파견을 나갔던 한 근무지에 복사나 정리를 해주는 인력업체 직원이 모두 베트남 사람인 적이 있었어요. 그 사람들은 늘 생선을 먹으니 당연히 점심시간이 지나고 나면 건물에서 냄새가 났는데, 제 미국 상사 한 명이 "어떻게 사람들이 생선을 먹을 수 있냐"면서 베트남 사람들을 무시했어요. 미국에는 생선을 먹지 않는 사람이 많거든요.

예전엔 대학에 가면 아무래도 중산층 가정 출신의 백인, 특히 남학생이 대부분이었어요. 최근 들어 다양한 배경의 학생이 많아지면서 대학은 경험해보지 못한 어려움에 직면했죠. 로스쿨에서도 중국 학생은 중국 학생끼리, 일본 학생은 일본 학생끼리 모여서 공부해요. 일본 학생과 중국 학생은 절대 같이 공부하지 않죠. 그런 환경에서 원만하게 지내기 위해서는 다문화에 대한 이해가 있어야 해요.

다문화를 이해하는 속에서 인간애를 키우다 한국이나 중국 사람들은 교육에 관한 한 남다른 생각을 가지고 있는 것 같아요. 캐서린의 한 중국인 친구는 학점 4.0 만점에 3.9점을 받아도 그 부모가 만족을 못한다더군요. 이걸 배우고 제대로 이해를 했으면 만점을 받아야 정상이 아니냐고 한대요.

고등학생 시기는 어느 학생에게나 힘들 거예요. 버지니아텍 사건이 났을 때, 조승희군 이야기를 듣고 많이 놀랐어요. 그 학생의 고등학교 시절, 부모가 선생님과 전혀 커뮤니케이션이 되지 않았다는 점이 우리한텐 놀라운 일이었어요. 여기선 PTA같은 걸 통하기도 하고, 아이들을 돕기 위해 학교와 가정 양쪽이 최대한 힘을 모으는 걸 중요하게 여기니까요.

언어의 문제가 컸을 텐데, 미국 사람들이 그런 환경을 상상하는 건 참 힘든 일이에요. 내 아이가 다른 나라에 가서 영어를 전혀 쓰지 않고 학교에 가서 그 나라 말로만 수업하고 생활해야 한다는 건 상상하기 힘들죠. 마찬가지로 외국 아이들이 미국에 와서 어쩔 수 없이 영어를 배우고 생활한다는 것이 얼마나 힘든 일인지 이해하기 어렵죠.

예전에 살던 동네의 이웃에 러시아 가족과 터키 가족이 살았어요. 여러 나라 아이들이 밖에 나와서 함께 어울려 노는 모습이 참 보기 좋았어요. 캐서린은 한국 이웃과 가깝게 지내며 온갖 한국 요리 만드는 걸 거들기도 하고, 에콰도르 이웃과 스페인어로 떠들며 어울려 놀곤 했죠.

다양한 사람들 사이에서 사는 것은 중요하죠. 신체적 장애 같은 것도 그저 다양함의 일부로 인식하게 되니 인간에 대한 사랑이 더 깊어지고요. 한국 아이들은 아무래도 다인종 문화에서 자라는 아이들보다 다양한 문화에 덜 노출되니 부모님이 더욱 신경을 써주셔야 할 거예요.*

1. 문화의 다양성을 가르치자

우리나라는 단일민족 국가이다. 이를 큰 자랑으로 여기도록 배우며 자라서 일까, 우리 민족은 우리와 다른 사람들과 어울려 사는 데 서툴기만 하다. 서구의 영어권 국가에서 온 사람들에게 불필요한 선망이나 자격지심을 갖기도 하고, 동남아시아나 아프리카 사람들에게는 왠지 우월감을 가지고 대하기도 한다. 도무지 다양한 인종의 사람들과 동등하게 어울리는 것이 편치 않다. 하지만 지금 자라고 있는 아이들이 살아갈 세상에서는 이런 편협한 마인드로는 경쟁력을 가질 수 없다.

내가 대학에서 학부 수업을 들을 때, 필리핀 출신의 외국인 교수님이 교양영어를 가르쳐주신 적이 있다. 우리에게 익숙한 미국식 발음이 아니다 보니 학생들은 불만이 컸고, 결국 강의는 폐강되기에 이르렀다. 교수님께서는 세상에 나가보면 미국식 발음만 있는 것이 아니라고 학생들을 설득하셨지만 소용이 없었다.

최근 10여 년 사이에 '세계 영어World English'라는 개념이 크게 받아들여지고 있다. 이는 미국과 영국의 영어만을 주류로 받아들이고 나머지를 고쳐야 할 대상으로 인식할 것이 아니라, 영어를 주요 언어로 사용하는 국가들에서 독특하게 발달된 발음이나 표현까지 영어의 다양성으로 모두 받아들이는 것이다. 이러한 변화의 한 예가 토플 리스닝 시험에 여러 나라의 다양한 악센트가 등장한 것이다. 우리가 '워터'냐 '워러'냐 하면서 개별 음가에 치중하며 영어 공부를 하는 사이, 세상의 큰 흐름은 저만치 가고 있었다는 의미다.

유학생들이 흔히 겪는 어려움도 교수님이나 선생님의 강의를 못 알아들어서가 아니라, 토론식 수업에서 인정사정 보지 않고 쏘아대는 동기 학생들의 영어 때문이다. 우리는 도대체 알아듣기 힘든 인도 사람들의 영어, 중국 사람들의 영어, 남미 사람들의 영어가 미국 사람들의 귀에는 무척 자연스럽게 들린다. 미국의 초등학교에서 여러 프로젝트 수업을 진행하며 러시아에서 온 아이들, 남미에서 온 아이들, 아랍권에서 온 아이들을 가르쳤을 때 나 자신의 무지함에 깜짝 놀란 적이 한두 번이 아니었다.

이제까지는 이러한 사정이 큰 문제가 되지 않았는지도 모른다. 하지만 앞으로는 분명 다르다. 당장 우리나라만 해도 일부 농촌 지역의 외국인 신부 비율이 30퍼센트를 넘고, 산업 도시마다 외국인 노동자의 수가 늘고 있으며, 동남아의 고학력 여성들이 보모로 인기를 끌고 있을 정도이니 각 학교마다 늘고 있는 원어민 교사들 이야기를 하지 않더라도 이제는 정말 다문화 사회를 준비해야 할 때가 된 것이다.

변화에 유연한 사람이 경쟁력을 가지게 되는 것은 당연하다. 그리고 우리 아이들에게 그러한 준비를 시키는 것은 당연하게도 부모의 몫이다. 아이들이 자라서 유학을 가든, 국내에서 사업을 하든, 나아가 나라의 큰일을 하는 정책 결정권자가 되든 간에 이러한 변화는 분명히 인식해야 한다. 캐서린 엄마가 아이들로 하여금 다문화 가정의 아이들과 어울리도록 하고 외국 체험을 보내는 것처럼, 부모가 유연성의 중요성을 인식하고 실천하면 아이들은 자연스럽게 따른다.

2. 내 아이의 모습 그대로를 존중해주자

아이를 가장 잘 아는 사람은 부모이다. 그 중에서도 엄마라고 할 수 있다. 하지만 잘 안다고 착각하면서 잘못 알고 있는 사람도 엄마일 수 있다. 동료 선생님들과 자주 이야기하는 것 중 하나가 '엄마가 자기 아이를 너무 모른다'는 것이다. 아이는 중심을 잡고 잘하고 있는데 부모가 "아휴, 걔가 뭘 알아요." 하며 우왕좌왕하는 경우도 있고, 성격적인 면에서 도움이 필요한 아이인데도 "애들이 크면서 다 그렇지. 그게 무슨 문제예요?" 하는 경우도 있다. 엄마가 유심히 관찰하지 않아서 그럴 수도 있고, 엄마가 함께 경험하는 상황에 한계가 있어서 그렇기도 하며, 아이의 성향을 알지만 엄마가 인정하고 싶지 않아서 그럴 수도 있다.

친구들을 따라 준경이를 미술학원에 보낸 첫날, 수업을 마친 미술 선생님은 내게 예상치 못한 얘기를 했다. 늘 '소심한 아이'라는 꼬리표를 달고 다니던 준경이를 보고 미술 선생님은 "소심이요? 준경이는 소심하지 않아요. 소심한 애들은 주로 다른 친구들 그림을 보고 따라 그리고, 선이나 도형을 그릴 때 대담하게 긋지 못해요. 색깔도 다양하게 선택하지 못하고 친구들이 쓰는 색깔만 따라 쓰죠. 그런데 준경이는 전혀 그렇지 않아요. 부끄러움을 많이 타는 것하고 소심한 것은 달라요." 라고 말했다. 처음엔 고개를 갸우뚱했지만 자꾸만 증거를 들이대는 선생님 말에 조금씩 수긍이 갔다. 일단 그 사실을 받아들이고 나니 조금씩 그 차이가 눈에 띄었다.

성장하는 동안 아이들은 조금씩 계속 변하고, 주어진 상황에 따라서도 달라진다. 그래서 엄마는 귀를 열어 다른 사람의 이야기를 듣고, 눈을 크게 뜨고 아이를 관찰해야 한다. 그리고 나타나는 결과에 대해 왜곡 없이 받아들여야 한다.

아이의 다양성을 이해하는 데는 다중지능 이론이 도움이 된다. 이는 하버드 대학의 하워드 가드너 교수가 IQ 검사로 획일화되어 있던 지능검사 유형에 다양성을 부여한 이론이다. 심리학자들이나 교육학자들보다는 현장 교육자들에게 많은 지지를 받았다는 점에서 더욱 주목할 만하다. 실제 미국의 여러 주에서는 이 이론을 기본으로 커리큘럼을 다시 짜기도 했으니, 특히 교육 현장에서 아이들을 가르치는 데 효용성이 있음이 틀림없다. 이 이론의 주장은 간단하다. 사람의 다양한 재능은 IQ 한 가지로 판단할 수 없고 8가지 능력, 즉 언어지능, 논리-수학지능, 시각-공간지능, 신체-운동지능, 음악지능, 대인관계지능, 자기이해지능, 자연탐구지능 등으로 가늠할 수 있다는 것이다.

교사들이 이 이론에 긍정적인 이유는 아이들마다 다양한 차이가 있기 때문이다. 영어 노래를 틀어주면 눈이 초롱초롱해지는 아이가 있는가 하면 책상 위에 축 엎드려버리는 아이가 있고, 이야기책을 읽어주면 쏙 빨려들 듯 집중하는 아이가 있는가 하면 신발에 낙서하며 노는 아이도 있다. 남을 이기고자 하는 승부욕이 강한 아이는 게임 방식으로 수업을 하면 무섭게 집중을 하고, 남을 도와줄 준비가 되어 있는 아이들은 친구에게 도움을 주면서 오히려 자기가 더 배운다. 칭찬을 해줘야 흥미를 보이는 아이가 있는가 하면, 혼을 내면 오기가 발동하는 아이도 있다. 아이의 이러한 특성을 잘 관찰하고 주변 선생님들의 의견을 종합하면 의외로 간단하게 내 아이의 성향을 파악할 수 있다.

언어지능이 높은 아이의 특성

이런 성향의 아이는 말하고 쓰는 등의 언어 표현에 재능이 있기 때문에 전통적인 의미에서 '머리가 좋은 아이'라고 불렸다. 어려서 유난히 말문이 일찍 트이고, 사물이나 상황 설명을 잘하는 아이들은 수업을 듣거나 읽은 내용을 외우는 데 재능이 있어서 외국어 학습에 두각을 나타낸다. 영어 말하기 대회나 웅변 대회 같은 것에 도전해 성취감을 주어도 좋고 작가, 변호사, 기자, 정치가, 교사 등 언어와 관련된 직업에 구체적인 관심을 갖도록 해 동기를 부여한다.

논리-수학지능이 높은 아이의 특성

이런 성향의 아이는 논리적이며, 숫자와 연관된 분야에 재능을 보인다. 정확하고 논리적인 것에 설득당하는 아이들인 만큼 감정적으로 혼내거나 무조건 시키는 것은 무의미하다. 차근차근 인과관계를 들어 설명을 해주면 잘 이해한다. 주로 이공계나 경제학 쪽으로 진로를 잡으면 재능을 발휘하기 좋다.

시각-공간지능이 높은 아이의 특성

이런 성향의 아이는 대개 방향 감각이 좋고 손과 눈의 조율이 잘 되어 흔히 '손끝이 여물다'는 이야기를 많이 듣는다. 책을 소리 내어 여러 번 읽기보다는 한눈에 들어오도록 표를 그리거나 정리해놓으면 오래 기억한다. 이야기책을 읽은 뒤 그림을 그리거나 등장인물, 장소 등의 이름을 쓰며 놀게 하는 훈련으로 재능을 키울 수 있다. 예술가나 엔지니어, 건축가 등에서 두각을 나타낸다.

신체-운동지능이 높은 아이의 특성

이런 아이들은 댄스나 운동을 잘하고 만들기 등에도 재능을 보인다. 책을 읽더라도 방 안을 왔다 갔다 하며 큰 소리로 연극처럼 말해보기도 하고, 몸으로 따라 해보기도 하면 금세 책 속에 빠져든다. 이런 아이들에게 꼼짝 말고 앉아서 영어 동화 테이프를 들으라고 한다거나 단어를 외우라고 하면 엄마와 아이 모두 마음만 상하고 만다. 하지만 그날 배운 영어 단어 카드를 거실 한 쪽에 붙이고 친구나 동생과 함께 달려와 맞는 것을 고르라고 하면 하루 종일 해도 지치지 않는다. 운동선수나 연기자, 외과의, 군인이 되면 능력을 잘 발휘할 수 있다.

음악지능이 높은 아이의 특성

이런 아이들은 음악적 재능이 있으니 당연히 연주가나 가수, 작곡가 등이 되면 좋다. 그러나 이보다 더 중요하게 알아두어야 할 점은 이런 재능을 학습 과정에 이용할 수 있다는 것이다. 이런 아이들은 리듬이나 박자에 예민하기 때문에 암기해야 하는 학과 내용도 노래로 만들어 책상을 두드리며 외우게 하면 금세 익힌다. 영어 노래나 오디오 테이프를 들으며 즐거워하기 때문에 우리나라처럼 영어를 외국어로 배우는 상황, 즉 실제 쓰는 일은 별로 없지만 지속적으로 학습해야 하는 상황에서는 아주 유용한 재능이다.

대인관계지능이 높은 아이의 특성

이런 아이들은 대개 외향적이며 다른 사람의 기분이나 감정에 주의를 기울여 기가 막히게 파악한다. 그룹으로 하는 일에 적응을 잘하고, 다른 사람과 잘 어울리기 때문에 리더의 역할을 맡기도 한다. 줄넘기보다는 축구를 할 때 더 에너지가 넘치고, 혼자 조용히 하는 공부보다는 친구들과 경쟁하면서 공부하는 방식에서 좋은 성과를 얻는다. 정치가나 경영자, 교사, 사회사업가, 외교관 등에서 빛을 발한다.

자기이해지능이 높은 아이의 특성

대인관계지능이 높은 아이들과 반대적 성향을 띤다. 대개 내성적이고 혼자 공부하는 것을 좋아하며, 자존감이 높고 자신의 동기나 목표를 분명히 이해하고 있다. 스스로 충분히 탐색할 시간이 주어질 때 가장 좋은 성과를 내며, 완벽주의자인 경우가 많다. 초등학교 저학년 여자아이들 중에 얄미울 정도로 자기 일을 똑부러지게 잘 해내는 아이가 종종 눈에 띈다. 이런 아이들은 복습보다는 예습 위주로 학습을 하도록 해서 자신감을 계속 유지하도록 하는 것이 좋고, 잦은 잔소리로 불신하는 인상을 주면 역효과를 낸다. 심리학자, 작가, 과학자 등이 진로에 맞다.

자연탐구지능이 높은 아이의 특성

이 지능은 자연 및 그에 관련한 분야와 연관이 있다. 동식물에 관심이 많아 어려서부터 비슷한 동식물을 잘 구분하거나, 동식물 이름을 외우는 데 소질을 보이고, 자연의 변화나 날씨의 변화 등에도 민감하다. 이 분야의 재능이 뛰어난 아이들은 무언가를 모으고 분석하는 방식으로 학습을 시키거나, 자연과 연관된 학습 환경을 만들어주면 좋다. 자주 자연으로 데리고 나가 직접 보고 만지도록 해주면 최고의 효과를 얻을 수 있다. 이런 아이들은 살아 있는 것에 관심이 있기 때문에 이와 관계없는, 즉 무의미해 보이는 교과 공부에 흥미를 가지지 못하므로 학습 내용이 실생활에서 어떻게 활용되는지 자꾸 연관을 시켜주는 것이 좋다. 과학자나 환경운동가, 동식물 관련 직업을 가지면 좋다.

물론 모든 아이가 이 8가지 지능 중 한 가지에만 척 들어맞는 것은 아니다. 또한 어떤 재능을 가지고 있다고 해서 그것만 이용해 살 수도 없다. 하지만 적어도 아이의 이러한 다양성을 인정한다면 IQ만을 기준으로 아이를 윽박지르거나 일찌감치 좌절하고 포기해버리는 일은 없을 것이다. 게다가 아이의 재능을 알면 그에 맞는 학습법을 이용해 효과적으로 공부하도록 도와줄 수 있다.

아이마다의 차이를 인정하고 유심히 관찰하면 공부 방식뿐 아니라 시간을 활용하는 방식도 터득할 수 있다. 음악재능이나 대인관계지능이 높은 아이들은 대개 쉽게 몰두하고 흥미를 보이는 반면, 집중하는 시간이 길지 않는 경향이 있다. 아이가 활동하는 모습을 실제로 관찰·기록해보고 만일 그런 성향을 보인다면 활동 시간을 짧게 여러 번 나누어 짜는 것이 좋다.

자기이해지능이 높은 아이들은 스스로 몰두할 수 있을 때까지 준비 시간이 걸리는 경우가 많다. 하지만 공부하기 싫다고 하다가도 막상 발동이 걸리면 자기 흥에 많은 양을 해내기도 한다. 이런 아이들은 긴 호흡으로 계획표를 짜도록 유도한다. 예를 들어 하루에 두 장씩 매일 공부해야 할 것이 있다면 이틀에 한 번 네 장씩 하도록 하거나, 한두 가지 활동을 붙여 상승 분위기를 탔을 때 여러 가지를 끝내도록 한다.

　다중지능이론이 도입되면서 미국 학교들은 같은 교과를 다양한 방식으로 접근하는 변화를 시도했다. 캐서린 엄마가 그런 것처럼 가정에서도 아이를 있는 그대로 인정하고, 관찰·기록하면서 아이에게 맞는 최선의 학습 패턴을 찾아주려는 노력이 필요하다.

아이에게
좋은 환경을 만들어
주는 데 헌신하는
앤드류 엄마

—— 스스로 가능성을 찾고 키우도록 일깨우는
'동기 부여 교육법'

동네에서 내로라하는 모범생 부모님들이 입을 모아 추천한 앤드류 엄마. 교포 2세 가정에서 3세 아이들을 키우며 적극적인 자원 봉사와 같은 가장 미국적인 방법으로 아이들의 교육에 열정을 다하고 있다. 내 자녀만이 아니라 많은 아이들에게 교육으로 봉사하면서 학교와 사회를 깊숙이 이해하고, 그러한 이해를 바탕으로 아이들이 스스로 동기를 가지도록 환경을 만들어준 진정한 열성 엄마의 이야기를 들어보자.

아이의 적성과 능력에 맞는
최선의 환경을 만들어라

　페어팩스 카운티의 열성 부모들을 이야기하면서 절대 빼놓을
수 없는 사람이 있다면, 바로 앤드류 엄마이다. 집 근처 공립이
나 사립학교를 선택했더라면 그저 아침 밥 먹여서 집 앞에 서는
노랑 스쿨버스에 태워 보내면 그만이었을 텐데, 아이의 적성에
맞는 학교를 보내기 위해 왕복 40여 킬로미터 길을 5년도 넘게
차로 태워다 나른 엄마이기 때문이다. 그 5년의 기간을 앤드류
엄마는 아이들이 학교에서 공부하는 동안 하루 종일 학교에 머물
면서 볼런티어 교사로 다른 학생들을 가르쳤다. 직원들이 '무보
수 직원'이라고 부를 만큼 학교 일에 열심이어서 페어팩스 카운
티에서 수여하는 자원봉사상까지 받았다. 하지만 자식을 키우는
엄마로서 무엇보다 대단하게 여겨지는 것은 엄청난 정보력도 시

간적인 희생도 아닌, 선택에 대한 확신과 추진력이다. 내 아이에게 최선의 환경을 만들어주고 싶은 것은 모든 부모의 바람이지만, 대부분이 다수가 선망하는 곳으로 방향을 잡을 뿐 아이의 적성과 능력에 따라 길을 찾고 이끌어주기란 쉽지 않기 때문이다.

앤드류네는 페어팩스 안에서도 좋은 주택가에 살고 있으며, 근처 배정되는 학교들도 평이 좋은 편이다. 이를 마다하고 앤드류 엄마가 고른 베일리 스쿨Bailey School은 매일 한 시간 이상 통학해야 하는 거리일 뿐 아니라, 유명한 히스패닉 동네 한복판에 있는 학교이다. 심하다 싶을 정도로 학군을 따라 움직이는 한인 문화 속에서 베일리 스쿨이 있는 동네는 한인들이 피하는 최우선 지역이다. 학생들 대부분이 남미 계열인데다 주변 환경도 썩 좋지 않고 가정의 소득 수준도 낮기 때문이다. 그러나 베일리 스쿨은 마그넷 스쿨*Magnet School로 지정되어 학교 인원의 절반이 학군제가 아닌 지원 방식으로 들어오며, 과학과 예술 교육이 특화되어 있다. 학교의 이 같은 특성과 함께 스페인어를 배울 수 있는 최적의 환경이라는 점에서 앤드류 엄마는 결단을 내렸다고 한다.

> ★TIP
>
> Magnet School 미국은 주소지에 따라 초·중·고가 하나씩 결정되어 있다. 다시 말해 집을 사거나 이사를 갈 때, 그 주소지에 배정된 학교를 미리 알 수 있다. 반면 마그넷 스쿨은 주소지에 관계없이 원하는 학생이 지원해서 입학할 수 있는 학교들이다. 일부 마그넷 스쿨은 입학시험을 치러야 한다. 예술과 과학으로 특화된 베일리 스쿨의 경우, 학생의 절반은 주소지 결정 방식으로 입학하고 절반은 마그넷 스쿨 방식으로 입학한다. 토머스 제퍼슨 과학고등학교 역시 마그넷 스쿨의 하나이다.

앤드류 엄마는 여러 학교를 직접 방문하고 고민하던 중 하나의 가능성으로 염두에 두었던 베일리 스쿨을 찾아가보았다고 한다. 학교에서 설명을 듣고 구석구석을 직접 살펴본 결과 '바로 여기다!'라는 확신이 들었고, 그 결정에 따라 5년 동안 밀고나갔다. 아이들은 베일리 스쿨을 거쳐 큰아이 앤드류는 토머스 제퍼슨 과학고등학교로 진학했으며, 작은 아이는 음악에 대한 적성을 고려해 GT를 마다하고 로빈슨 고등학교Robinson High School에 다니고 있다.

인터뷰라기보다는 아줌마들의 본격적인 수다로 이야기가 무르익을 즈음, 앤드류가 조심스럽고 공손하게 다가왔다. 수학 문제를 풀다 너무 머리가 아프다며 화단에 물을 주어도 되냐고 엄마에게 허락을 구하는 것이 아닌가. 세상에, 정원 돌보는 일은 미국의 청소년들도 가장 하기 싫어하는 집안일로 유명한데, 앤드류는 해도 되는지 공손히 묻고 있었다. 그 반듯한 모습에 앤드류 엄마의 교육법이 더더욱 궁금해졌다.

미국에서 제법 규모가 있는 집들은 보통 손님용 거실과 가족용 거실이 따로 있다. 하지만 앤드류네는 가족용 거실을 완전히 아이들 공부 공간으로 꾸며놓았다. 가족용 거실은 부엌 바로 옆에 위치한 공간이라 밥 짓는 소리며 엄마의 전화 통화 소리에 조용한 면학 분위기와는 거리가 멀다. 아이가 고등학생이면 숨도 크게 못 쉬는 우리네 사고방식으로는 언뜻 이해가 되지 않지만 앤드류 엄마의 논리는 확실했다. 학교 마치고 저녁 내내 각자 방에 틀어박혀 공부만 하다 보면 아무리 가족이라 해도 서로 얼굴 한 번 제대로 마주볼 수 없으니, 시끄럽고 음식 냄새가 좀 나더라도 가족용 거실에서 공부를 하게 했다고 한다.

가족용 거실을 빙 두른 책상들이 참 인상적이었다. 두 아이가 하던 숙제, 켜놓은 컴퓨터, 쌓아놓은 책들… 언뜻 보면 지저분하다고밖에 말 못할 그 공간이 어찌나 자유로워 보이던지, 모범생들의 집을 방문하면서 얻은 첫 번째 명제가 확실해졌다. 바로 '공부 잘하는 아이의 방은 지저분하다!'는 것이다. 부교재나 프로젝트가 많은 미국의 수업 방식을 봤을 때 지저분한 방이 어찌 보면 자연스럽기도 하고, 하는 일에 집중만 한다면 옆에서 난리굿을 하든 상관없다는 식의 논리하고도 잘 맞는다.

앤드류 엄마는 오랜 자원봉사 경험을 살려 현재 로빈슨 고등학교의 페어런트 리에선Parent Liaison:학부모 연락인으로 일하면서 다문화 가정의 학생과 부모들을 돕고 있다. 고등학교에서 다양한 학생, 다양한 문제들을 접하다 보니 누군가 미국의 실제 교육 환경을 치우침 없이 정리해주었으면 하는 마음이 간절했다고 한다. 특출한 한 학생의 성공담이 아니라 여러 학생에게 최선의 환경을 마련해주는 부모의 역할을 알릴 수 있는 기회가 되는 것 같아 기쁘다며 인터뷰를 하는 내내 본인이 더 반가워했다.

"아이에게 좋은 환경을 만들어주는 데
헌신한 앤드류 엄마의
동기 부여 교육법"

스스로 하도록
동기를 부여하라 제 남편은 교포 2세이고 공학 계통 박사예요.
시부모님은 1954년에 따로 유학을 오셨다가 만나서 결혼하신 경
우인데, 워낙 한국 사람이 없는 중부지역에서 살았던 탓에 제 남
편은 한국말을 전혀 못해요. 그래서 집에서도 영어를 쓰다 보니
아이들에게 한국말을 가르치려고는 했지만 잘 안 됐죠.

그 점이 아쉽긴 하지만 그래도 저희 시부모님이 대단하시다는
생각이 들어요. 그 연세의 한국 분들과 다르게 이름 있는 대학만
고집하지 않으시고 아이 셋을 소신 있게 주립대학에 보내서 착실
히 공부하도록 한 뒤 좋은 대학원을 통해서 자신의 일을 찾도록
이끄신 점을 보면 말이죠. 저도 그런 영향을 받아서인지 무리해
서 이름만 좇기보다는 아이의 능력에 맞는 대학에 보내고 싶어
요. 대학에 들어간 이후 계속 노력해서 제 분야를 찾아가도록 하
는 근성을 키우는 게 가장 중요하다고 생각해요.

앤드류는 자기 스스로 열심히 노력해서 토머스 제퍼슨 과학고등학교에 다니는데, 제가 보기엔 거기서 그렇게 우수한 편은 아니에요. 그냥 열심히 자신에게 주어진 걸 하는 아이죠. 썩 잘하지는 못해도 모든 걸 열심히 해서 두루두루 좋은 선을 유지하는 아이죠.

반면 작은 아이는 잘하는 분야가 굉장히 확확 나타나는 편이에요. 로빈슨 고등학교에 다니는데, 이번에 8학년 올라가요. GT 실력이 되지만 초등학교 때부터 일부러 GT에 안 넣고, 과학과 예술 특화 학교인 베일리 스쿨에 보냈죠. 스페인어를 배우는 데도 거기가 최적이고요. 자기가 좋아하는 일에 상당한 열정을 보이는데, 음악을 좋아해서 바이올린을 열심히 하고 있어요. 얼마나 좋아했으면 이번 여름에 캠프를 3개나 다녀왔겠어요. 2개는 멀리서 하는 캠프인데, 필라델피아 오케스트라가 주최한 2주간의 캠프를 다녀온 지 하루 만에 뉴욕에 있는 음대에 3주간 다녀왔죠. 자기가 그렇게나 원해요. 집에 와서 좀 쉬다가 워싱턴 D.C. 데이 캠프에도 1주일 다녀왔어요. 그것도 음악 캠프예요. 걘 음악만 해요. 자기가 원하니 그저 뒷받침해주는 거죠.

솔직히 전 아이가 음악을 전공하지 않아도 좋다고 생각하기 때문에 슬슬 취미로 하라고 하지만, 정작 아이는 하루 종일 연습하고 조금이라도 좋은 음악을 하기 위해 노력하고 그러네요. 시작은 좀 늦었어요. 만 7세 때였으니 현악기를 시작하기엔 늦었죠.

피아노도 그렇지만 바이올린 같은 악기는 네댓 살에 시작하지 않으면 늦거든요. 작은아이의 경우 다행히 자기가 열심히 하고 재능도 있는지 쉽게 따라가긴 했어요. 아이가 음악에 관심을 보이면 일찍 시작하도록 해주세요. 앤드류는 별로 취미도 없고, 열심히 연습은 하는데 늘 남의 뒤통수만 바라보고 있더라고요. 근데 작은아이는 안 그랬거든요. 이런 아이들은 일찍 시작하는 것도 좋다고 생각해요.

지금 생각하면 특별활동의 경우 골고루 시켜서 아이가 여러 경험을 쌓도록 하는 것도 좋을 듯해요. 저희는 어릴 때부터 운동 하나, 음악 하나, 공부 하나 그렇게 시켰거든요. 한 우물을 파겠다고 생각한 거죠. 운동은 둘 다 어려서부터 수영을 했어요. 테니스를 시켜보니까 운동신경도 없는 것 같고 뛰는 건 도저히 안 될 것 같았는데, 다행히 물은 좋아했어요.

앤드류는 다섯 살에 수영을 시작해서 요즘도 매일 새벽마다 해요. 학교 팀에 속해 있기도 하고, 여름에는 이 동네의 굉장히 큰 팀에서 활동하죠. 조지메이슨 대학 팀에서도 일 년 내내 활동해요. 시합도 나가고 거기서 매일 연습하죠. 새벽 4시에 일어나서 4시 20분에 가요. 4시 45분부터 6시 15분까지 하죠. 너무 물에 지쳐서 좋아하진 않아요. 그런데 앤드류는 자기가 한번 시작한 건 끝마쳐야 된다는 사명감이 강한 편이죠. 그래서 뭐든 시작하면 그만두지를 못해요. 가끔은 제가 결단을 내려줄 때도 있어요.

피아노도 7, 8학년까지 못 끝내고 계속하더라고요. 제 눈엔 너무 힘들어 보이고 그만둘 때가 됐다 싶었는데, 혼자 끙끙거릴 뿐 안 하겠다는 소리를 못 하더군요. 그래서 제가 그만두도록 전화를 해줬어요. 그런 부분이 아이의 장점이 되기도 하고 동시에 단점이 되기도 하는 것 같아요.

객관적인 시각으로 아이를 관찰해서
적성을 파악하라 저희 애들은 어렸을 때부터 적성이 드러났어요. 앤드류는 공대 계통, 과학 계통이 맞아요. 제가 물리학을 전공했기 때문에 그 부분이 더 잘 보였다고도 할 수 있지만, 학교에서 하는 것 보고 집에서도 유심히 관찰해보면 아이의 특기나 능력의 한계 같은 게 보이잖아요. 그걸 바탕으로 아이와 자주 이야기하다 보면 아이도 자기 자신을 더 잘 알게 되고, 그러면서 자신의 진로를 확실히 찾아가는 것 같아요.

앤드류는 상상력이 아주 풍부하다거나 응용력이 뛰어난 편은 아니에요. 하지만 어떤 내용을 분석하거나 종합해서 좋은 점과 나쁜 점을 찾아내는 건 굉장히 잘해요. 다른 아이들과 사이도 좋고, 리더십이 있는 편이죠. 그런 점을 종합해서 엔지니어링 쪽에서도 경영·산업공학Industrial Engineering이나 도시·토목공학Civil Engineering 쪽을 하는 게 좋겠다는 식의 얘기를 부모 입장에서 해주죠. 물론 결정은 아이가 하는 거지만요.

앤드류가 토머스 제퍼슨 과학고등학교에 갈 때도 전 가지 말라고 했어요. 아이가 시험을 보겠다고 해서 그러라고는 했지만, 학원 안 다니고 오직 자신의 실력으로 시험에 붙는다면 들어가서 열심히 하라고 했죠. 그게 아니라면 어차피 들어가도 못 따라갈 테니 하지 말라고 했고요. 되고 나서도 갈까 말까 굉장히 고민을 했어요. 진학 여부를 알리는 편지를 보내는 마지막 날까지 고민을 하더니 결국 가겠다고 하더군요. 기회를 버리는 게 아까워서 자기 성격에 가지 않으면 후회할 것 같다고요.

저는 아이가 과학 계통을 하더라도 한 우물 파는 것보다는 운동도 하고, 학교생활을 즐기기도 하고, 노는 것도 알고, 자원봉사나 학교 밖에서 자기가 하고 싶은 것을 찾아 해보길 원했거든요. 폭넓은 경험과 사고를 하면서 성장하도록 이끌어주고 싶었으니까요. 그래서 토머스 제퍼슨 과학고등학교에 가라고 말을 하지 않았죠.

반면 작은아이는 앤드류와 달라요. 언젠가 저한테 오더니 굉장히 진지하게 얘기하더군요. 자기는 토머스 제퍼슨 과학고등학교에 안 가는 게 좋을 것 같다고요. 그래서 왜 그렇게 생각했냐고 물으니깐, 자기가 음악을 전공할지 안 할지는 모르지만, 고등학교 때도 음악을 굉장히 많이 하고 싶은데 토머스 제퍼슨 과학고등학교에 다니면서는 그렇게 안 될 것 같아서라고 하더군요. 자기가 게으름을 피우겠다는 게 아니라 공부도 열심히 하고 음악도 열심히 하고 싶기 때문에 토머스 제퍼슨 과학고등학교에 안 가는 게 좋겠다는 거예요. 그래서 저도 좋다고 그랬죠. 애들한테 자꾸 생각할 기회를 주고 잘할 수 있는 걸 해보도록 기회를 주면, 엄마가 시켜서가 아니라 자신이 무엇을 하고 싶은지 스스로 찾는 것 같아요. 자기가 왜 해야 되는지도 느끼고요.

토머스 제퍼슨 과학고등학교의 경우 애들이 참 괜찮아요. 그게 그 학교의 가장 큰 장점이죠. 선생님들 수준도 높고, 부모 입장에서 보기에 '어쩜 애들을 저렇게 예쁘게 키웠을까' 싶을 정도로 괜찮은 애가 많아요. 그 학교에 가서 맨 처음 들었던 생각은 아이들이 부모와 그렇게 친할 수가 없다는 거예요. 보통 미국 고등학생들은 부모 앞에서 얘기 한마디 하면 큰일 나는 줄 아는데, 토머스 제퍼슨 과학고등학교 아이들은 부모 옆에 착 붙어서 그렇게 친한 거 있죠.

그리고 애들이 참 순진해요. 옷 입는 것도 무척 단정하고요. 그저 공부에 대한 욕심이 굉장히 크죠. 부담pressure이 말도 못해요. 절대적으로 시간이 부족하죠. 수업 내용도 많고 과제도 그렇고, AP 과목도 많이 들어야 해요. 성적도 굉장히 짜요. 중학교 때까지 날고 기던 아이가 겨우 B를 받고 그러니 애들 스트레스가 보통이 아니에요.

물론 좋은 대학도 많이 가는 편이죠. 버지니아 대학UVA 같은 경우엔 200명씩 들어가고, 하버드도 많이 가죠. 10명 정도요. MIT

도 좀 가고요. 로빈슨 고등학교 같은 경우는 하버드에 재작년과 작년 모두 못 보냈고, 재작년에 프린스턴에 한 명 간 정도죠. 올해는 하나도 없고요. 토머스 제퍼슨 과학고등학교에선 아이비리그에 10명 이상씩 보내니까 많이 가는 거죠. 저희야 월급쟁이 형편에 하버드 같은 비싼 사립을 보내는 건 힘들어요. 아이들 아빠도 오하이오에 살 때 연방정부에서 주는 장학금을 받을 정도로 굉장히 공부를 잘했는데도 학부는 주립대로 하고, 나중에 대학원을 MIT로 갔어요. 저희 아이한테도 UVA나 버지니아텍을 갔다가 나중에 가고 싶은 대학원에 장학금 받아서 가라고 그래요. 이름 날리고 세계적인 사람이 되는 것보다는 평범하고 바르게 자기 가정을 잘 꾸리면서 사회에 보탬이 되는 사람으로 성장하는 게 저희가 원하는 바이기 때문에, 그렇게 애들을 좋은 대학 이름만 좇아서 보내고 싶지 않아요.

다른 데는 모르겠는데 하버드는 조금 특별한 것 같긴 해요. 레거시legacy로 혜택을 받는 아이들도 있지만, 자기 실력만으로 가는 아이들을 보면 특이하다 싶은 아이가 많아요. 공부만 잘하는 아이들도 아니고, 그렇다고 한쪽에만 뛰어난 아이들도 아니고…. 공통점을 찾자면 굉장히 적극적인 아이들이라고 할 수 있죠. 이 사회에 뛰어들어서 조금이라도 보탬이 되고자 하는 그런 사명감을 가진 아이가 많아요. 제가 봤을 때 '쟤는 사회 어디에 내놔도 뭔가 이루겠구나' 하는 생각이 드는 아이가 있어요. 학교에서 일하다 보면 그런 아이들이 보이죠. 단순히 리더십이라기보다는 에너지가 보이는 아이들이요. 자기가 좋아하는 분야에 열정을 가진 아이, 공부에 대한 에너지를 가진 아이, 사회에 대한 사명감을 가진 아이들이 하버드를 가더라고요. 집에서 공부만 파고들어서는 절대로 하버드에 갈 수 없어요.

주변의 교육 환경을 최대한 활용하라 작은아이는 유치원 때부터 굉장히 빨랐어요. 책 읽는 것도 워낙 빨랐고, 글 쓰는 것도 그랬어요. 너무 쉬워서 배울 게 없으면 애가 흥미를 잃고 제자리걸음을 할 테니, 뭔가 새로운 환경을 만들어줘야겠다는 생각이 들더군요. 사립학교도 직접 가서 상담해보고 여러 가지 가능성을 고민해봤는데 모두 신통치 않았어요.

결국 해답을 베일리 스쿨에서 찾았죠. 마그넷 스쿨인데 예술과 과학 중심의 프로그램을 하면서 스페인어를 배울 수 있는 학교예요. 원서를 넣고 학교에 가봤는데, 그곳의 예술과 과학 프로그램이 무척 맘에 들었어요. 그래서 두 아이 모두 원서를 넣었죠. 작은아이 때문에 알아본 거였는데 오히려 앤드류가 더 좋아하고 좋은 영향을 많이 받았어요.

이쪽 동네에선 왠지 불편해 하고 기를 못 폈는데, 베일리 스쿨에서는 자기가 의견을 얘기하면 모든 아이가 받아준다는 거예요.

여기서는 동양적인 면, 하다못해 좋아하는 음식을 가지고도 놀리고 그랬는데 새 학교에서는 편하다고 하더라고요. 히스패닉 아이가 많이 들어와서 원래 있던 한국 아이들이 많이 나갔대요. 그래서 한국 아이가 몇 명 없었어요. 50개 나라의 다양한 인종이 모여 있는 학교라 여러 문화에 대해 아이들이 포용력을 가지고 받아들일 줄도 알았죠. 아이들 학교를 고를 땐 부모의 직감이랄까, 그걸 믿어야 할 것 같아요. 다니는 학교가 좋다가도 안 되겠다 싶을 때가 있어요. 그럴 때 결단은 부모의 몫이죠. 저희 아이들은 여하튼 그 학교를 참 좋아했어요.

그러다가 중학교를 가면서 GT에 선발되었어요. 베일리 스쿨은 5학년 과정까지만 있는 학교라서 집 근처 학교로 옮기자니 이곳 초등학교에서 다시 6학년 과정을 다니다가 중학교 GT로 옮겨서 또 2년을 다녀야 하는 불편함이 있겠더라고요.* 아이도 베일리 스쿨이 있는 동네의 학교가 좋다고 하고 그래서 그 근처의 글래스고Glasgow 중학교로 정했어요. 결국 그 동네로 5년을 실어 나른 셈이죠. 초등 2년, 중학교 3년. 스쿨버스가 있긴 했지만 그래도 거의 데려다줬어요.

글래스고 중학교도 GT 센터이긴 하지만 좀 안 좋은 동네에 있어서 한

> ★TIP
> **지역에 따라 다른 미국의 초등학교 시스템**
> 미국의 초등학교는 지역에 따라 5학년까지인 곳도 있고, 6학년까지인 곳도 있다. 예를 들어 워싱턴 D.C. 같은 경우 5학년까지만 있어 5학년을 마치면 초등학교를 졸업한다. 베일리 스쿨이 있는 지역은 초등학교가 5학년까지인 곳이고, 앤드류네가 사는 동네는 6학년까지 있는 곳이라서 초등학교를 베일리 스쿨에서 다니다가 집 근처 중학교로 진학을 하려면 인근 초등학교에서 6학년을 다녀야 하는 셈이 된다.

국 분들은 일부러 피하세요. 그래도 저희 큰애는 그 학교의 좋은 점에 영향을 많이 받았어요. 좋은 선생님 밑에서 충실히 배우고, 포용하는 자세도 배우고, 자신감을 키우면서 리더십도 배우고…. 모든 걸 다 배웠다고 할 수 있죠. 물론 저희 아이에게 좋았다고 그 학교가 무조건 좋은 학교라고 말할 순 없을 거예요. 아이가 원하는 게 무엇이고 흡수할 수 있는 게 무엇인지 염두에 두고, 주변의 교육 환경과 학교의 특성을 잘 파악해서 최대한 이용하는 게 관건이겠죠.

학교에 가보고 애가 하는 걸 보면 잘 정했다 싶다가도, 갑자기 아니다 싶을 때가 있어요. 작은아이 같은 경우는 베일리 스쿨 5학년 중간에 집 근처의 GT에 보냈어요. 그렇게 1년 반을 다니고 중학교도 근처 GT에 들어갔어요. 그런데 분위기가 많이 안 좋았어요. 큰 애들한테 맞기도 하고, 서로 자기가 최고인 줄 아는 아이들 사이에서 무척 힘들어했죠. 그래서 일반 중·고등학교인 로빈슨으로 옮겼어요. 일반 학교에는 성적이 좋은 학생들을 위한 어너스honors 프로그램이 있어요. 잘하는 애들만 과목별로 들어갈 수 있죠. 애들 스트레스 줄 생각도 없고, 배울 건 자기 수준에 맞춰서 배우는 게 최고다 싶었어요. 거기서 열심히 하면 잘하는 과목은 높은 수준으로 배울 수 있으니까요.

저는 일 년에 한 번씩 아이들의 학교나 하고 있는 활동에 대해 점검해요. 딱 보면 '잘 되고 있구나' 하는 생각이 들 때가 있고,

'이건 아니다'라는 생각이 들 때가 있죠. 그런 결정의 시기마다 학교에서 볼런티어를 했던 경험이 큰 도움이 되었어요. 제가 아이들 학교에서 머무는 시간이 많다 보니 학교 선생님들과도 친분이 생겨서 도움을 많이 받았죠.

아이들이 베일리를 다닐 땐 아침에 데려다주고 끝날 때까지 학교에서 활동하다가 데려오곤 했어요. 선생님들이 '돈 안 받는 스태프'라고 할 정도였죠. 학습 면에서 부족한 아이들에게 수학을 가르쳐주고, 형편이 어려운 학생들을 가르쳐주기도 하고, 학교 수준 이상으로 수학을 잘하는 아이들을 선별해서 제가 프로그램을 직접 만들어 가르치기도 했어요. 아이들을 뽑아서 아예 클래스를 따로 만들어 공부시켰죠. 그러다 보니 학교에서 볼런티어 상도 주었고, 학교에서 추천을 해주셔서 페어팩스 카운티 전체 볼런티어 상도 받았어요.*

저는 그렇게 학교와의 관계를 소중히 했어요. 담임선생님뿐 아니라 교장 선생님, 보조 교사들, 청소하시는 분들과 관계를 맺어가는 속에서 배우는 점이 참 많았죠.

한국에서 오는
아이들의 적응 방식   한국에서 오는

> **★TIP**
>
> 학부모 자원봉사 문화   미국은 학부모들의 학교 자원봉사 참여 폭이 상당히 넓다. 학교 행사에 도우미로 나서는 것은 물론, 정기적으로 학교 도서관 일을 돕거나 수업 부교재 만드는 일을 돕는다. 일주일에 한 두 번 정도 수업에 들어와 교사가 수업 진행하는 것을 돕기도 하고, 전공을 살려 따로 그룹을 만들거나 클래스를 열어 수업을 하기도 한다. 학교는 학부모들의 이러한 활동을 적극 환영하고, 부모들은 힘을 합쳐 더 좋은 교육 환경을 만들어간다는 마인드를 갖는다.

아이들은 딱히 이렇다고 말하기 힘들 정도로 다양해요. 수준도 성격도 다 다르니까요. 분명한 건 숫자가 많이 늘고 있다는 거예요. 어쩜 이런 아이가 있을까 싶을 정도로 기가 막히게 잘하는 아이들도 있어요. 한국에서 과학고를 다니다가 11학년 때 온 아이가 있었어요. 중간에 들어왔는데 3, 4개월 ESOL을 딱 마치고 나갔어요. 저희 카운슬러가 잘 웃지도 않고 굉장히 무뚝뚝한 할아버지인데, 그런 분도 그 아이라면 그냥 칭찬이 끝이 없어요. 그애는 얼굴만 봐도 똑바른 게 눈에 보인대요.

또 한 아이는 중학교(7학년) 때 왔는데, 수학을 벌써 대수학 1^Algebra까지 마쳤더라고요. 다른 수업에 들어갈 수가 없으니 공부를 했음에도 대수학1을 다시 들었대요. 다른 곳으로 전학한 뒤 저한테 찾아와서 서머스쿨의 한 과목을 듣고 싶은데 도와 달라고 하더군요. 수업을 듣고 싶은데 학교에서 허락을 안 했나 봐요. 그래서 제가 소개를 해서 들을 수 있었죠. 나중에 우연히 그 어머니를 만났는데 토머스 제퍼슨 과학고등학교에 들어갔다며 무척 좋아하시더라고요. 미국에 온 지 6개월 만에 시험을 봐서 토머스 제퍼슨 과학고등학교에 된 거예요.

이런 아이들이 있는가 하면 중간 정도 하는 아이들도 있죠. 물론 졸업하면 어디고 대학은 갈 수 있어요. 커뮤니티 칼리지도 있으니까요. NOVA^북버지니아 커뮤니티 칼리지 같은 경우 정해진 2년 코스 안에서 일정 점수 이상을 받으면 UVA에 전형 없이 들어갈 수 있어요. 그래서 일부러 그런 방법을 쓰는 한국 아이도 꽤 돼요. 또한 한국에서 심하게 못하던 아이들, 성적표를 보면 애가 와서 어떻게 영어로 공부를 하겠는가 싶은 아이들도 있는데, 그 아이들도 두 부류가 있어요. 여기 와서 잘 해야겠다고 결심하고 노력하는데다 이곳 교육 시스템이 자신과 잘 맞아서 계속 발전하는 아이가 있는데, 그런 아이들을 보면 뿌듯하죠.

반면에 성적뿐 아니라 태도도 안 좋고 부모님과 상담해보면 뒷바라지 해주시는 방법도 잘못 되었고 해서 제대로 발전하지 못하는 아이도 많아요. 가장 안타까운 건 한국에서 어느 정도 하던 아이들 중에 성적이 떨어지는 경우예요. 여기 와서 적응하기도 힘들고, 인간관계도 힘들고, 자기가 잘하던 부분마저도 잘 안 되고 할 때 많이 힘들어하죠. 그러다 보면 포기하는 심정이 되고 태도도 나빠져서 결국 성적만 계속 떨어지는 상황이 돼요.

주로 여자아이들은 적응하는 게 빠른데, 남자아이들은 이곳 환경을 따라가는 데 힘들어해요. 몇몇 아이들은 새 환경에 적응하는 게 아니라 버티고 싸우는 경우가 있어요. 어려움과 스트레스를 이겨내지 못하고 안 좋은 방향으로 풀려고 하는 경우가 있죠. 한국 같으면 선생님이 강하게 이끌어주시고, 하다못해 매라도 들어서 아이를 바로잡으려고 하지만 여긴 그런 게 없잖아요. 게다가 여긴 그런 행동 하나하나가 기록으로 다 남기 때문에 더 안 좋죠. 초등학교 때부터 사소한 기록이 계속 따라다니니까요.

문제가 생기면
도움을 청하라
앤드류도 지금은 선생님과 주변 사람들 모두 모범생이라고 칭찬하지만 초등학교 땐 대단했어요. 한시도 가만히 앉아 있질 못했죠. 오죽하면 유치원에 입학시켰다가 그만두게 했겠어요. 남의 공간에 침범하고…. 2학년 때까지 굉장히 심했어요. 작은아이는 자잘한 문제가 끊이지 않았죠. 작년에는 교장실에 불려간 적도 있어요. 선생님이 교실로 걸어오고 있는데 그 앞에서 문을 쾅 닫았대요. 얘는 아무 생각 없이 그런 건데, 선생님은 자길 보고 그랬으니 당연히 반항하는 거라 생각을 했던 거죠. 아이와 차근차근 얘기한 뒤 선생님한테 편지를 쓰게 했어요.

초등학교 땐 이런 일도 있었어요. 선생님이 자기 개가 도망을 갔다고, 그래서 밤새 찾으러 다녔다고 수업 시간에 얘기를 했대요. 그 애타는 심정을 이야기하다가, 수업을 하다가, 또 개 이야기를 하다가 그랬나 봐요. 우리 애가 한창 몰입해서 그 얘기를 듣고 있었는데 이 개를 찾았는지 못 찾았는지 선생님이 얘길 해주지 않으니 궁금했던 모양이에요. 그래서 어떻게 됐나 묻는다는 게 그만 "그래서 죽었어요?" 그런 거예요. 바로 교장실로 불려갔죠. "그래서 찾았어요?" 했으면 됐을 걸, 선생님 마음 상하게 그런 식으로 얘기했다고요. 나중에 얘기를 들어보니 걱정되고 궁금한 마음에 묻는다는 게 그만 그렇게 된 거였죠. 여하튼 제가 미안하다고 이메일을 써서 보냈어요.

한번은 체육 시간에 어떤 아이가 나무 막대기로 발을 걸었는데 넘어진 거예요. 그래서 막대기를 뺏어서 살짝 친다는 게 딱 걸렸죠. 제가 학교에서 일하니까 연락이 와요. 다행히 전체적으로 봤을 때 조금씩 나아지고는 있지만 사회성이 많이 부족해요. 제가 타이르고 가르치다가 아무래도 여러 가지 개선해야 할 점들이 있어서 학교 심리전문가Psychologist와 사회복지사Social Worker를 통해 소개받아 6개월 대기자 명단에서 기다린 끝에 작년 여름부터 2주에 한 번씩 상담을 받고 있어요. 카운슬러는 이제 그만하자고 얘기하는데 제가 부탁해서 계속하고 있어요. 아무래도 8학년쯤 되다 보니 엄마가 하는 말보다는 전문가인 제3자가 하는 말이 더 설득력 있고 효과가 좋겠다 싶어서 그렇게 해요. 자주는 아니지만 한 번씩 가서 얘기를 하면 자기가 뭘 잘못했는지 느끼더라고요.

제가 페어런트 리에선으로 일하면서 보면, 한국 부모들은 정신과 상담이나 카운슬러와의 상담에 대해 굉장히 부정적이세요. 하지만 특히 고등학생쯤 되면 그런 전문가들을 통해 도움을 받을 수 있는 부분이 많이 생겨요. 한번 상담을 받아보시라고 말씀드리면 깜짝 놀라며 큰일이 나는 분위기가 되는데, 저는 그렇게 생각하지 않아요. 전 아이들 초등학교 때도 가서 검사해보고 상담을 받으면서 매우 많은 도움을 받았거든요.

요즘은 주의력결핍과잉행동장애ADHD나 자폐증 등 여러 문제로 아이들 학업 성적이 떨어지니 돌파구로 미국에 오는 분들이 늘고 있잖아요. 그런 분들의 경우, 처음부터 우리 아이가 이런 문제가 있으니 잘 지켜봐 달라고 얘기를 하면 좋을 텐데 대개는 무조건 감추세요. 그런 문제들은 어쨌든 드러나기 마련인데, 발견하고 진단하는 데 일 년씩 낭비하도록 놔두는 셈이 되는 거죠. 그러면 아이한테는 그만큼 손해죠. 특히 ADHD 같은 경우는 무조건 아니라고 부인부터 하세요. 학교 측에서 특수교육 쪽으로 검사하자고 하면, 학교를 그만두고 전학을 하세요. 한참 지나면 또 문제가 드러나서 같은 과정을 겪으니, 시간적으로 낭비가 크죠.

이민 가정의 경우 하루 종일 늦은 시간까지 일하는 부모가 많기 때문에, 어려서부터 혼자 지내는 데 익숙한 아이들에게서 문제점이 많이 드러나요. 학교에서 일하다 보면 의외로 그런 아이가 많은데, 부모는 일하느라 힘드니 집에 와서도 아이들과 시간을 보내지 못하고 정서적으로 아무런 도움이 못 되어주는 거죠. 그저 어렵게 데려왔고 학교 보내주니까 나머지는 알아서 하라는 식은 매우 위험한 생각이에요. 어린 나이에 부모의 지도 없이 어떻게 아이가 자신을 키워나갈 수 있겠어요.

남자아이들의 경우 자라면서 컴퓨터 중독에 빠지는 경우가 많은데, 그때쯤 돼서 부모가 컨트롤하려고 하면 전혀 먹혀들지가 않죠. 서로 이야기하고 타협하고 결정을 지켜나가고 하는 것도 일종의 훈련인데, 어린 시절에 그런 부분 없이 지내다가 갑자기 간섭하려는 부모를 아이들은 받아들이질 못해요. 최소한 두 분

중 한 분은 아이를 돌볼 수 있는 환경이 될 때 오시면 좋겠어요. 하다못해 아이가 잠든 뒤 일을 나가는 한이 있더라도 아이가 집에 있는 시간엔 함께 눈 마주치고 이야기를 나누어야 해요. 더욱이 영어가 편치 않은 부모들은 아이가 자라면서 그 부분에서 이미 권위를 많이 잃어요.

고등학교 갈 때쯤 되면 아이가 아는 게 훨씬 많아지니 더 걷잡을 수 없어지죠. 어려서부터 부모 대신 알림장을 써가던 아이들이 고등학생쯤 되면 부모 사인을 위조하는 건 일도 아니죠. 무단결석을 하는 아이들도 얼마나 많은지 몰라요. 한 쿼터에 과목당 세 번 수업을 빠지면 낙제를 하는데, 그런 경우를 당하는 아이들도 학교에서 많이 봐요. 성적만 중요시하는 부모들의 생각도 염려되는 부분이고요.

선생님께 무례한 아이도 많아요. 처음 미국에 와서 들어가는 ESOL 클래스를 살펴보면, 미국의 학교는 자유롭기만 하다고 오해하는 아이들이 있어요. 처음 학교에 등록하러 오면 부모와 아이에게 신신당부하는 말이, '이곳에는 눈에 보이지 않는 규율이 많다', '한국에서처럼 똑같은 규율이 있다고 생각하고 생활하면 된다' 등이죠. 오히려 한국에서보다 한 가지 더 추가된다고 할 수 있는데, 여기서는 선생님뿐 아니라 친구들을 존중해야 한다는 점이죠.

ESOL 클래스의 경우 아이들이 입을 열도록 항상 격려하는 분위기라 일반 클래스보다 분위기가 자유로운데, 아이들이 겉으로 드러나는 분위기만 보고 막 행동할 때가 있어요. 한번은 어떤 아이가 시험 시간에 친구 걸 다 베끼고, 수업 시간에 무단이탈을 하고, 선생님에게 무례하게 행동해서 부모님을 오시라 한 적이 있어요. 선생님들과 카운슬러, 학생 모두 원탁에 앉아 중재위를 하고 있는 중에도 아이는 흐트러진 자세로 열쇠 뭉치를 계속 짤랑거렸어요. 그래도 그 부모님은 아이에게 주의 한 번 안 주더라고요. 마칠 때쯤 저에게 통역을 부탁하시는데, 얘가 지금 틴에이저고 민감한 나이니 선생님이 이해하시고 좀 맞춰서 가르쳐 달라고 하셨죠. 그런데 제가 통역을 안 하겠다고 했어요. 지금 여기 틴에이저 아닌 학생이 어디 있으며 모두가 지키는 규율인데 어떻게 이 아이만 예외가 될 수 있냐고요. 아니나 다를까 그 학생은 그 이후로 더 큰 문제를 일으켰어요.

아이를 데리고 이곳에 오실 때는 부모들도 큰 결심을 해야 해요. 부모가 아이만 감싸고 이곳 규율에 따르려 노력하지 않거나 성적만을 우선시하는 경우 이런 문제들은 반드시 일어나니까요.

1. 도움받는 것을 두려워하지 말자

앤드류 엄마는 인터뷰 내내 한국 부모들의 닫힌 마음과 성적 위주의 자녀 교육에 마음 아파하셨다. 행동장애나 주의력결핍장애로 치료를 받아야 할 아이들이 있고 충분한 자원이 있음에도, 무조건 쉬쉬하며 덮으려고만 하는 부모들의 모습은 나에게도 안타깝게 다가왔던 부분이다. 한국에 돌아와서 아이들을 가르치다 보니 이런 문제의 심각성을 피부로 느낄 수 있었다. 도무지 수업 시간에 앉아 있지를 못하는 아이, 하지 말라면 더 하는 아이, 외동으로 자라서 무엇이고 나누어 써본 적이 없는 아이 등이 모여 있으니 더 말할 것이 없다.

타이르거나 혼을 내도, 몇 달을 노력해도 나아지지 않는다면 전문가의 도움을 받아야 한다. 하지만 우리나라의 경우 교사가 이 부분을 부모에게 스스럼없이 권할 수 있는 분위기는 아니다. 조심스럽게 이야기를 꺼내봐도 '애들이 다 그렇지, 크면 저절로 좋아질 걸 왜 문제 삼느냐' 하는 식의 반응이 나오면 교사는 그만 입을 다물게 된다.

그런 면에서 볼 때 우리 반에는 존경스러운 어머니가 한 분 계시다. 교사들끼리 하는 얘기로 '의지가 되는 아이'라는 말이 있다. 어딘지 모르게 믿음이 가고 교실 분위기를 만드는 데 큰 도움이 되는 아이를 일컫는다. J가 바로 그랬다. 어느 날 하원을 시키는데 "오늘은 놀이 치료를 가요" 하는 게 아닌가. 전혀 감을 잡을 수 없었던 나는 다른 일로 J의 엄마와 통화를 하다가 마침 생각난 김에 질문을 했다. 알고 보니 J는 이전 유치원에서 과잉행동의 모습을 보여 어지간히 엄마의 속을 끓게 했다고 한다. 그래서 J의 엄마는 여기저기 좋은 곳을 수소문해 강남에서 수원까지 꼬박꼬박 아이를 놀이치료에 보내고 있었던 것이다.

아이가 어리기 때문에 효과가 빨리 나타났다고는 하지만, 자녀교육 이야기라면 늘 활짝 열린 마음으로 들어주시는 모습을 보면 단지 어린 나이 때문에 효과가 빨리 나타난 것만은 아닌 듯싶다. 아이를 있는 그대로 인정하고, 결단을 내리고, 번거로움을 참아가며 행동에 옮겼기에 가능했을 것이다. 게다가 적절한 때에 유치원을 옮겨서 아이에 대해 전혀 편견이 없는 선생님과 수업을 하도록 하신 판단도 아주 주효했다고 생각한다.

특별히 장애가 있지 않더라도 우리나라 아이들의 주의력 결핍은 여러 곳에서 문제로 나타난다. 미국의 음식점에서도 뛰어다니는 애들은 다 한국 애들이라고 말할 정도이다. 지금 생각해보면 미국 초등학교에서 아이들을 가르칠 때는 지금처럼 소리 내어 혼을 내고 마음 상했던 적은 없었던 듯하다. 만 3세부터 5세까지 아이들이 모인 준경이네 유치원도 한 반에 24명이나 되었지만, 제 맘대로 일어나 돌아다니는 아이는 한 명도 없었다. 하지만 우리네 교실은 그렇지 않다. 중국의 아이들을 '소(小)황제'라 부른다지만 우리도 그에 못지않은 분위기에서 아이를 키우기 때문은 아닐까?

　미국에서 준경이와 제일 친했던 친구 다이네 가족은 식사 예절
이 엄격했다. 아이가 만 1세, 3세, 5세로 모두 세 명인데 한 살짜
리를 제외하고는 자기가 덜어온 음식을 깨끗이 비워야 하는 규율
이 있다. 편식을 해서 음식을 남기거나 식사 도중에 일어나면 바
로 접시를 치워버리고, 무조건 그 다음 끼니는 없다. 예를 들어 저
녁에 콩을 남기면 다음 날 아침은 혼자 굶어야 한다. 물론 충분한
대화와 함께 이루어지기 때문에 공포 분위기는 전혀 아니다. 준
경이가 밥을 먹다 혹 중간에 일어나면 다이가 재까닥 "쟤는 왜 일
어났다가 또 먹어도 되나요?" 하고 반문을 했다. 그럴 때 다이 엄
마는 "모든 가정엔 다른 규칙이 있는 거야" 하면서, "너는 우리 가
족이니 엄마, 아빠의 규칙을 따라야 한다"고 이야기했다. 그저 한
숟가락이라도 더 먹이기에만 급급했던 나는 쥐구멍에라도 숨고
싶었다. 그래도 미국에서는 준경이가 음식점에서 자리를 비우고
왔다 갔다 했던 기억이 별로 없다. 하지만 한국에 돌아와 온돌식
식당에서 온 가족이 처음 식사를 하던 날 변화가 일어났다. 어른
들이 반가운 마음에 "이리 와봐라" 하고 장난을 쳐주니 준경이는
식당에서 왔다 갔다 하는 즐거움을 알아버리고 만 것이다.

　한번은 외식을 갔다가 옆 테이블에 앉은 가족 때문에 놀랐다.
식사 중에 아이 둘이 번갈아가며 큰 소리로 유행가를 부르는데,

가족의 어른들 중 어느 한 사람도 아이들에게 조용히 하라고 주의를 주지 않았다. 조용한 음악이 흐르는, 다소 분위기 있는 식당이었는데 다른 테이블 사람들은 시끄럽건 말건 그저 귀여워 죽겠다는 표정으로 아이가 노래하는 모습을 바라보았다. 이때 수업시간에 집중을 못하고 장난을 치는 학생들의 모습이 주마등처럼 스치고 지나갔다. 유명한 소아청소년 클리닉의 원장님의 이야기가 떠올랐다. 요즘 부모들이 독립심을 키우고 창조적인 아이를 만든다면서 아이의 행동에 한계를 설정하지 않기 때문에 아이들이 점점 나태해지고 모든 일에 성취동기를 갖는 데 실패한다는 것이다. 이는 아이들의 버릇을 망치는 데 그치는 것이 아니라, 과잉보호나 무관심만큼 무서운 학습 장애 요소가 된다.

2. 단계별 동기 부여 교육법

동기motivation란 어떤 행동을 하게끔 이끄는 원인이다. 이를 가장 활발히 연구하는 분야는 비즈니스 마케팅 쪽이다. 물건을 한 개라도 더 팔고, 한 푼이라도 더 이윤을 남기기 위해 쉬지 않고 첨단의 아이디어를 쏟아놓는 비즈니스맨. 그들이 인간의 동기를 분석해 기업의 이윤과 연결시키듯, 아이의 동기를 적극적으로 분석하면 학습과도 연결시킬 수 있다. 동기를 학습과 연결시키는 과정을 살펴보자.

<table>
<tr><td></td><td>도덕심, 창조성
자발성, 문제해결</td></tr>
</table>

5 자아 실현의 욕구	도덕심, 창조성 자발성, 문제해결
4 존경의 욕구	자아성취, 자존감 자신감, 존중심, 명예
3 소속의 욕구	우정, 가족, 이성관계
2 안전의 욕구	신체적 안전, 가족의 안정, 건강
1 생리적 욕구	음식, 물, 수면, 기타 생존에 필요한 요인들

매슬로우의 욕구단계

유명한 심리학자 에이브러햄 매슬로우Abraham Maslow가 만든 이 유명한 삼각형은 인간의 동기를 단계적으로 보여준다. 다만 유의할 점은 삼각형 아래쪽의 동기가 충족되지 않으면 다음 단계의 동기가 생기지 않는다는 것이다. 이 점을 염두에 두고 삼각형을 다시 보자. 가장 원초적인 배고픔, 목마름, 졸림 같은 생리적 욕구는 맨 아래이며 자신감, 성취감처럼 학습에 필요한 동기는 위쪽에 포진해 있다. 학습에 필요한 동기로 가기 위해서는 아래쪽의 동기들이 충족이 되어야 한다는 의미이다. 예를 들어 세 번째 단계인 '소속의 욕구'는 성취감 바로 아래에 있다. 가정이 안정되고 사랑을 느끼고 친구관계가 원만해야 그 위 단계의 동기, 즉 학습 동기가 생긴다는 논리이다. 우리가 흔히 '가정이 안정되지 않으면 공부를 열심히 할 수 없다'고 말하는 데는 이런 이론적 배경이 있는 것이다.

자아 성취나 자존감은 그 자체가 학습의 강한 동기가 된다고 한다. 자기가 노력을 해서 좋은 결과를 얻으면 자신감이 생기고, 그 자신감이 자신을 활동의 주체로 인식하게 한다는 것이다. 이러한 성취 동기가 형성되는 데는 만 6세 무렵, 즉 남과의 경쟁이 시작되는 초등학교 입학 무렵이 가장 중요하다고 알려져 있다. 이때 아이가 작은 목표를 세워 스스로 성취하고 기뻐할 수 있는 계기를 만들어주는 것은 부모와 교사의 몫이다. 이 시기가 아니더라도 스스로 문제를 해결할 수 있는 기회를 주는 것이 매우 중요하다. 아이가 이렇게 도전하면서 시행착오를 겪는 동안 부모가 해줄 수 있는 일은 있는 그대로 받아들이고 격려해주는 것이다. 이때 빈정대거나 냉소적인 태도는 아이에게 독이 된다. 상처가 되는 말 한 마디를 치유하는 데는 100번의 칭찬이 필요하다고 한다.

학습 동기가 부족한 아이에게는 세 가지 특효약이 있다.

첫 번째는 성과제도이다. 이는 열심히 한 일에 대해 보상을 해주는 것으로 나이에 따라 스티커부터 선물, 여행 등 다양한 성과를 적용해볼 수 있다. 성과제도의 중요한 기준은 누구누구보다 잘했다거나 1등을 했다는 등의 상대적인 것이 아니라, 아이가 자신과 한 약속을 지켜냈을 때나 부정적인 행동이 줄어든 것에 대해서도 보상을 주어야 한다는 것이다.

두 번째는 '일상 routine'을 설정해놓는 것이다. 엄마가 설거지를 하는 동안 학습지 하기, 잠들기 전에 책 두 권 읽기, 샤워하고 숙제하기처럼 매일 반복되는 일상과 꾸준히 해야 할 학습 내용을 짝짓는 것이다. 습관으로 자리를 잡을 때까지는 어떤 예외도 두지 말고 실천하는 것이 중요하다. 별것 아닌 것 같지만 이러한 일상의 반복은 일단 설정만 제대로 되면 놀라운 효과가 나타난다. 매일 반복되는 학습 활동을 설정해놓는 일은 실제로 유치원이나 초등학교에서도 아이들을 가르칠 때 널리 이용하는 방법이다.

세 번째는 자극이 될 만한 행동 모델을 찾아주는 것이다. 예전에는 어른들의 모임에도 아이들이 종종 따라다녔고, 친척들이 모이는 곳에도 늘 아이들이 있었다. 아이들이 어른들과 함께할 일이 그만큼 많았던 것이다. 하지만 요즘은 초등학교 3학년만 되어도 시험이니 학원이니 해서 아이를 동반해서 외출하는 일이 드물다. 요즘 아이들은 기껏해야 또래의 친구들이나 텔레비전으로 보는 연예인들 외에는 사람을 관찰할 기회가 없다. 어른들과 어울리면서 좋은 점은 본받고 나쁜 점은 비판하는 등 직접 눈으로 보고 나름대로 생각할 기회가 필요하다. 다양한 직업의 사람, 다양한 연령의 사람들이면 더욱 좋다. 자연스러운 기회를 통해 아이들이 자극을 받을 수 있도록 이끌어주자.

교육열 높기로 유명한 인도의 대표적 알파맘 안젤리 엄마

—— 창의력, 논리사고력을 확장하는 '질문식 교육법'

본인이 아이비리그 대학을 졸업하고 의사라는 직업을 가지고 있는 알파걸이자 인도 이민 가정 특유의 교육지상주의가 보태져 아이 셋을 영재로 키워내고 있는 안젤리 엄마. 열정적이나 전혀 호들갑스럽지 않은 안젤리 엄마의 교육법은 아이와 나누는 대화, 책읽기 등 생활 구석구석의 아주 사소한 것 속에 있다. 엄마이기 때문에 언제나 가르칠 수 있다는 최고의 장점을 어떻게 실생활에서 살려가고 있는지 살펴보자.

자녀 교육, 전략적인
로드맵을 그려라

준경이가 만 두 살 반에 프리스쿨*에 들어가면서 드디어 나도 학부모 대열에 들어섰다. 하지만 영어 한 마디 못하는 아이를 막상 프리스쿨에 보낸다고 생각하니 걱정이 이만저만 아니었다. 엄마까지 아무 도움이 못 되면 어쩌나 싶어 입학 첫날부터 바짝 긴장이 되는 게 아이들 교육에 관한 한 역할모델이 되어줄 만한 엄마부터 찾아야겠다는 생각이 간절했다.

그때 내 눈에 확 들어온 사람이 바로 안젤리 엄마였다. 학부모들이 모인 자리에서 안젤리 엄마의 얘기를 들어보니, 안젤리 위로 두 아이를 이미 몬테소리 유치원에 보냈고 이제 막내 안젤리 차례란다. 수수한 차림의 인도 아줌마라 잘 차려입은 백인 엄마들보다 부담도 덜했다. 마침 준경이가 안젤리와 속닥속닥 잘 논다고 선생님이 얘기해주시니 이보다 더 좋을 수 없었다.

미국에서도 몬테소리 학교는 수준급 교육과 함께 교육비 비싸기로 유명하다. 우리나라처럼 아이를 한두 명 낳아 키우는 집이라면 몰라도, 보통 아이가 서넛인 미국 가정에서 아이 모두를 몬테소리 학교에 보낸다는 건 일반 월급쟁이로서는 상상도 할 수 없는 일이다. 때문에 아이들 교육에 유난히도 열성적인 인도와 중국 엄마들, 돈 많은 베트남 엄마들, 여유 있고 교육열 높은 미국 엄마들이 와글와글 모이는 곳이 바로 몬테소리 학교이다. "누구 엄마 극성이더라, 그 집 아이 몬테소리 다니더라" 하면 다들 "그럼 그렇지" 하는 분위기이니 말이다. 안젤리 엄마도 세 아이를 모두 몬테소리에 보냈으니, 아이들 교육에 신경 좀 쓰는 엄마라고 할 수 있다.

5학년인 큰아들 비크롬은 GT 센터에 다니고, 둘째 니킬은 아직 2학년이라 일반 초등학교에 다니는데 GT 심사가 거의 끝나가는 중이다. 만 5세인 안젤리는 덧셈과 뺄셈 수준을 넘어 두 자리 수 곱셈을 하고 챕터북을 줄줄 읽는다. 안젤리 엄마는 둘째 니킬의

★TIP

프리스쿨 & 킨더 　미국에서는 만 두 살 반, 대개는 만 세 살부터 프리스쿨을 시작하고 만 5세에 킨더(유치원), 6세에 초등학교 1학년에 들어간다. 사립 프리스쿨은 한 달에 200~300달러에서 학기당 3000~4000달러까지 비용도 다양하지만, 표방하는 교육 이념이나 방침도 매우 다양하다. 때문에 이를 하나하나 알아보고 학교를 결정하기가 쉽지 않다. 미국은 학기가 9월에 시작하기 때문에 1, 2월 정도면 9월 학기 입학을 위한 학교 오픈 하우스(Open House)나 설명회 등이 이어진다. 제법 괜찮다고 소문난 사립 프리스쿨들은 대기자 명단이 줄줄이 있고, 자리가 나더라도 재학생의 형제자매에게 순서가 먼저 가기 때문에 어떤 곳은 3년 이상 기다리기도 한다. 즉 임신 중에 혹은 출산 후 부지런히 움직여야 좋은 곳에 들여보낼 수 있다는 얘기다.

경우 킨더에 들어가기 전 여름(킨더는 만 5세가 지난 가을에 시작한다)에 《해리포터》를 읽었다며 집에서 안젤리가 제일 느리다고 했다. 프리스쿨이라면 알파벳을 보며 '애애애(a), 브브브(b)' 하는 수준의 아이가 대부분인데, 이런 아이들을 두었으니 안젤리 엄마의 교육 철학이 궁금해지는 건 당연했다.

안젤리네 세 아이는 모두 책 읽는 걸 좋아한다. 집 한쪽 구석엔 언제나 도서관에서 빌려온 책들이 쇼핑백 대여섯 개에 가득 담겨 있고, 거실에도 책이 가득하다. 아이들이 너무 책에만 매달리기 때문에 안젤리 엄마는 책 페이지 맨 아래에 특이한 표시를 해놓곤 한다. 이 표시를 보면 한 번씩 고개를 들어 먼 곳을 바라보라는 약속이다. 안과의사인 안젤리 엄마가 책을 좋아하는 아이들의 시력이 나빠지지 않도록 고육지책으로 마련한 방법이다.

안젤리 엄마의 교육 방식 중에서도 가장 두드러진 것은 '질문법'이라고 할 수 있다. 안젤리 엄마는 아이들이 책을 읽을 때 질문법을 특히 많이 활용한다. 책을 읽기 전에 아이에게 적절한 질문을 던져 배경 지식을 떠올릴 수 있게 하고, 표지의 그림을 통해 책 내용을 예측해보게 하는 등 교육 관련 이론서에서 강조하고 있는 방법들을 현실에서 그대로 실천하고 있었다.

좋은 질문은 아이의 뇌에 불을 켜는 것과 마찬가지이다. 즉 질문을 통해 뇌에 자극을 주고 감각을 일깨움으로써 책에 온전히 집중하도록 돕는다. 마치 불을 켜고 책을 보는 것과 어두컴컴한 곳에서 희미한 이미지를 더듬거리며 책장만 넘기는 것의 차이와 같다고 할까? 학교 교육 과정에서 이러한 질문식 독서법이 일반화되어 있는 것처럼, 가정에서도 엄마와 함께 자연스럽게 대화하며 책을 읽는 것이 습관화된다면 어느 아이가 책을 싫어하고 내용을 이해하지 못해 책 읽기를 포기하겠는가.

인도 부모들의 교육열은 미국에서도 알아줄 만큼 굉장하다. 인도의 중산층 부모들 중 상당수가 외국 유수의 중·고교 및 대학교로 자녀를 유학 보내 교육시키는 것을 당연시여기고 있는데, 인도는 세계에서 가장 많은 학생을 유학 보내는 것으로도 유명하다. 인도 이민 가정의 아이들이 선택할 수 있는 전공은 의사 아니면 엔지니어 둘뿐이라는 농담이 있을 정도니, 자식에게 고급 교육을 시키고 안정된 진로까지 강제하는 분위기는 학교 간판을 우선시하는 우리나라 극성 부모들보다 훨씬 더 지독하다고 할 수 있다. 초등학교 3, 4학년이 되도록 교실 책상마다 곱셈표가 붙어 있는 미국 학교에서도 인도 아이들은 일찌감치 구구단을 꿰고 있을 뿐 아니라, 19단까지 줄줄 외고 있는 아이가 부지기수다. 인도 아이들은 수학, 과학 등의 분야에서도 단연 뛰어나다. 인도 본토의 분위기도 우리와 비슷한데, 미국에서 공부를 하다 인도로 돌아가는 경우, 밀도 높은 교과과정 속으로 아이를 돌려보내야 하는 부담이 상당했다. 심지어 미국 학교에서는 가르치는 것이 없다고 노골적으로 불만을 표시하는 부모도 있었다.

아이들이 잠들면 그때부터 병원 차트를 분석하고, 환자들 관련 서류 작업을 시작해 늘 새벽 3시에나 잠들 수 있다는 안젤리 엄마. 계획대로라면 몇 달 뒤엔 잠을 6시간 정도로 늘릴 수 있다며 아이처럼 좋아하는 바쁜 엄마에게서 인도 이민 가정이 미국에서 아이들을 교육하는 법과 그들의 소문난 교육열을 들어보았다.

"교육열 높기로 유명한
인도의 대표적 알파맘 안젤리 엄마의
질문식 교육법"

한국 못지않은
인도의 교육 열풍   저는 인도에서 태어나 자랐고, 가족과 함께
뉴욕으로 이민을 왔어요. 전통적으로 인도 부모들은 자녀에 대한
기대가 높은 편입니다. 자녀가 열심히 공부해서 무언가 되길 바
라죠. 예전엔 의사나 엔지니어나 선생님 정도로 진로가 정해졌는
데, 요즘은 다른 분야나 전공도 많이 인정하는 편이긴 해요.

전 늘 의사가 꿈이었기 때문에 부모님의 그런 기대가 스트레스
가 되진 않았어요. 하지만 남동생 같은 경우는 엔지니어링 쪽으
로 전공을 했는데 적성이 영 아니다 싶어 지금은 비즈니스 매니
지먼트 쪽에서 일하고 있어요. 인도 부모들이 품어온 전통적 교
육관에 비추어보면 성공했다고 할 순 없지만, 배움을 통해 독립
적인 생활을 하길 바라셨던 부모님의 기대는 이루어진 셈이죠.

컬럼비아 대학에서 안과를 전공했는데, 그 중에서도 교정안과
Developmental Optometrist 쪽을 했어요. 사시 아동이나 시각적으로 글 읽

는 데 문제가 있는 아이들, 읽을 때 단어나 줄을 건너뛰고 읽는 아이들, 비슷한 문자를 구분하지 못하는 아이들(예를 들어 b와 d를 구분하지 못하는 아이들)을 진단하고 치료하는 분야예요. 장애가 있는 아이들은 노력을 많이 하지만 대부분 학업 성적이 좋지 않은데, 사람들은 이런 아이들을 게으르거나 머리가 나쁘다고 여겨요. 사실은 의학적인 문제가 있는 거고, 그걸 고치기만 하면 훨씬 나아질 수 있는데 말이죠. 치료를 받은 많은 아이들이 자존감이 높아지는 걸 보면 저도 굉장히 기뻐요. 물론 가족의 기쁨은 이루 말할 수 없죠. 그런 아이들을 꾸준히 돌보면서 저도 얻는 게 많아요. 안과적인 지식을 떠나 아이를 믿고 기다리는 훈련이 된다고 할까요?

몬테소리 교육에 열광하다

아이마다 생김새며 성격이 다르듯 관심 분야나 적성도 달라요. 몬테소리[*] 교육이 좋은 이유도 아이 저마다의 특성을 존중해주고 관심 있는 분야의 실력을 계속 쌓아가도록 도와주기 때문이죠. 일괄적으로 시작해

★TIP

미국의 몬테소리 교육   미국의 몬테소리 학교는 보통 만 2세 반부터 3세 사이의 프리스쿨에서 시작해 킨더까지 있는 경우가 많고, 학교 규모에 따라 초등 과정까지 있는 경우도 있다. 다른 사립 프리스쿨에 비해 교육비가 비싼 편이고 내용이 독특하다. 그래서 '몬테소리 엄마=극성 엄마'라는 인식이 많다. 아이들 연령에 맞게 일상생활을 축소해 작업을 시키는 점, 한 반에 만 3세부터 5세까지 아이들이 함께 생활하는 점, 아이가 원하는 활동을 골라서 하고 다른 아이들과 경쟁을 하는 일이 전혀 없다는 점이 특징이다.

이러한 특징을 모르고서 단지 비싸고 좋다는 소문만으로 아이를 보냈다가 당황하는 한국 부모도 많다. 가령 "아이가 하루 종일 유리창만 닦아 왔다는데요?" 하며 의아해하는 경우가 그렇다. 주입식이 아닌 아이들 사고와 생활에 습관이 배도록 하는 훈련이라 보통 3년을 기다려야 그 효과가 나타난다고들 말한다. 비싼 수업료를 내면서 마음 편히 기다려야 하는 3년이 한국 부모들에겐 그리 짧은 시간은 아닐 것이다.

서 똑같이 끝내는 수업 방식이 아니니까요. 공립 킨더에 비해 교육비가 비싸고 매일 학교까지 데려다줘야 하는 부담이 있지만 그만한 가치는 있다고 봐요. 아이 셋을 모두 몬테소리 학교에 보내는 것이 경제적으로나 엄마의 노력이라는 면에서 쉽진 않았지만 지금 생각해보면 잘했다 싶어요.

몬테소리 교육 외에 제가 신경을 쓰는 부분은 아이들한테 책을 읽어주는 거예요. 아이가 3~4개월 될 때부터 책을 많이 읽어줬어요. 유아용 동요책도 읽어주고, 손가락 인형도 활용하면서 이야기를 들려주었죠. 말하기 전부터 계속 반복해서 읽어주니까 아이가 말을 시작할 무렵에는 책을 읽어주면 마지막 단어를 같이 말하고 그랬죠.

어릴 땐 애들이 유난히 많이 울었는데, 노래 두 곡에 조용해지곤 했어요. 하나는 인도 찬송가hymn였고 다른 하나는 알파벳 노래였어요. 그렇게 많이 들려주었기 때문인지는 몰라도 큰아이는 두 살 반부터 글자를 읽기 시작했어요. 단어가 쓰인 카드를 꽂고, 같은 알파벳 단어 조각을 찾아 끼운 다음에 글자를 하나씩 누르면 소리 나는 장난감이 있었어요. A를 '에이'라고 하는 게 아니라 파닉스phonics 공부하는 식으로 '애' 소리가 나고, B를 누르면 '비'가 아니라 '브' 소리가 나는 식이죠. 그 장난감을 통해서 많이 배웠어요. 파닉스 노래도 많이 불러줬고요. "애플 애플 애애애, 베이비 베이비 브브브…"하고 노래를 부르는 거죠. 몬테소리에서는 "에이비씨디…" 하고 알파벳을 가르치는 게 아니라 "애브크드…" 하면서 파닉스를 가르치잖아요. 그런 식이죠.

아이만의 개성을 존중하고
적극 지원한다
큰아이 비크롬은 특히 노래를 좋아했고, 둘째 니킬은 숫자나 패턴에 관심이 많았어요. 퍼즐을 가지고 놀면서 특정 문양을 찾거나 작은 샴푸병 같은 걸 순서대로 놓거나 색에 따라 분류하곤 했죠. 안젤리는 제 오빠들보다 사교적이에요. 일 년 전에 무엇을 했다던가, 어디 가서 누굴 만났는지 등을 잘 기억해요. 남자아이들에게 없는 그런 디테일한 기억력이 있어요. 수학도 좋아하고요. 다섯 살인 안젤리는 얼마 전에 〈Magic Tree House〉 시리즈를 시작했어요. 오빠들보다는 좀 늦은 편이에요. 니킬은 유치원 들어가기 전 여름에 《해리포터》를 읽었거든요. 하지만 안젤리는 책을 읽으면서 누가 무엇을 했고 왜 했는지, 그래서 어떻게 되었는지 등 아이로서는 포착하기 어려운 부분들을 잘 잡아내죠. 오빠들의 경우 그런 것들을 생각해보도록 끊임없이 질문으로 유도해내야 했는데, 안젤리는 사람 자체에 관심이 많아서 그런지 암튼 좀 달라요. 오빠들이 모험담에 관심 있는 반면, 안젤리는 사람들의 관계에 더 예민해요. 확실히 다르죠.

아이 여럿을 키우다 보면 한 아이에게 집중할 시간이 많이 부족하죠. 다른 아이들이 관심을 끄니까요. 안젤리는 막내이다 보니 아무래도 엄마인 내가 같이 놀아주는 시간이 적었어요. 비크롬 때는 큰아이고 혼자니까 같이 놀아주는 시간이 많았죠. 비크롬은 GT 센터에 다니고 있는데 좋아해요. 이제 5학년에 올라가는데 역사에 관심이 많고, 특히 전쟁사를 줄줄 꿰고 있어요. GT 센터에는 이런 아이가 많아요. 한 가지 대상에 특별히 집중하는 아이들이죠.*

반면 둘째 니킬은 혼자 노는 시간이 많고 혼자서 궁리하는 걸 좋아해요. 수줍음이 많은 성격이기도 하고요. 그런 성향 때문인지 학업 면에서는 셋 중 가장 빨라요.

우리 애들이 무슨 천재는 아니에요. 그냥 보통 아이들이죠. 서로 싸우기도 많이 싸워요. 성격도 적성도 다른 아이들이 서로 싸우고 화해하는 과정에서 작은 '사회'를 경험하는 것 같아요. 둘째가 큰애 같지 않다고, 또는 막내가 둘째 같지 않다고 조급해 하거나 답답하게 생각하지 않아요. 부모가 아이들의 개성을 인정해주니까 아이들도 맘 놓고 특성을 살려가는 것 같고

★TIP

아이에게 숨겨진 '전문성의 섬' 아이들을 가르치다 보면 깜짝 놀랄 때가 있다. 서너 살짜리 아이가 자동차 이름을 척척 맞춘다거나, 어려운 공룡 이름과 특성을 훤히 꿰고 있다거나, 게임에 관련된 글들을 술술 읽어내는 등 나이에 어울리는 일반적인 지식수준에서 벗어나 한 가지 분야에 깊이 빠져 있는 경우이다. 이를 '전문성의 섬 (Island of Expertise)'이라고 한다.

준경이도 이런 '섬' 하나를 가지고 있었다. '가나다라'도 못 뗀 아이가 기차에 관한 한 증기기관차와 디젤 기관차의 차이까지도 정확히 알았다. 안젤리 오빠 비크롬이 전쟁에 보이는 관심도 이와 같은 현상이다. 예전 교육학자들은 아이들의 이 같은 현상을 바람직하게 여기지 않았다. 그래서 의도적으로 아이의 관심을 다른 분야로 돌리도록 권장했다. 하지만 요즘은 이러한 전문성을 인정하고 키워주라는 추세이다. 아이의 전문 능력을 키우는 동시에 특정 분야에 대한 열정이 다른 분야로도 옮겨갈 수 있도록 이끌어주자는 것이다. 아이의 이 같은 능력을 삶에 대한 열정과 에너지로 바꾸어주는 데는 부모의 인내와 지원이 필수적이다.

요. 저희 애들은 셋이기 때문에 무엇이든 셋으로 나누는 덴 도사들이에요. 형제가 많으면 어려서부터 나누고 양보하는 걸 배우니까 좋아요.

활동 참여는 필수 어떻게든 시간을 내어 학교에서 이런저런 활동을 해보려고 해요. 니킬이 다니는 학교는 화요일마다 안내장 역할을 하는 폴더가 나오는데, 제가 격주로 그걸 맡아서 했어요. 일주일에 한 시간 정도는 학교에서 수업 참관도 했는데, 수업 진행을 직접 돕거나 하지 않더라도 실제로 교실에서 수업하는 모습을 볼 수 있어서 내 아이나 교과과정을 이해하는 데 도움이 되죠. 또한 격주로 한 시간 정도 컴퓨터 수업 진행을 돕기도 해요. 아이들과 얘기도 나누고, 아이들 과제를 돕기도 하고, 선생님과 얘기할 수 있는 기회도 되어 좋아요.

큰애가 1, 2학년 때는 학교 활동에 많이 참여했는데 동생들이 커가면서 아무래도 시간이 줄었죠. 그래도 클래스 파티^{Class Party} 때 도와준다거나 오후에 체스 클럽 활동을 할 때 브라우니를 구워다 주기도 해요. 할머니를 모셔다가 아이들에게 책도 읽어주시도록 하고요. 학교 활동에 참여하는 건 아이를 이해하는 데 참 좋아요. 특히 초등학교 때는 시스템이 어떻게 돌아가는지 잘 알 수 있는 기회이기도 하죠. 초등학교 수업의 경우 필요한 교구를 준비하는 데 손이 많이 가잖아요. 예를 들면 오려야 할 것들을 집에 가져와서 해다 드려도 좋고, 방법은 아주 많아요. 가능한 시간과 관심 있는 일들을 선생님께 말씀드리면 일정을 잡아주기도 하고, 어떻게 도와주면 좋겠다고 얘기해주시죠. 이런저런 제안이나 추천을 많이 할수록 수업 내용이 풍부해지고, 결국은 내 아이뿐 아니라 모든 아이가 혜택을 받게 되죠.

과학박람회를 준비한 적도 있어요. 늘 개최했으면 좋겠다고 생각만 하다가 제가 직접 나서서 준비한 거죠. 계획서를 만들고 9월부터 협상에 들어가서 3월 무렵에 승인을 받았어요. 아이들이 과학에 대해 잘 아는 것이 중요한데 교육의 기회가 충분하지 않다는 생각이 들어 제가 집요하게 추진했던 거예요. 학교에서 아이들이 좀 더 배웠으면 하는 것이라든지 놓친 것이 있다고 느껴진다면 부모가 나서서 다양한 방법을 생각해봐야 해요. 교감, 교장선생님을 거쳐 그 다음엔 PTA 회장에게까지 아이디어를 설명하고 동의를 구해야 하는 과정이 힘들지만, 이러한 부모들의 노력 하나하나가 학교를 바꿀 수 있음을 깨달았으면 해요.

책 읽는 시간은
아이들과 대화하는 시간 도서관에 가면 책들이 다양해요. 아이들마다 좋아하는 분야가 다르긴 하지만, 저희 집 애들은 우스운 이야기가 짤막하게 담긴 책을 시작으로 해서 점점 두꺼운 책, 어려운 책으로 옮겨갔어요. 재미있으니 읽게 되고, 읽다 보니 책 읽는 즐거움을 알게 되고 그런 거죠.

아이들 책 읽기는 파닉스*부터 시작했죠. 파닉스의 장점은 여러 단어를 읽어낼 수 있는 기본이 된다는 거고요, 여기에 가장 널리 쓰이는 사이트 워드Sight Word가 들어가면서 책 읽는 속도가 빨라지죠. 《기초 사이트 워드 100단어》 같은 교재로 'the, and, is, it, he, she…' 같은 단어들에 익숙해지면 책 읽기에 훨씬 속도가 붙어요. 나중에 작문에도 도움이 많이 되고요. 제가 아이들 쓰기 공부에 도움을 주려고 시킨 건 목록을 만드는 것이에요. 슈퍼마켓 갈 때 장볼 것들 목록을 쓰게 하는 것처럼 일상생활과 연결시키려는 노력을 많이 했죠. 아이가 단어를 써볼 수 있도록 하려고 필요하지도 않은 물품을 목록에 집어넣고 그랬으니까요.

집에서는 주로 잠들기 전에 함께 읽으려고 노력해요. 제가 집에 도착하면 8시쯤 되는데, 아이들 잠들기 전에 책을 읽어주죠. 안젤리 수준의 책이면 큰 애들은 쉬워서 잘 안 들으려고 하는데, 어떨 땐 제가 일부러 들으라고 해요. 아이들에게 질문을 하기 위해서죠. "이제 무슨 일이 일어날 것 같니?", "지금 무슨 상황이니?", "왜 그 사람이 이런 말을 했을까?" 같은 질문을 해서 답뿐만 아니라 전체 줄거리도 다시 생각해보도록 해요.

예전에 읽었던 책들 챕터 하나 정도를 읽어주면서 질문하기도 하죠. "왜 그렇게 생각하니?", "책의 어떤 부분에서 네가 생각한 답에 대한 힌트를 얻을 수 있었니?", "이 책을 읽으면서 떠올랐던 다른 책이 있니?", "우리가 가봤거나 다른 책에서 보았던 장소가 떠오르니?" 하고 질문을 하면서 함께 이야기를 나누죠.

박물관이나 전시회 관람도 주제를 정해서
워싱턴 D.C.에 있는 박물관에 가는 것도 좋아해요. 박물관은 아이들에게 보물 창고 같거든요. 국립건축박물관National Building Museum에 가면 다양한 빌딩 블록으로 채워진 작은 방이 있어요. 거기서 각자 만들고 싶은 걸 만들면서 2시간 정도 놀죠. 보통은 그렇게 한 가지에 집중해서 오래 놀기 힘든데, 그렇게 테마가 있으면 좋죠. 덜루스Dulles에 있는 항공우주박물관Air and Space Museum은 실내이기 때문에 겨울이나 여름에 가면 좋고요.

미술관에도 자주 가요. 필라델피아에 있는 미술관에도 데려가는데, 달리전이나 드가, 앤드류 화이트 전시회처럼 주로 제가 좋아하는 작가를 선택하죠. 애들이 제대로 이해하는지는 잘 모르겠지만 적어도 뭐가 뭔지 알아볼 수는 있잖아요. 아이들의 흥미를 끌기 위해서 "오늘은 작품에서 파란색을 찾아볼까?" 식의 질문을 던져서 접근하기도 해요. 자칫 지루할 수 있으니까요. 그림자, 나무를 그린 방식, 원근감, 투시 등 매번 다른 주제를 주면서 주의 깊게 보라고 하고 설명을 해주기도 해요.

보통은 워싱턴에 있는 미술관을 가는데, 그때마다 아이들에게 과제를 줘요. 어렸을 땐 "이 방에 그림이 몇 개인가 세어볼까?"로 시작해서 "동물이 있는 그림은 몇 개니?", "악기가 있는 그림은 몇 개니?" 등의 질문을 하죠. 그러면 아이들은 그림마다 질문과 관련 있는지 부지런히 관찰해요. 저 또한 그림을 감상할 수 있는 시간을 벌 수 있어서 좋아요. 안 그러면 아이들 쫓아다니느라 힘들잖아요.

아이가 어릴 때는 이러한 질문들이 일종의 과제 역할을 하지만, 다양한 질문에 익숙해지다 보면 스스로 관찰하는 능력도 생기고 미술 작품을 이해하는 안목도 생겨 자연히 질문 수준도 높아지죠.

미래에 대한 결정은
최대한 천천히 제가 아이비리그 대학 출신이라고 해서 아이들한테도 명문대학을 고집하거나 하진 않아요. 다만 대학은 꼭 갔으면 좋겠어요. 아이들에게 각각 돼지저금통을 하나씩 주고는 동전이 생길 때마다 대학 때 쓸 돈을 모으게 해요. 그러다 보면 아이들도 자연스럽게 대학은 가야 하는 곳, 언젠가 갈 곳으로 인식하게 되겠죠. 그런 걸 바라죠. 뭔가 그렇게 상징적인 걸 만들어주면 기대하고 내다보고 나아갈 수 있게 되어서 좋은 것 같아요.

첫째 비크롬은 작가가 되고 싶어 해요. 물론 지금은 작가가 되고 싶어 하더라도 꿈은 바뀔 수 있잖아요. 진로를 고민할 때 선택의 폭을 넓혀주려면 한 가지를 미리 결정하는 건 별로인 것 같아요. 일단 골고루 공부하고, 결국엔 자신이 즐기면서 할 수 있는 일을 찾았으면 하는 바람이에요. 저는 제 직업을 사랑해요. 애정이 없으면 한 직업을 오래 유지하기가 무척 힘들잖아요. 자신이 진심으로 원하는 걸 찾는 데는 시간을 충분히 가지는 게 중요하다고 봐요.

그래서 제 아이들은 저처럼 리버럴 아트 스쿨Liberal Art School:순수 학문 중심의 대학으로 Amherst나 Williams College, 여자대학인 Wellesley, Smith College 등이 우리에게 잘 알려져 있다에 다니면서 4년 동안 뭘 하고 싶은지 생각할 수 있는 시간을 갖는 게 좋겠다고 생각해요. 저도 막연하게 의학을 공부하고 싶어 하다가 정확히 안과 분야, 그것도 교정안과 쪽은 4학년에 정했거든요. 부모님은 '아, 드디어 애가 뭘 하고 싶은지 찾았구나.' 하고 한숨 돌리셨다고 해요. 오래 기다리셨죠. 그런 자유를 가져보는 것이 중요한 것 같아요. 의학 쪽인 건 알았어도 어느 분야로 전공을 할지는 학교에서 다양한 강의를 들어보고 조금씩 경험하면서 결정한 거니까요. 의학을 선택하긴 했지만 영문학을 부전공으로 한 덕에 인문학적인 소양도 넓힐 수 있었고, 문학작품을 많이 접하면서 분석력도 길러졌던 것 같아요.

영재 교육, 아이의 수준과
적성을 반드시 고려한다 몇 년 뒤면 과학고 진학 여부도 결정해야겠죠. 토머스 제퍼슨 과학고등학교는 두말할 것 없이 좋은 학교예요. 우리 아이들이 들어가고 싶어 한다면 잘하라고 격려해 줄 거고요. 하지만 걱정되는 면도 많아요. 스트레스를 많이 받아 두통과 우울증에 시달리기도 하고, 자기 자신이 똑똑하지 않다고 비하하며 세상에 똑똑한 사람이 너무 많다고 어린 나이에 상처를 받을 수도 있으니까요. 그렇다면 스트레스가 없는 일반 학교에 다니는 게 어쩌면 더 나은 선택일 수도 있다고 봐요. 가보기 전엔 모르는 일이지만 주위 아이들을 볼 때 결정을 내리기 쉽진 않을 것 같아요. 꼭 가야 한다고 부담을 주고 싶지는 않아요. 토머스 제퍼슨 과학고등학교에서 자신감을 다 잃을 바에는 그 실력으로 일반 학교에서 상위 10퍼센트 내에 들면서 잘 지낼 수 있잖아요.

토머스 제퍼슨 과학고등학교 진학을 위한 학원들이 성행하는 것도 알고 있어요. 실제로 거길 다녀서 합격한 아이들도 알고요. 하지만 결국 학교생활의 판가름은 자기 관리를 얼마나 잘하느냐, 스트레스를 얼마나 잘 다스리느냐에 달린 것이기 때문에 학원을 다니면서 수동적으로 공부하는 아이들이 잘하리라고 생각하진 않아요. 공부의 재미를 느끼지 못한 채 시험을 위해 공부하는 아이들은 견뎌내기 힘든 곳이거든요. 제 논리는 간단해요. 아이가 하고 싶어 하고 자기 스스로 그 길을 열어간다면 밀어주고, 싫다면 강요 안 하는 거예요.

영재 수업의 필요성에는 동의해요. 존스 홉킨스 영재 스쿨도 좋은 기회죠. 옆집 여자아이가 그 수업을 받는데, 그 아이는 정말 즐기면서 하더라고요. 아직 6학년인데 여름 프로그램으로 논리Logic, 추론Reasoning, 연역적 추리Deductive Reasoning 같은 걸 배워요. 그 아이는 그곳 분위기에 무척 잘 적응하고 있어요. 자신과 얘기가 통하는 아이들을 만나 즐거운 거죠. 그런 아이들에게는 완벽한 프로그램이에요. 자신에게 맞는 레벨에 가는 거니까요.

남편이 읽은 기사 중에 영재 아이들의 고등학교 낙제율이 학습 장애 아이들의 경우와 똑같다는 내용이 있었대요. 도전 의지가 생기지 않는 쉬운 공부 때문에 영재 아이들이 학교생활에 흥미를 잃어서 그렇다니, 이런 아이들에게 맞는 프로그램이 꼭 필요하죠. 존스 홉킨스가 그런 도전장을 준다면, 혹은 다른 대학교 프로그램이 그런 역할을 한다면 부모가 밀어줘야겠죠.

제 조카들도 7학년 때쯤 듀크 대학에서 수학 영재 프로그램을 들었는데 효과가 엄청났어요. 처음으로 가족과 떨어져 생활하면서 친구들을 매일 만나고 수준에 맞는 수학을 하니까 삼박자가 완벽하게 맞은 거죠. 나중에도 친구들과 계속 연락하고, 수학 공부에 재미도 느끼고 좋은 기회가 되었던 듯해요.

어릴 적 특별활동은 다양할수록 좋다

음악 활동은 피아노를 하고 있어요. 첫째 비크롬은 네 살 때부터 했으니까 6년째이고, 둘째 니킬도 시작은 네 살 때 했는데 중간에 그만두었다가 다시 해서 지금 2년째 배우는 중이에요. 안젤리는 가을에 시작하려고 해요. 음악적으로 표현하는 것도 중요하다고 봐요. 작품을 많이 배우는 데 중점을 두기보다는 리듬을 듣고 이해하고 연주할 줄 아는 게 중요하죠. 궁극적으로는 자기표현의 한 방법으로 받아들이고요.

아이들은 농구도 배워요. 제 일이 수·목·금요일에 늦게 끝나기 때문에 축구 연습에 데려갈 수가 없어서 축구는 못하고 있어요. 토요일엔 피아노를 배우고, 주중에 수영과 체스를 하죠. 비크롬과 니킬 둘 다 체스를 좋아하는데, 일요일에 자주 체스 대회를 해요. 가끔 토요일에 하기도 하고요. 학교 친구들도 체스 클럽에서 만난 아이가 많아요. 집중력이 대단한 아이들이죠. 스포츠를 좋아해도 직접 나가 뛰기보다는 좋아하는 팀의 선수들 기록까지 시시콜콜 다 외우고 카드도 모으며 누가 득점을 어떻게 했는지 등에 주로 관심이 있어요. 매일 정보를 업데이트하는 것도 큰 일과이고, 자기들끼리 상상의 리그를 하기도 해요. 누가 어떤 포지

션에서 어떤 작전으로 뛸 건지 정해서 자기들끼리 상상의 리그를 하죠.

운동 쪽으로 한 가지 해야 한다는 생각은 가지고 있어요. 수영도 좋고요. 니킬은 세 살 때부터 배우기 시작했고, 다른 아이들은 다섯 살 때 시작했는데 계속 하고 있어요. 요즘은 농구도 하고 있는데, 그전에 테니스도 했고 스케이트도 배웠죠. 스케이트는 계속 시키려고 해요. 야외 활동을 규칙적으로 해서 체력을 키워놓는 것이 중요하다고 생각하기 때문이에요.

제가 없을 땐 베이비시터가 하루에 한 시간 정도 꼭 데리고 나가서 놀아요. 남자아이들은 벽에 대고 테니스를 치기도 하고, 놀이터에 놀러 오는 아이들끼리 축구나 야구도 하면서 놀아요. 놀이를 통한 신체 활동은 굉장히 중요하다고 생각해요. 체력을 쌓는 것도 장점이지만, 상쾌한 공기를 마시면서 머리를 식힘으로써 다른 일에 집중하는 효과도 있거든요. 밖에서 놀고 나면 숙제를 할 때도 집중력이 높아져요. 어렸을 땐 아이들을 푹 자게 하는 효과도 있고요.

물론 부모가 계획한 대로 체육 특기 하나, 음악 특기 하나 이런 식의 구색까지 맞추기는 쉽지 않아요. 한번 꼭 시켜보고 싶은 게 있는데 아이가 따라주지 않을 때는 고민스럽기도 하고요. 안젤리도 처음 수영을 배울 땐 6개월을 서서 구경만 했어요. 어떤 날은 울기도 하고, 물에 들어가서도 머리를 물에 담그지 않아 레슨 자체가 진행되지 않기도 하고요. 그렇다고 해서 야단을 치거나 설득하지는 않았어요. 그냥 기다렸죠.

일단 뛰어들어서 시행착오를 해가며 배우는 아이가 있는가 하면, 자존심이 센 아이는 남들 앞에서 새로운 일을 시도하는 데 오랫동안 망설이기도 해요. 일단 남이 하는 걸 충분히 보고 자신도 할 수 있겠다 싶을 때 비로소 시도해보는 거죠. 물론 그 시간을 기다리는 게 엄마에게는 쉽지 않아요. 하지만 일단 아이의 특성을 파악했다면 그런 부분을 인정해줘야 한다고 생각해요. 돈을 얼마를 냈다거나 바쁜 시간을 내서 데리고 왔다며 부담을 주는 것은 아무런 도움이 되지 않아요. 여유를 가지고 기다리다 보면 결국 어느 날엔가는 시도를 하고 배우면서 즐거움을 알게 되죠.

가정과 학교가
연계된 교육의 효과 부모가 PTA 미팅에 가는 건 학교의 일에 참여하는 가장 기본이에요. 가서 학교의 전반적인 교육관을 들어보고, 선생님들과 교장선생님과 의사소통의 기회를 가져보고요. 그러면서 여러 활동을 통해 학교 일에 관여하는 거죠. PTA 미팅에 가서 경청하는 것뿐 아니라 부모로서 적극적으로 의견을 제시하는 것도 중요해요. 그래서 전 질문이나 제안 목록을 준비해요. 질문할 것들을 생각해놨다가도 막상 가서는 잊어버릴 때가 많잖아요.

한번은 우리 아이들 중 하나가 학교에서 괴롭힘을 당한 적이 있었어요. 선생님한테 말씀을 드렸음에도 몇 달 동안이나 계속됐죠. 이건 용납할 수 없는 상황이라고 이메일을 보냈어요. 언제쯤 시간이 되는데 한번 뵙고 싶다고 썼어요. 이렇게 아이에게 문제가 생기면 부모가 나서서 해결하는 자세도 중요해요. 선생님이나 교장선생님과 만날 약속을 정하거나, 요즘은 이메일 보내는 방법도 추천해요.

선생님이 허락하는 선에서 봉사활동을 하는 것도 괜찮은 방법이에요. 꼭 우리 아이 반이 아니더라도 교실 수업이 어떻게 돌아가는지 가까이서 볼 수 있는 기회가 되니까요. 선생님이 아이들을 어떻게 이끄는지도 볼 수 있고요. 아이가 많고 제각기 수준이 다르니 선생님이 다 통제하기 벅찬 경우도 있잖아요. 제 친구의 경우는 독해 시간에 잘 못 따라오는 학생에게 쉬운 책을 읽어준다던가, 수준이 높은 아이들을 따로 봐주는 등의 봉사를 해요. 봉사를 한다고 해서 내 아이한테 특혜가 가고 그러지는 않아요. 물론 선생님과 유대감을 쌓는 데는 많은 도움이 되죠. 자주 보니까요.

1. 좋은 질문은 최고의 사고력 향상 훈련

질문에는 여러 종류가 있지만 문제의 깊이에 따라서 '저차원 질문Lower order question'과 '고차원 질문Higher order question'이 있다. 저차원 질문이란 특별히 '생각'을 필요로 하지 않는 표면적인 내용에 대한 질문이다. 예를 들어 《신데렐라》를 읽고 "신데렐라에겐 몇 명의 새 언니가 있었지?" 하고 묻는 것이다. 이렇게 '누가, 언제, 어디서, 어떻게, 무엇을'에 해당하는, 다시 말해 책을 펼치면 바로 답이 보이는 질문을 저차원 질문이라고 한다. 책의 내용을 정확히 이해하는 데 반드시 필요한 질문들이지만 이것만으로는 부족하다.

고차원 질문은 흔히 '왜'로 시작하는 질문으로 책에는 답이 없는 질문이다. 표면적인 내용에서 답을 유추해야 하기 때문에 생각하는 과정을 필요로 한다. 이 과정에서 사고력이 발달한다. 《신데렐라》에서 "왜 새엄마는 신데렐라를 미워했을까?" 같은 질문을 의미한다. 어른들은 생각하지 않아도 당연히 알 수 있는 답이지만 아이들의 경우 그렇지 않다. "새엄마니까"라는 대답은 정답이 아니다. 왜 새로 들어온 엄마가 신데렐라를 미워하는지 아이들은 이해하기 쉽지 않기 때문이다. 막연히 머릿속으로 가늠해내는 것과 책 속에서 근거를 찾아 답을 하며 단계마다 사고를 확장해 나가는 과정은 천지 차이이다.

책 읽는 순서에 따른 질문에도 여러 단계가 있다. 책을 읽기 전에 하는 '배경 지식 모으기'와 '추측해보기', 책을 읽으면서 하는 '이야기의 발전 단계 파악하기', 책을 다 읽고 하는 '토론식 질문'이 있다. 책을 읽기 전에는 그림이나 굵은 글씨들만 슬쩍 보고 무엇에 관한 이야기인지 추측해보도록 한다. 이때 사전에 알아야 할 지식들이 있다면 먼저 얘기해주는 것이 좋다. 책을 읽으면서는 간단히 사건의 흐름을 짚어보는 것이 효과적인 질문이 될 수 있다. 다 읽고 난 뒤에는 앞서 정리한 다양한 질문들과 함께 아이의 실생활과 연관되는 질문, 이전에 읽은 책과 연관시켜 보는 질문을 하는 것이 좋다. 《신데렐라》 이야기라면 《콩쥐 팥쥐》와 비교해보는 것도 좋겠다.

2. 현장학습의 기회를 자주 만든다

뉴욕의 현대 미술관인 MoMA를 관람했을 때의 일이다. 행여 준경이가 지루해하면 비싼 입장료를 버릴까 노심초사했던 아줌마 근성에, 초입에 있던 손바닥만한 작품 〈City Square(광장)〉를 보고 일단 바람을 잡았다.

"준경아, 여기 사람들이 걸어가네. 사람들이 어디 있는 것 같아?"

두리번두리번 미술관을 둘러보며 도대체 여기가 뭐하는 데야 하는 표정으로 영 관심 없던 아이가 열심히 조각을 들여다보고는 말한다.

"엄마, 여기 이 사람은 서 있다."

하도 작아 어른들도 보지 못한 걸 본 준경이! 순간 깜짝 놀랐다. 작은 발견이지만 아이는 흥미를 가지기 시작했다. 그때부터 추상화들을 보고는 무엇일까 맞춰보는 놀이를 하며 갤러리를 걸어 다녔다.

흔히 박물관이나 동물원에 가는 것, 현장학습 프로그램 등에 참여하는 것 자체가 어떻게든 학교 공부에 도움이 될 것으로 생각한다. 또한 무조건 많이 경험하는 것이 좋다고도 한다. 물론 가보지 않는 것, 해보지 않는 것보다는 낫겠지만 단순히 '경험'만을 주는 건 충분하지 않다. 경험을 하기 전에 '목적'을 주어야 아이의 저장 능력이 극대화되기 때문이다. 특히 어떤 일에 바로 반응이 일어날 때, 또한 자신이 어떤 일을 성공적으로 하지 못하거나 실수를 했을 경우에는 '왜 그런 일이 일어났으며, 어떻게 했으면 다른 결과가 나타날 수도 있었을 것인가' 하는 생각을 밖으로 이야기하는 습관을 들이는 것이 중요하다. 정리를 해보면 다음과 같다.

① 경험 자체는 충분치 않다.
② 경험을 하기 전에 목표를 정해주어야 한다.
③ 즉각적인 반응과 행동에 관한 원인과 개선 방법을 이야기
하게 한다.

④ 이전의 경험에서 얻은 것을 적용할 수 있는 기회를 충분히
만들어준다.

가족 단위의 여행이 많아지고 있다. 어릴 때부터 외국을 여행
하는 일도 많다. 테마 같은 것을 정해 여행을 한다면 그 자체로
목표를 주는 셈이고, 여행 전에 인터넷이나 책을 통해 사전 학습
을 하고 간다면 더욱 좋다. 그날의 일들을 정리하거나 되돌아보
며 이야기를 나누고, 집에 돌아와서는 여행에서 배운 것을 적용
할 수 있는 작은 프로젝트나 책 읽기 같은 연계 학습을 꼭 하도
록 지도한다. 배운 것들을 실제로 활용하는 경험을 해본다면, 아
이들은 열 가지를 보면 열 가지 모두 자기 것으로 만드는 방법을
저절로 터득하게 된다.

3. 지식을 확장시키는 스케폴딩 질문법

부모가 던지는 질문은 작게는 아이에게 생각의 기회를 주고, 크
게는 아이의 사고력과 인지 능력 및 적성 계발 등 모든 면에 연관
이 있다. 한창 말을 배우는 아이에게 "자, 먹어" 하며 떡을 주는
것과 "노란색을 먹을까, 분홍색을 먹을까?" 하며 떡을 건네는 것
에는 분명 차이가 있다. 어쩌다 만나는 사람이 한 번쯤 묻는 것이
라면 이야기가 다르겠지만, 아이와 늘 함께하는 엄마의 대화 방

식이 이렇게 차이가 난다면 아이가 배울 수 있는 부분도 분명 다를 것이다. 이러한 질문식 교육은 학교 공부와도 큰 연관이 있다.

미국의 학교에서 한국 학생들이 가장 어려워하는 부분도 이 질문식 수업이다. 미국 수업의 경우, 답을 바로 이야기해주기보다는 일단 질문을 던져서 이야기를 유도해간다. 한국 학생들이라면 '아이, 그냥 좀 말해주고 말지' 하고 속으로 투덜거릴 일이 하루에도 수도 없이 반복된다. 어쩌다 용기를 내서 수업 시간에 질문을 해도 돌아오는 것은 답이 아니다. 선생님은 그 질문을 다시 학생에게 던져 "What do you think?(네 생각은 어떤데?)" 한다든지 "Can anybody answer to this question?(누가 이 질문에 답해보겠니?)" 하며 바로 전체 토론에 붙여버린다.

강의식 수업에 익숙한 학생들은 미칠 노릇이다. 게다가 학생들 간에 오가는 질문과 대답이라는 것이 대단할 리 없다. 자신의 사소한 경험에서부터 정답이라고는 할 수 없는 이야기들이 계속 오간다. 비싼 등록금 내고 시간만 아깝다는 생각이 분명 든다. 하지만 오가는 질문과 대답들 속에서 미국의 수업 시간은 학생을 끊임없이 생각하도록 만든다. 생각하지 않으면 벙어리로 하루 종일 앉아 있을 수밖에 없다. 수줍은 성격이라 발표는 못해도 머릿속 생각은 수업의 흐름을 따라 멈추지 않고 흘러간다. 따라서 질문을 받고, 그에 맞는 생각을 엮어내고, 나아가서는 말로 표현하는 것이 어려서부터 훈련되면 학교에서도 잘 할 수밖에 없다.

질문법은 사고의 폭을 넓혀가며, 배우고자 하는 동기를 주는 데 효과적이기 때문에 아주 오랜 옛날부터 교육의 한 방법으로 활용되어 왔다. 그 중 한 가지가 우리가 잘 아는 '소크라테스 질문법'이다. 추궁을 하듯이 학생을 몰아가며 지식을 깊이 있게 파 내려가는 식이 소크라테스 질문법이라면, 반대로 건물을 세우듯 지식을 쌓아올려 과제를 해결하는 방식이 '스케폴딩Scaffolding 질문법'이다. 건설 중인 건물 아래를 지나가다 보면 건물 외벽에 얼기설기 임시로 만든 구조물이 눈에 띈다. 그것이 스케폴딩이다. 인부들이 그 위에 서서 벽돌도 붙이고 칠도 하며 건물을 완성해가듯, 문제의 핵심에 접근하기 위해 주변에 깔아주는 자료들을 교육학에서는 '스케폴딩'이라고 한다. 답을 일러주기보다는 답을 얻기 위한 일종의 힌트를 질문을 통해 주는 것인데, 생활의 어느 부분에서나 이루어질 수 있다.

예를 들어 박물관이나 책에서 고인돌 사진을 보면서 "고인돌은 청동기 시대 족장의 무덤이다"를 밑줄 치고 외우는 것과 질문을 통해 그 의미를 되새기는 것의 차이를 보자.

"이 돌들은 꽝장히 크고 무거워 보인다. 도대체 어떻게 옮겼을까?"

"한두 명의 힘만으로는 어려웠겠지? 신석기 시대에는 없던 이런 무덤이 청동기 시대에 생겼다면 어떤 의미가 있는 걸까?"

"기계도 없이 이렇게 큰 돌을 옮기려면 사람이 다치기도 하고 죽을 수도 있었겠다. 누군가 이런 돌을 옮기라고 말하고 많은 사람이 그 명령을 따랐다면, 그 사람은 큰 권력을 가진 사람이 아닐까?"

"그렇다면 뿔뿔이 흩어져 살던 신석기 시대보다는 분명이 큰 권력이 생겼다는 의미겠지? 이 말은 자연히 더 많은 사람이 모여 사회를 이루었다는 이야기일 테고?"

이렇게 질문을 이어가면 '청동기=고인돌' 식의 의미 없는 암기에서 벗어나 청동기 시대에 부족을 중심으로 한 정치적 사회가 형성되었다는 것, 나아가 국가 형성의 기반이 싹텄다는 것까지 관련한 넓은 시각을 가질 수 있다. 당연히 외웠다가 돌아서면 잊어버리는 일도 없다.

좋은 질문을 생각해내는 것도 쉬운 일은 아니지만, 부모가 이런 과정을 생활화하는 것은 참 번거로운 일이다. 일단 답을 알려주어 외우게 하는 것보다 시간이 많이 걸리고, 원하는 방향으로 아이가 따라오지 않고 엉뚱한 대답을 해대기 시작하면 좌절도 경험하게 된다. 하지만 잘 이루어졌을 때의 효과가 참으로 달다. 일단 아이가 질문을 통해 생각을 발전시켜 답까지 이르는 과정이 반복되면 자연히 사고력이 향상되고, 습관으로 자리 잡으면 스스로 문제를 공격하는 능력이 생긴다. 주어진 답을 달달 외우는 학생과는 비교할 수 없는 성과를 가져온다.

이런 의미에서 볼 때 안젤리 엄마의 끊임없는 질문은 아이들의 뛰어난 학업 능력과 무관하지 않다. 유치원이나 초등생 자녀를 둔 엄마들이 가장 많이 하는 질문이 "선생님, 어떤 책이 좋은 가요?"이다. 물론 문제집이든 동화책이든 좋은 책을 고르는 것은 중요하다. 하지만 여전히 부모의 좋은 질문이 아이의 생각에 불을 켠다는 믿음에는 변함이 없다. 열 권의 양서라도 소리 내어 읽어 넘긴 것에 불과하다면, 엄마와 함께 한 권을 읽은 것만 못하다.

스케폴딩 질문법의 핵심은 당연한 말 같지만 '반복'이 아닌 '질문'을 하는 데 있다. 예를 들어 책을 읽다가 '망아지'라는 단어가 나왔다고 하자. 이 단어가 낯선 아이는 "뭐라고요?" 하고 묻는다. 그때 "망! 아! 지!"라고 천천히 다시 말해주는 것은 효과가 없다. 그림에 망아지가 있다면 "여기 이 말 보이지? 옆에 있는 다른 말들보다 키가 어때? 작니 크니?"라는 식으로 이어가거나, 그림이 없다면 "엄마 개가 새끼를 낳으면 우리가 뭐라고 부르지? 강아지라고 하지? 강아지처럼 아기 말한테도 이름이 따로 있단다." 하고 유도해간다.

두세 단계의 질문을 거치는 동안 아이가 생각을 하도록 기다리는 것이 바로 스케폴딩 질문법이다. 따라서 스케폴딩 질문에는 시간과 인내가 필수적이며, 아이의 수준을 정확히 알고 있을 필요가 있다. 그에 따라 질문의 수위를 조절해줄 수 있기 때문이다. 이는 아이를 잘 알고 아이에 대한 애정이 있는 부모만큼 질문을 잘 할 수 있는 사람은 없다는 뜻이기도 하다.

전문 커리어와 진로 코칭을 강조하는 웨인 아빠

—— 경제 교육부터 진로 지도까지 효용성을 강조하는
'실용주의 학습법'

중국인 특유의 실용주의가 녹아 있는 교육으로 아들 웨인이 어린 시절 꿈을 이뤄 미항공우주국(NASA)에 일할 수 있도록 키운 웨인의 아버지. 헌신적인 뒷받침으로 이민 2세의 자녀가 미국의 주류사회로 들어갈 수 있도록 이끌었다. 교육열이라면 미국에서도 알아주는 중국 부모들의 모습은 우리의 그것과 아주 많이 닮아 있지만 그 속에는 차이가 분명 존재한다. 그 작은 차이가 어떤 다른 결과를 가져올 수 있는지 생생한 이야기를 들어보자.

어릴 때부터 전문성에 대한
마인드를 심어주자

　미국에서 가장 교육열 높기로 이름난 민족은 인도와 중국을 꼽을 수 있다. 물론 우리 한국인들의 교육열도 높긴 하지만 일단 수적으로 그들에 미치지 못하는 데다, 그 '극성'의 목적이나 양상에서도 근본적으로 큰 차이가 있기 때문이다. "인도 아이들에게는 의사와 엔지니어 단 두 가지 길이 있을 뿐이다"라는 말이나, 아이비리그 대학원에서 심리학이나 사회학 등을 전공하는 학생들에게 "What a shame!(정말 수치스런 일이군!)"이라고 표현하는 중국 부모들의 성향이 그 차이를 극단적으로 보여준다.

　다시 말해서 어느 과를 선택하든 서울대만 가면 되고, 졸업해서 어떤 직업을 갖든 일단 아이비리그만 들어가면 된다고 여기는 우리나라 부모들과는 그 빡빡함의 강도가 비교도 안 된다.* 그 중에서도 중국 부모들은 시작부터 끝까지 'practical! practical! practical!(실용! 실용! 실용!)'을 외칠 정도로 무조건 실용적인 전공을 택하도록 한다. 미국 대학들은 보통 2학년 2학기에 전공을 정하는데, 이렇게 전공을 선택하는 시기가 되거나 혹은 대학원과 박사과정을 진학할 때 돈이 안 되는 순수 학문을 선택하는 중국인들은 거의 없다시피 하다. 여기에는 중국 부모들의 입김이 크게 작용하는 것이 사실이다.

미국 내 'AZN'이라는 아시아 교민Asian American 방송 네트워크가 있다. 그곳 방송 프로그램 중 〈Ivy Dreams〉에는 좋은 대학을 열망하는 인도, 중국, 베트남 학생들이 자주 출연한다. 학생들의 실제 생활을 보여주는 리얼리티 프로그램이라 성적표를 받아들고 할 소리 못할 소리 다 하는 부모들의 모습도 여과 없이 방송되는데, 이 중 가장 많이 등장하는 학생이 중국계 학생이다. 상당히 높은 SAT 점수로도 만족하지 못하고 계속 채찍질을 하며, 아이비리그 대학이 아니면 대학이 아닌 것으로 여기는 사람이 바로 중국 부모들이다.

중국인 특유의 실용주의 때문일까? 웨인 부모님의 논리는 간단하다. 어차피 돈을 들여 공부할 거라면 돈을 잘 벌고 좋은 직장을 구할 수 있는 공부

> **★TIP**
>
> **한인 학생들, 미 명문대 중퇴율 44%**
> 2008년 한 논문에 발표되었던 이 숫자는 우리나라 사람들에게 충격을 주었다. 미국 아이비리그를 비롯한 14개 명문대학을 대상으로 1985년부터 2007년까지의 한인 입학생을 연구한 결과, 이 중 절반이 조금 넘는 54%의 학생만이 실제로 대학을 졸업했다는 것이다. 학벌과 간판을 중요시하는 우리나라의 교육이 낳은 결과라는 비판이 빗발쳤다. 유대인 중퇴율은 12.5%, 인도인은 21.5%, 중국인은 25%였던 것에 비해 상당히 높은 수치이기 때문이다.

를 해야 한다는 것이다. 좋은 대학에서 그런 전공을 선택해 공부하는 자식이라면 기꺼이 내 몫의 즐거움을 희생해 학비를 대주마하는 것이다. 이는 미국이라는 나라에서 소수 민족으로 살아오며 몸소 느낀 한계랄까 고통을 자식들에게 대물림하고 싶지 않은 열망에서 비롯한다.

답이 보이는 길이 있다면 그리로 보내고 싶은 게 부모 마음이지만, 아직 학교 울타리 안에 있는 중국계 10대 아이들이 부모의 마음을 이해하기는 쉽지 않다. 미국 아이들이 집에서 가지는 의사 결정 과정을 알고 있으니 더 그렇다. 부모가 자신들의 몫을 희생해가며 자식들을 위해 사는 것도 10대의 아이들에겐 고마운 일이 아니다. 남들에게 자랑하기 위해, 체면을 세우기 위해 자신들이 '수단'으로 이용된다고 생각하기가 십상이다.

그럼에도 많은 중국계 2세, 3세가 부모의 가치를 따라 실용적인 전공을 택하고, 그 힘으로 미국의 주류 사회를 향해 무섭게 돌진한다. 좋은 간판을 걸고 다시 한국으로 돌아오는 한인 유학생들과 조금은 다른 모습이다.

웨인은 중국계 미국인으로 현재 미국 최고의 직장 중 하나인 NASA에서 근무하고 있다. 개인적으로는 나의 가장 친한 미국인 친구 제니퍼의 남편이니, 인터뷰를 해주신 웨인의 부모님은 친구의 시부모님이 되는 셈이다. 우리나라 연세 지긋하신 부모님들이 대부분 그렇듯이 웨인의 부모님도 수재인 아들 사랑이 유별나고,

백인 며느리를 보셔서 다소 서운해 하는 분들이지만 오랜 미국 생활에 중국인 특유의 가치가 더해져 매우 합리적인 분들이다.

하지만 제니퍼는 그런 시부모님이 가끔은 이해가 안 된다고 했다. 아들의 대학 학비를 모두 대주고, 집을 구할 때 다운페이먼트down payment : 미국에서 장기 모기지로 집을 구입할 때 집값의 일부를 먼저 내는 것를 해주고, 생일이면 자식이 갖고 싶어 하는 비싼 선물을 사주는, '이상한' 분들이기 때문이다. 덕분에 또래의 다른 친구들처럼 학자금 융자 밀린 것을 갚느라, 비싼 모기지 내느라 허덕이며 살지 않아서 좋기는 하다지만, 그분들의 가치관에 동조는 못 한다고 했다.

중국의 부모들도 우리나라 부모들과 마찬가지로 내 한 몸 덜 호강하고 그저 자식 잘 키우는 데 일생의 가치를 두는지라, 우리네 기준으로 본다면 그리 어색한 일은 아니다. 다만 한 가지 새로웠던 점은 중국 열성 부모들 특유의 실용주의 교육이다. 내가 남편이 존스 홉킨스 대학원에서 문과 쪽을 전공한다고 하자 바로 "Shame on your family(집안의 수치)"라고 한 것도, 당신들의 딸이 토머스 제퍼슨 과학고등학교를 포기했던 것과 뉴욕에서 배우 지망생 생활을 하고 있는 것을 도대체 이해할 수 없는 일로 여기는 것도 실용주의 정신에서 비롯한다.

친구의 시부모님이라 다소 긴장되는 면도 있었지만, 그분들을 통해 전형적인 중국 열성 부모들의 교육관을 엿볼 수 있어 좋았다. 당신들의 교육관을 잘 이해해드리니 장단에 흥이 겨워 두 분은 서로 티격태격하실 만큼 마음속 얘기를 풀어내 주셨다. "Who knows what's best?(뭐가 최선인지 누가 알겠어요?)"라는 표현을 입에 달고 살지만, 흔들리지 않는 원칙으로 아들을 키워내고, 꿈을 이룬 사람으로 만든 그분들의 이야기를 들어본다.

"전문 커리어와 진로 코칭을 강조하는
웨인 아버지의
실용주의 교육법"

일류가 되기
위한 미국행 　저는 1943년 일본에서 태어나 대만에서 자랐습니다. 학부에서 도시공학으로 학위를 받고 난 뒤 미국에 가야겠다고 생각했죠. 당시 대만 분위기상 상류층이 되기 위해선 미국으로 가는 것이 당연시되었기 때문에 저희도 미국행을 선택했어요. 좋은 교육을 받은 사람들이 좋은 직장을 잡는 게 당연했고, 그런 이유로 당시 많은 사람이 이곳에 와서 정착해 살기를 원했죠. 제가 미국에서 계속 살아야겠다고 결심했던 건 아니지만, 여하튼 대학 졸업 후 1년 동안 의무 군복무를 마치고 미국 대학 지원을 준비하기 시작했습니다.

　워싱턴 주립대에서 장학금을 지원해주어 처음엔 그곳에서 살았죠. 도시공학 전공으로 2년간의 석사과정을 마치고 노스캐롤라이나 주립대로 옮겨 박사과정을 했어요. 실내 공기의 오염을 연구하는 분야였는데, 재정 지원이 많이 되어서 그쪽으로 선택했죠. 두 아이도 노스캐롤라이나 채플힐에서 태어났어요.

채플힐은 대학 도시인데, 특히 아시아계가 많았습니다. 대만에서 온 유학생들은 물론이고 한국, 필리핀, 일본 등에서 온 유학생이 많았죠. 워싱턴 주립대도 마찬가지였어요. 인도와 파키스탄학생도 꽤 많았어요.

최고가 되기 위해
늘 최선을 다하는 웨인
학위를 받고 처음엔 노스캐롤라이나에서 직장을 구했는데, 3년 뒤쯤 워싱턴 D.C.에 새 직장을 얻고부터 줄곧 여기서 살고 있습니다. 우리가 처음 여기에 왔을 때 웨인이 초등학교 1학년이었고, 주디는 프리스쿨도 안 갔을 때였죠.

요즘과 다르게 예전엔 다들 프리스쿨을 보내는 분위기가 아니었다고 하지만, 그 당시에도 이 지역 아이들은 대부분 사립 프리스쿨에 다녔어요. 우리가 살던 아파트의 아이들도 사립 프리스쿨에 많이 다녔는데, 주디도 유치원 가기 전에 사립 프리스쿨에 다녔습니다. 웨인이 중학교 들어갈 무렵엔 대부분의 아시아계 부모가 그러는 것처럼 저희도 학교를 좋은 곳으로 보내기 위해 우드슨 고등학교Woodson Highschool가 있는 지역으로 이사를 했습니다.[*] 웨인이 토머스 제퍼슨 과학고등학교에 합격해서 결국 고등학교는 그곳으로 다녔지만요. 주디도 토머스 제퍼슨 과학고등학교에 합격했지만, 아이가 그곳에 가고 싶어 하지 않았어요. 적성이 아니었던 모양이에요. 웨인은 수학이나 과학 쪽으로 적성이 있었는데 주디는 달랐죠. 수학을 싫어했어요. 물론 저야 아이 모두 그쪽으로 나가길 바랐지만요. 둘은 어려서부터 참 달랐어요. 초등학교 때 선생님들이 "아, 네가 웨인 동생이구나" 하고는 꼭 뒤에 "그런데…" 하는 말을 붙였을 정도니까요.

웨인은 늘 좋은 점수를 받기 위해 최선을 다했고, 성적이 좋지 않을 땐 스스로 실망하면서 힘들어했어요. 아이들은 매주 토요일 두 시간씩 중국어 학교에도 다녔는데, 둘 다 그리 좋아하진 않았어요. 그래도 웨인은 열심히 했어요. 웨인은 늘 최고가 되고 싶어했지만, 그곳에서는 다른 학년 아이들과 함께 공부했기 때문에 그러기가 쉽지 않았어요. 똑같은 환경에서 웨인은 그런 곳에 마음을 쓴 반면, 주디는 공부에 별로 신경 쓰지 않았던 것 같아요.

주디는 사람들 만나는 것을 참 좋아했어요. 하지만 웨인은 똑똑한 아이들 몇몇과 어울렸죠. 웨인은 고등학교 때도 친구가 많은 편은 아니었고, 단지 몇 명의 친구하고만 친하게 지냈어요. 학교 신문을 만드는 클럽에서 활동했는데, 학교 안의 뉴스 주제들에 대해 토론하는 모임에 꽤 열심히 참여했어요. 그때 웨인은 컴퓨터를 잘했기 때문에 그곳 모임에서도 그

★TIP

학군에 따라 집값이 다른 건 미국도 마찬가지 우리나라의 경우 하나의 학군 안에 여러 학교가 있어 아무리 이사를 해도 특정 학교에 100퍼센트 배정받을 수는 없다. 하지만 미국의 경우 집 주소마다 배정된 초·중·고가 있어 이사하기 전 이를 확인할 수 있다. 때문에 한 동네라도 배정되는 학교에 따라 집값이 차이가 나는 것은 어쩔 수 없다. 가령 아난데일 지역에서는 우드슨 고등학교가 최고의 학교로 꼽히기 때문에 한국, 중국 등 이민자들에게 인기가 높다.

런 쪽으로 도움을 주었고요.

주디는 연기하는 것을 좋아했어요. 그래서 연극 모임 같은 곳에 참여하려고 했죠. 우리 부부는 아이들이 보이스카우트나 걸스카우트 활동에 참여하도록 권장했어요. 웨인은 캠핑을 좋아했기 때문에 꽤 열심히 했는데, 결국 이글스카우트Eagle Scout:21개 이상의 공훈 배지를 받은 보이스카우트 단원가 되지는 못했어요. 이글스카우트가 되려면 상당 부분의 사회 활동에 참가해야 하는데, 웨인은 당시 대학을 가기 위한 준비 중이라 시간이 많이 부족했거든요. 사실 우리는 애들에게 뭘 해야 한다고 직접적으로 강요하진 않았어요. 애들은 자기가 해야 할 일을 알아서 했고, 어떤 문제를 일으키거나 하지도 않았죠.

중국 부모들의
자녀에 대한 기대
중국은 남아선호 사상이 심한 곳이에요. 그러고 보니 우리 부부도 은연중에 그런 차별적인 생각을 가지고 있었던 것 같아요. 아들에게 거는 기대와 딸에 대해 거는 기대가 확실히 달랐어요. 우리의 차별적인 기대가 현재 아이들의 진로와도 연관이 있는지 모르겠고요.

저는 늘 아이들이 감당할 수 있는 범위 내에서 격려했다고 생각하는데, 애들 엄마 말로는 제가 주디에게 자주 "아빠 화났다. 넌 좀 더 열심히 해야 해." 그랬다고 하는군요. 제가 엔지니어이자 과학자였기에 주디에게 열심히 수학을 가르쳤고, 주디에게 능력이 있는 걸 알았기 때문에 기다리기가 쉽지 않았어요. 많은 아시아계 부모가 자신이 원하는 바를 자식들에게 강요한다는 걸 알고 있습니다. 저는 그것이 옳지 않다고 생각했기 때문에 아이들에게 그러지 않으려고 노력했죠.

전 아이들이 하고 싶은 것을 하면서 행복해하고, 그걸 위해 노력하면 그만이라고 생각했습니다. 수학에서 0점을 받든 100점을 받든 문제가 되지 않았죠. 많은 중국 부모가 아이들을 '구몬' 같은 학원에 보냈지만, 저는 시간 낭비라고 생각했어요. 그저 좀 일찍 배우는 것일 뿐, 큰 의미가 있다고 생각하지 않았죠. 그렇다고 무조건 아이들 편한 대로, 좋아하는 대로 따라주어야 한다는 의미는 아니에요. 지금도 왜 어렸을 때 중국어를 가르쳐주지 않았냐고 불평하는 주디를 보면, 아이들 의사만 따르는 게 능사는 아닌 것 같아요. 중국어를 할 줄 안다는 게 얼마나 큰 재산인지 크고 나서야 알게 된 거니까요.

우리 아이들은 둘 다 피아노를 했어요. 웨인은 뭐가 되었든 일단 시작만 하면 열심히 하고 빨리 배우는 편이라서 피아노도 웨인이 더 잘했어요. 미국 아이들이 음악 레슨이나 댄스 클래스에 가는 걸 알고 있었기 때문에 저도 음악이든 그림이든 필요하다면 다 가르쳐야겠다고 생각했어요. 하지만 발레의 경우 꼭 필요하다고 생각하지는 않았어요. 그래서 주디도 중학교 때 한 2~3년 배운 게 다였죠. 그때 주디가 발레를 제대로 배워두었다면 지금 연기 공부를 하는 데 큰 도움이 됐을 테지만, 아이가 그쪽으로 진로를 정할지 제가 어떻게 알았겠어요.

어쩌면 저 역시 다른 보통의 중국 부모들처럼 성공에 대해 잘못 생각하고 있었을 수도 있어요. 예를 들어 의사나 변호사, 엔지니어가 되어야 성공한 것이라는 생각을 하고 있었는지도 모르겠어요. 그렇지만 어느 부모나 그런 실수를 할 수는 있죠. 딸아이가 연기를 한다고 했을 때 반대를 한 건 오히려 아이들 엄마였어요. 중국 사람들은 돈 잘 버는 직업이 성공한 직업이라고 생각하는 경향이 강하니까요. 저는 자기가 재능 있는 분야의 일을 해야 한다는 데는 동의해요. 잘하지 않는 걸 강요한다고 해서 좋아지는 건 아니거든요.

중국 교포 사회도 한인 사회와 마찬가지로 누구네 집 아이가 어느 학교에 갔고, 어떤 직장을 가졌고, 돈은 얼마나 버는지 등에 관심이 많아요. 누구 아들은 의사이고, 누구네는 변호사이고…. 주디가 연기를 한다고 했을 때 중국 친구들은 당연히 안 되는 일이라고 했죠. 수입이 보장되는 안정적인 직장이 아니니까요.

중국 부모들은 아이의 성적이 좋지 않으면 장래에 대해 많이들 걱정하죠. 아시아계 부모들은 대개 비슷한 것 같아요. 아이가 영공부를 못하는데 그걸 아무렇지 않게 받아들일 수 있는 부모는 없을 거예요. 바로 이 점이 중국계 부모들과 백인 부모들 사이의 근본적인 차이점이라고 할까요? 중국 부모들은 아이들 교육에 관한 한 스트레스를 굉장히 많이 받아요. 보통 백인 부모들은 만일 아이가 대학에 가고 싶지 않다고 하면 그걸 그대로 받아들이지만 중국 부모들은 어림도 없어요. 백인 부모들은 아이가 뭘 하든 자랑스러워하며, 아이가 원하는 일을 하면서 행복해한다면 꼭 대학에 갈 필요는 없다고 말해요. 그렇지만 중국 부모들은 아이가 좋은 대학에 가지 못하는 걸 집안의 수치로 여기죠. 그렇기 때문에 어쩔 수 없이 아이들에게 스트레스를 주게 되고요. 만약 제 아이들이 대학을 가지 않겠다고 하거나 커뮤니티 칼리지에 가겠다고 했다면 제 기분이 어땠을지는 장담할 수 없어요. 제 동생의 경우도 딸이 캘리포니아 주립대에 들어가기 위해 커뮤니티 칼리지를 몇 년 다녔는데, 아이가 정규 대학에 들어가고 나서야 딸이 자랑스럽다고 했어요. 그제야 "우리 딸 캘리포니아 주립대에 다녀."라고 말할 수 있게 된 거죠.

기대가 다른 만큼 아이들에게 해주는 것에도 차이가 있어요. 우리는 아이들에게 대학 학비를 다 대줬어요. 4년 동안 학비며 생활비 모두 대줬죠. 많은 아시아계 부모가 그렇게들 하고 있을 거예요. 그게 부모 자신이 살아가는 이유이기도 하고 의무라고 생각하니까요. 어떤 사람들은 아이가 좋은 대학에 들어가서 그 학비 대주는 걸 기쁨이라고 생각하기도 하죠. 하지만 웨인과 주디의 백인 친구들은 대부분 학자금 융자를 받아 학교를 다녔어요. 잘사는 백인 부모들도 아이들 학자금을 다 대주는 사람은 거의 없으니까요.

그런 교육의 결과로 독립심이 강해지기는 하지만, 학교 졸업하고 직장에서 힘들게 일해도 학자금 대출 상환하고 주택 융자금을 갚고 나면 아무것도 남는 게 없어서 힘든 생활을 하죠. 어느 것이 좋다거나 나쁘다기보다는 백인들과 아시아계 부모들의 가치관 차이라고 생각해요. 백인들은 항상 미래에 대해 확신을 가지고 있고 현재의 돈을 두려움 없이 쓰지만, 우리는 미래를 위해 항상 저축을 하죠. 어느 것이 맞는지는 저도 잘 모르겠습니다.

돌이켜볼 때 저도 젊었을 때 여행을 많이 다닐 걸 하고 후회하기도 해요. 애들 엄마는 우리한테 그런 여력이 없었다고 말하지만, 그거야 관점의 차이죠. 우리도 남들처럼 그렇게 할 수 있었어요. 다만 그렇게 하지 않았을 뿐이죠. 결국 자기가 자라온 환경 안에서 판단 기준이 생기는 거겠죠. 대만과 일본 등 많은 아시아 부모가 그렇게 살아왔고, 특히 저희 부모님의 경우 전쟁을 겪었기 때문에 그 무서움을 알고 어려운 시기에 저축의 중요성을 절감하셨죠. 그래서 자식들을 위해 돈을 저축하려고 기꺼이 누추한 옷을 입으셨고요.

자녀의
진로 코칭 웨인은 어려서부터 우주선에 관심이 많았어요. 보통 남자애들이 다 그렇겠지만 자동차나 비행기 같은 걸 무척 좋아했고, 늘 우주 비행사가 되고 싶다고 했죠. 결국 기계공학^{Mechanical} ^{Engineering} 쪽으로 전공을 정했고, 우리의 기대와도 크게 벗어나지 않아서 부모로서 좋았죠. 늘 공부하는 자세도 올바르고, 더욱이 제가 전공한 분야와 비슷하니 조언해주기도 어렵지 않았어요.

반면 주디가 잘하고 좋아하는 분야의 경우, 우리가 잘 알지 못할뿐더러 이해하기도 어려우니 어떻게 도와주어야 할지 감을 잡을 수가 없었어요. 연기 쪽으로도 석사과정이 있다는 걸 알고는 무척 놀랐을 정도니 말이죠. 내 친구 하나도 피아노에 박사과정이 있다는 걸 알고 깜짝 놀랐죠. 우린 그런 세대예요. 하지만 어떤 부모라 해도 자식이 하고 싶다는 분야를 모두 속속들이 알고 있는 건 불가능하다고 생각해요. 좋다니 그저 잘하길 바랄 뿐이죠. 어쩌겠어요. 내가 아는 분야가 아니니 구체적으로 조언해줄 수도 없고….

우리 집안의 조카들도 미국에서 공부한 경우가 많아요. 모두 공부 마치고 대만으로 돌아갔지만요. 우리 형네도 아들 하나, 딸 하나인데 딸아이가 꼭 우리 주디 같아요. 수학이나 과학엔 영 소질이 없었죠. 그런데 피아노를 잘 쳤어요. 대만에서는 대학에 가려면 입학시험을 봐야 하는데 수학을 못하면 좋은 대학을 가기가 힘들어요. 아무리 피아노를 잘 쳐도 말이죠.

그래서 결국 고등학교 때 아이를 매사추세츠에 있는 뮤직 스쿨로 유학을 보냈어요. 한국에도 그런 아이가 많은 걸로 알아요. 그런 점에서는 참 비슷하죠. 거기서 2년 다니고 줄리어드 음대로 진학했어요. 부모가 무척 자랑스러워했죠. 음악 쪽으로는 최고의 학교이니까요. 피아노로 석사를 하고 컬럼비아 대학의 교육학 프로그램도 이수했어요.

지금은 뉴욕에 살면서 사립 피아노 학원에 나가고 있어요. 아시아권에서 온 아이들을 가르치는데, 영주권이 없으니 제대로 된 직장을 잡을 수가 없고, 그렇다 보니 고용하는 학원에서는 그걸 빌미로 폭리를 취하는 모양이에요. 보수도 매우 짜고요. 공대 같은 곳이야 졸업하고 나면 영주권 스폰서해주는 곳이 널렸지만, 누가 피아노 전공한 사람한테 영주권을 스폰서 해주겠어요. 베네핏benefits:직원 복지 및 보험도 없는 곳에서 일하려니 힘든 모양이에요. 물론 큰 규모의 오케스트라 같은 데서 활동도 하지만, 그것으론 생활이 안 되니까요. 정규 교사직을 얻기도 거의 힘들고…. 여하튼 아이들 레슨해주면서 힘든 생활을 하고 있어요.

또 한 조카는 조지타운 대학에서 생화학 쪽을 전공했어요. 펜실베이니아 주립대에서 박사과정을 시작했는데, 친구도 없고 아는 사람도 없는 펜실베이니아의 시골 마을에서 적응을 못하고는 대만으로 돌아갔어요. 영주권 없이는 아무래도 좋은 직장에서 일하기도 힘들고 하니까요. 미국 사람들이 별로 없는 분야나 첨단 과학 분야에서 일하면 회사에서 스폰서에 비용까지 다 대주고 영주권 수속을 해주면서까지 고용을 하지만, 그런 경우가 아니라면 사실 많이 힘들죠. 9.11 사건 이후로는 더 힘들어졌고요.

　이곳에서 교육시키고 싶어 하는 부모들의 마음은 충분히 이해해요. 미국의 교육이 100퍼센트 만족스러운 건 아니지만 의견을 존중해주고 개인의 아이디어를 발전시키도록 이끌어주는 점은 참 좋다고 생각해요. 아시아에서는 보기 힘든 부분이니까요. 우리야 "이건 이렇다. 외워라" 하면 그걸 공부하는 문화잖아요. 하지만 일반적으로 미국 아이들은 지리나 세계사, 심지어 자기네 역사에 대해서조차도 너무 아는 게 없어요. 아마 대만 아이들이 미국 역사에 대해 더 많이 알걸요.

철저한 계획을 바탕으로 하는
실용주의 교육　이젠 대만에서 살았던 시간보다 훨씬 더 긴 시간을 여기서 산 셈이네요. 돌아간다 한들 내가 기억하는 그 나라가 아닐 거고요. 꼭 그래야 하는 사정이 있다면 모르지만, 선택을 할 수 있었으니 이곳을 선택한 거죠. 한국 사람들은 여기 살면서 시민권을 얻어도 자신이 미국인이 되었다는 생각은 안 하는 것 같아요. 음식이나 문화나 모든 걸 그대로 유지하고 살더라고요. 우리도 우리 음식을 해먹고 우리말이 더 편하긴 하지만 '여기가 내 살 곳이다' 이런 생각은 가지고 있어요.

　우리 세대 중 대만에서 온 사람들은 유학생이 많았는데, 특히 상류층과 지식층에 속하는 사람들이었죠. 사업 등으로 이민 온 경우보다는요. 저보다 윗세대들은 돌아가고 싶어 하는 분이 많아요. 하지만 점점 세대가 내려오면서 생각도 달라지죠. 아무래도 언어의 벽이 낮아지니 그런 것 아닐까요? 어울리는 모양새도 참 다르죠. 사업하시는 분들은 그분들끼리, 저희처럼 유학 와서 여기서 직장생활을 하며 자리 잡은 사람들은 또 그런 사람들끼리 어울리는 거죠.

하지만 부모가 어떤 이유로 왔든, 어떤 배경을 가졌든 자식의 교육에 대해 거는 기대는 모두가 한결같아요. 그 때문인지 아이들도 부모가 어떤 사회적 배경을 가지고 있든 기대치에 맞추어 잘 해주고 있고요. 오히려 부모가 힘들게 일할수록 자녀들에게 가지는 기대는 더 높아지고, 아이들에게 더 많은 투자를 하게 되죠. 아이의 성적이 부모에겐 고생의 보상이 되는 셈이니까요. 부모의 가게에서 일을 도우면서 공부도 잘하는 아이들이 있어요. 대단한 아이들이죠. 제가 아는 요리사 한 분은 영어를 한 마디도 못하는데 아이는 의대에 진학했어요. 성공한 아이가 많아요. 물론 여기서 성공이라는 건 좋은 대학에 가고 의사나 변호사가 되는 것을 말하지만요.

우린 웨인을 하버드나 MIT에 보내고 싶었어요. 자기가 미시간 대학을 가고 싶다기에 처음엔 반대하다가 결국 허락했죠. 우린 우리 나름대로 계산이 있었어요. 미시간 대학엔 중국계 여학생이 많으니 거길 보내면 적어도 결혼은 중국 여자랑 하겠구나 하는 기대를 걸었죠. 결국 미시간 대학을 나온 백인 여자랑 결혼을 했지만요.

부모가 영어를 못할 경우, 그래서 선생님들과 자주 의사소통을 할 수 없다면 분명히 문제가 될 거예요. 하지만 무엇보다 중요한 건 아이가 잘할 수 있는 걸 하도록 지원해야 한다는 거죠. 축구를 못하는 아이를 데려다가 부모가 축구 선수를 만들 순 없는 거잖아요. 저도 아이들이 좋은 대학에 가길 바랐기 때문에 부모의 기대에 대해서는 전적으로 이해해요.

제 사촌도 딸을 이곳 학교에 보냈는데 사회학을 전공했죠. 그래서 사촌은 늘 입버릇처럼 말하죠. 그 많은 돈을 들였는데 사회학을 전공한다고요. 그건 별로 좋은 투자가 아니죠. 유학으로 와서 엄청난 돈을 들여야 한다면 좀 더 실용적인 전공을 선택하는 게 현명하다고 봐요.

대만에는 병역의 의무가 있기 때문에 고등학교 때 유학 오기는 쉽지 않아요. 보통은 대학을 졸업하고 대학원에 갈 무렵에 유학을 오죠. 하지만 몇 년 전부터는 아이들만 이곳 고등학교로 유학 오는 걸 많이 보게 됐어요. 부모가 둘 다 오지 않거나 한 분만 오거나, 아니면 가이드 같은 사람이 있던데…. 10대 아이들을 그렇게 유학 보내는 건 제가 보기에 너무나 위험해요. 더욱이 이곳을 도피처로 생각하고 유학 보낸다면 훨씬 위험하죠. 기러기 아빠요? 부모가 자식의 교육을 위해 희생하는 거라고 하지만 전 그

부분에 대해서는 반대해요.

대만에는 대만 방언이 있어요. 학교 교육은 중국 표준어인 만다린어로 받지요. 제 만다린어 실력은 원어민만큼은 절대 못 되죠. 읽고 쓰는 건 어느 정도 잘하지만, 말하는 데 있어서는 제2외국어나 마찬가지죠. 영어도 그래요. 공식적인 자리에서 발표를 한다거나 할 때는 영어가 더 편하지만 집에서는 중국말이 편하죠. 언어는 자기가 필요한 부분에서 부족함 없이 쓸 수 있으면 되는 거지, 그걸 위해 가족이 생이별을 하고 그러는 건 아니라고 봐요.

1. 미래를 준비시키는 실용주의 교육

19세기 미국의 철학자 존 듀이가 주창한 실용주의 이론은 교육뿐 아니라 사회 각 분야에 적용되고 있다. 우리나라에서는 요즘 이 '실용'이라는 의미가 본래 지닌 뜻보다 상당히 넓게 쓰이고 있으며, '명분'의 반대적 의미로 많이 쓰인다. 교육 철학으로서의 실용주의는 학문적으로 여러 의미가 있지만 대중들 사이에서는 '실제 쓰이는 공부,' '돈이 되는 공부'라는 의미로 사용된다. 즉 대학 공부는 당장 취업에 도움이 되는 공부여야 하고, 영어 잘하는 사람이 영어 선생이 되어야 한다는 식이 '실용주의'로 통용되고 있다. 그런 의미에서 우리가 말하는 실용주의는 중국 혹은 인도의 부모들이 그려내고자 하는 실용주의보다 아직은 덜 실용적이다.

흔히 선진국 등 안정된 사회에서는 개개인의 인생에 예외적 요소가 별로 없다고 한다. 예를 들어 하버드 대학 법과 대학원을 다니는 사람을 알고 있다고 하자. 몇 년 뒤 이 사람이 뉴욕의 잘나가는 로펌에 취직했다는 얘기를 들었다. 그렇다면 이 사람을 10년 동안 만나지 못하더라도 10년 뒤 그가 어느 동네에서 어떤 규모의 집에 살고 있으며, 어떤 차를 타고 어떤 취미 생활을 하고 있으리라는 것이 대충 그려진다는 것이다. 비슷한 얘기로 대학에서 문학을 전공하고 대학원에서 교육학을 전공한 학생이 대도시의 공립학교에 취직해 7~8년째 교사로 일하고 있다고 치자. 대부분의 미국 사람은 그 사람의 생활을 짐작하고도 남는다. 대도시 교외의 서너 개 정도 베드룸이 있는 주택에 살며, 다달이 2,000달러가 조금 넘는 모기지를 내고, 매달 1,000달러 정도는 대학 학자금 융자를 갚고, 차는 중소형 일제차 정도를 몰겠구나 하고 대충 그림을 그린다. 전공을 정하고 직업을 선택한다는 것은 앞으로 어떤 삶의 외형을 가질 것인가 결정하는 것과 같다.

자신이 배운 것이 이렇게 미래의 생활과 직접 연관되어질 때가 바로 '실용'이다. 반면 우리 사회는 어떤가? 전공이 같고 비슷한 연차의 사회생활을 했다고 해도 각자 사는 모습은 그야말로 천차만별이다. 여러 사회 구조가 원인이 되겠지만, 미래의 직업을 별로 염두에 두지 않고 일단 대학부터 가고 보자는 식의 전공 선택 방식이나 현실과 동떨어진 학과 내용 때문이기도 하다.

반면 자식 교육에 열성적이기로 소문난 중국과 인도의 이민자들이나 유태인들은 우리처럼 '간판'만을 좇는 일이 없다. 중국 부모들은 대개가 아이비리그에 목을 매지만, 대학 2학년을 마치고 아이가 전공을 선택할 때가 되면 더욱 사생결단을 한다. 이 시기를 놓치면 대학원에 진학할 때까지도 부모들의 입김이 작용한다. 인생에서의 불확실한 요소들을 하나라도 더 버리고 가려는 것이 그들이기 때문이다. 물론 이런 부모들의 기대가 좋기만 하다는 것은 아니다. 그러나 많은 돈을 들여 유학을 하고도 그만한 효용 가치를 끌어내지 못하는 우리 유학생들이나, 죽기 살기로 공부를 해 대학엘 가고도 진로 결정을 못해 고민하는 대학생들의 모습을 보면, 이왕이면 좀 더 실용적인 선택(단순히 돈이 되는 선택이 아닌 미래의 예측이 가능한 선택)을 하면 어떨까 하는 아쉬움이 든다.

2. 진로 코칭 기술

먼저 큰 그림을 그린다

간단하고도 당연한 이치이지만 이 한 마디로 벗어날 수 있는 고뇌의 늪은 의외로 많다. 아이를 키우다 보면 만나게 되는 수많은 선택의 순간들, 그 중에서도 무엇을 배우게 할 것인가 말 것인가 하는 선택의 순간들은 자주 찾아온다. 가령 피아노를 가르치는 게 좋을까, 바이올린을 가르치는 게 좋을까 하는 고민에 빠져서 그와 관련된 정보나 의견들을 얻는 데 급급한 나머지 아이가 왜 악기를 배워야 하는지 이유는 잊고 마는 경우가 있다. 아이도 왜 배워야 하는지 모른 채 그저 엄마가 배우라니까 한다는 식으로 수업을 시작한다.

준경이가 초등학교에 갈 나이가 되자 초등학교 입학을 고민하는 엄마들이 유난히 눈에 많이 들어왔다. 사립이 좋다, 어느 사립이 이래서 좋다, 아니다 공립이 좋다, 남자아이는 역시 공립을 나와야 중학교 때 적응이 쉽다, 공립을 보내려면 어떤 동네가 좋다…. 엄마들의 고민은 끝이 없고, 나름대로 이유를 들어가며 선택의 폭을 줄여간다. 하지만 분위기에 휩쓸려 결정을 하고 마는 엄마들도 종종 눈에 띈다.

이렇게 눈앞에 닥친 문제들을 그때그때 최선이라 생각하는 것으로 결정하다 보면, 의외로 엉뚱한 결과를 가져오는 경우가 많다. 가령 너도 나도 특목고가 좋다니 그걸 최우선으로 삼고 매진하다가 성적이 잘 나오면 외고로 보낸다. 그 중에서도 성적이 좋다면 당연히 국제반이다. 아이가 국제반을 다니고 있는데 갑자기 주변에서 여자아이 혼자 유학을 보내면 나쁜 길로 빠지기 쉽다고 말들이 많다. 그러면 '이제 와서 이를 어쩐다. 차라리 이참에 이민을 갈까?' 하는 고민으로 이어진다. 일의 앞뒤가 완전히 바뀌어 계획에도 없는 결과를 만들어낸 셈이다. 생각의 중심이 없으니 결정도 그때그때 임기응변식이다. 고민하느라 괴로운 것을 어찌 다 말로 할까….

그때그때 최선의 선택을 할 게 아니라 아이가 자라서 궁극적으로 어떤 삶을 살면 행복할 것인가를 먼저 큰 그림으로 그려보자. 이를 위해 공부는 어느 수준까지 해야 하며, 어느 분야의 정보를 수집해야 하는가를 파악하고 실천하는 것은 분명 부모의 몫이다. 중간 목표를 정했다면 어려서부터 무엇을 준비하는 것이 효과적인지 생각해본다. 아이스하키를 하려면 스케이트부터 배워야 하는 것이 당연하고, 스케이트를 배우려면 균형 감각을 키워주는 것이 필요하다. 이렇게 생각을 전개시키다 보면 자전거 타는 법을 가르칠지 태권도를 가르쳐야 할지 같은 고민은 금세 해결된다.

일차적인 정보를 만나게 한다

　요즘은 덜하기를 바라지만 예전엔 매우 어이없는 이유로 전공을 선택하는 일이 많았다. 경영학과가 경쟁률이 높으니까 차선책으로 경쟁률이 좀 낮은 경제학과로 진학한 사람(경제학과는 경영학보다는 오히려 수학에 가까운 학문을 하는 곳이다), 학과 이름이 요업공학과일 때는 싫다더니 세라믹공학과로 바뀌자 생각이 달라졌다는 사람(순전히 학과명만 달라진 것이다), 자기가 직접 옷을 만들어 입고 싶다며 의류학과에 진학한 사람(옷을 만들려면 의상학과로 가야 한다. 의류학과는 화학에 가까운 내용을 많이 배운다), 피 보는 것이 무서워 의대를 피해 한의학과에 진학했다는 사람(한의학과도 해부를 한다) 등이 모두 필자 주변에 실재하는 사람들이다.

　지금 생각하면 아찔한 이야기지만 일생을 좌우하는 전공 선택이 학과명 하나로 이루어진 것이다. 고3이 되면 일단 공부만 하기에도 바쁘고, 어디든 합격하는 데 급급해지니 이런 말도 안 되는 일들이 일어난다. 이런 상황을 만들지 않으려면 미리미리 아이가 관심을 두고 있는 직업이나 전공에 관한 구체적인 정보를 수집하고, 실제 관계자를 만나볼 수 있도록 기회를 만들어주는 노력이 필요하다.

　미국에서는 고등학교 2학년쯤 되면 대학 투어를 많이 한다. 관심 있는 대학에 미리 가서 캠퍼스 구석구석을 구경하고 설명을 듣는다. 아이가 관심을 두고 있는 대학에 다니는 사촌형이나 언니가 있다면 함께 학교 나들이를 시켜보는 것도 좋다. 자신의 모습을 캠퍼스에 투영시켜보면 그것 자체로 학습에 대한 동기 유발도 되고 정확한 정보를 얻는 계기가 되니 일석이조인 셈이다.

필자가 미국에서 만난 D는 엄마를 따라서 2년간 유학 온 중학생이었다. 한창 사춘기인 데다 별로 공부에 흥미를 못 붙이고 있던 차에 엄마가 다니는 대학원에 외무 공무원으로 유학을 온 언니를 알게 되었다. D의 엄마는 그 언니를 집으로 자주 초대했고, 그 언니가 아이에게 외교관이 되라고 이야기한 적도 없지만 D는 어느덧 외교관을 꿈꾸었다. 주위에 친하게 지냈던 주재원 가족의 영향도 물론 있었을 것이다. 우리나라에 돌아온 D는 언니가 근무하는 외교부에도 놀러 가고 하더니, 요즘은 몰라보게 열심히 공부하고 있단다.

내가 가르치는 영어 유치원에는 커리어 위크Career Week라는 기간이 있다. 이는 학부모들이 30분쯤 시간을 내어 자신의 직업을 아이들에게 소개하는 시간이다. 한 반에 한두 명, 많게는 대여섯 명의 부모가 참여하는데 아이들에게 인기가 높다. 아이들은 대개 직업이라고 하면 교사나 의사 정도만 알고 있는지라 좀 어렵지 않을까 생각도 들었지만, 아이들의 반응은 신기하리만치 폭발적이다. 음악을 전공하신 분이 악기를 연주해주고 치과 의사선생님이 이를 검사해주는 한편 영화감독, 펀드매니저, 검사, 신문기자 분들이 아이들 눈높이에 맞게 자신의 일을 설명해주면 아이들은 신이 나서 이야기를 듣는다. 친구들의 엄마, 아빠라서 더 좋아하는 것 같다.

준경이는 이 기간 동안 집에 와서 "엄마, 오늘은 ○○아빠가 왔는데 그분은 신문을 만든대. 하루에 이십 몇 장이나 만든대. 그리고 우리도 신문을 만들 수 있대." 하면서 즐거워했다. 나중에 커서 '아빠'가 되겠다며 장래 희망이라는 것에 대해 별로 개념이 없던 아이라서 이런 모습은 필자의 눈에도 신통하기만 했다. 일곱 살 아이가 뭘 알까 싶은데도 초롱초롱한 눈으로 설명을 듣는 모습, 그리고 나중에 자기 나름대로 이해한 것을 말하는 모습을 보면 무척 진지하다.

어려서부터 장래 희망을 결정하라는 말이 아니다. 아이들의 장래 희망이란 하루에도 수없이 바뀌기 마련이니, 결정을 하는 것 자체가 중요하지는 않다. 무엇이 되고 싶다는 느낌, 그런 생각을 가져보는 것이 소중하다는 것을 말하고 싶다. 아이가 장래 희망에 대해 계속 고민하며 새로운 사람들을 만나고 다양한 직업을 보게 된다면 학년이 올라가면서 좋은 학습 동기가 될 뿐 아니라, 자칫 목표를 잃기 쉬운 청소년기에 나침반 역할을 해줄 수 있어서 좋다.

세상의 흐름을 읽도록 코칭한다

세상은 끊임없이 변한다. 늘 새로운 것을 추구하는 우리 사회는 그 변화 속도가 더욱 빠르다. 사회가 다양해지고 변하는 속도도 빨라져서 이제는 '유망 학과' 또는 '유망 직종'이라는 것을 점치기 힘들다. 1980년대엔 경영대를 나와 증권회사에 들어가는 것이 최고였고, 1990년대엔 공대생들이 주목을 받더니, 요즘은 교육대학의 인기가 치솟는다.

내가 아는 의사 부부는 두 분이 나이 차이가 꽤 나는 편인데 모두 피부과 전문의이다. 남편 분 말씀이 자신은 외과에 가고 싶었지만 성적이 좋지 않아 어쩔 수 없이 피부과를 선택했는데, 부인은 의대에서도 최고의 성적이라 피부과를 선택할 수 있었다고 한다. 이렇게 같은 분야조차 세월에 따라 인기가 달라진다. 그러므로 이제는 무엇이 되라고 조언하기보다는 시대의 흐름을 읽는 안목을 길러주는 것이 중요하다. 굳이 논술 시험을 대비하기 위한 목적 때문이 아니더라도 신문을 읽고 세계의 쟁점들에 대해 토론하는 습관을 들이도록 하고, 위인전이나 현대의 주목받는 인물들 삶을 통해 그들이 어떻게 세상을 읽었는지 생각해보면서 말로 표현하는 기회를 만들어주어야 한다.

선진국으로의 유학도 아이가 폭넓고 유연한 사고를 하도록 이끄는 데 도움이 된다. 특히 단기간 유학을 가는 경우에는 영어 등 외국어 실력을 향상시키는 효과보다도 유연하고 폭넓은 사고를 하는 데 도움을 준다는 점이 더 큰 성과라 볼 수 있다. 이런 맥락에서 볼 때 아이 혼자 떠나는 1~2년의 단기 유학은 그다지 큰 성과를 기대하기 힘들다.

앞서 이야기한 D의 경우처럼 외국 생활에서 얻을 수 있는 가장 큰 혜택 중 하나는 그곳에서 다양한 사람을 만날 수 있다는 점이다. 외국 사람뿐 아니라 현지의 교민, 유학생들도 마찬가지이다. 외국에서는 특히 가족 단위의 모임이 많기 때문에 자신이 경험하지 못한 삶, 몰랐던 분야의 이야기를 아이들도 함께 듣고 간접적으로 체험해볼 수 있어 좋다.

21세기는 네트워킹, 즉 인맥이 힘이 되는 세상이라고 해서 NQ^{Network Quotient:공존지수}가 IQ나 EQ보다 더 중요한 역할을 할 것이라고 한다. 다양한 사람과의 만남을 통해 넓은 세상을 배우고 그 흐름을 느끼며 살 수 있도록 감각을 키워주는 것이 중요하다. 엄마는 엄마끼리, 아빠는 아빠끼리, 아이들은 아이들끼리 모이는 익숙한 교제에서 벗어나 아이와 함께 다양한 가족과 어울리고 동호회 활동을 하면서 공통점과 차이점 등을 찾아보는 기회를 가져야 한다. 부모가 불편을 감수하지 않으면 아이들은 늘 익숙한 사람들에게서 벗어날 수 없다. 방 안에 앉아 문제집만 풀게 한다면, 숨 막히게 빨리 변하는 세상에서 경쟁할 수 없음을 잊어서는 안될 것이다.

부모라는 이름의 위대한 선생님, 홈스쿨링을 하는 세 아이의 아빠, 데이비드

—— 아이와 함께 호흡하듯 교감하는 '홈스쿨링 교육법'

학교에 가지 않으며 검정고시를 보는 것도 아닌데 집에서 시간표를 짜서 공부하는 것으로 정규 교과를 대신할 수 있다는 것은 우리에겐 낯선 개념이다. 남들이 다 가는 길로 가지 않는다는 것은 그만큼 더 큰 책임이 따르기에 더 어렵게 느껴진다. 지극히 평범한 미국 가정의 부부가 어떻게 홈스쿨링을 이끌어가는지 살펴봄으로써 홈스쿨링이 우리 교육에도 다양성의 한 면으로 받아들여지길 바래본다.

무엇보다
배움의 즐거움을 알게 하자

홈스쿨링은 말 그대로 집에서 학교 공부를 하는 교육이다. 상식적으로 생각하기에 학군이 좋은 지역에서는 굳이 애써가며 홈스쿨링을 할 필요가 있을까 싶다. 그런데 학군 좋기로 소문난 페어팩스에도 홈스쿨링을 하는 집이 있다니, 도대체 얼마나 극성인 부모들일까 꼭 만나보고 싶었다.

아이 옆에 꼬박 붙어 있어야 하는 것은 물론, 수업 준비며 수업 진행, 교재에서 수업 준비물 구입까지 일일이 직접 해야 하는 그 수고로움이란 이루 말할 수 없을 텐데, 그걸 감수하는 부모는 어떤 모습일까 궁금했다. '극성'하고는 전혀 어울리지 않는 부드러운 성격, 어려움에 처한 사람은 그냥 보고 지나치지 못하는 심성, 지인들 사이에서 "데이비드 같다"는 말이 최고의 칭찬일 만큼 사랑을 베푸는 데 넉넉한 분이 바로 홈스쿨링을 하는 아빠 데이비드였다.

세 아이의 아빠인 데이비드는 페어팩스 토박이다. 우리로 치면 서울 강남으로 부를 만한 페어팩스 최고의 신흥 번화가 타이슨스 코너Tyson's Corner가 허허벌판 목장일 때부터 살았다니, 이 지역의 발전 과정을 생생하게 지켜본 사람 중 한 명인 셈이다. 그만큼 지역의 특성을 잘 알고, 주민으로서 취할 수 있는 장점들을 훤히 꿰고 있는 학부모라는 뜻이기도 하다. 그런데 그런 그가 홈스쿨링을 택한 이유는 뭘까? 좋은 학군의 학교들도 줄 수 없는 '무엇', 그 무엇을 위해 자기 시간을 기꺼이 내놓은 아빠에겐 어떤 욕심이 있었을까?

아이들 방학이면 엄마들은 으레 개학날만 손꼽아 기다린다. 평소 학교 교육이 못마땅해 '이럴 바엔 내가 가르치는 게 낫겠다'며 책을 펴들고 아이 앞에 앉아보지만, 채 20분도 안 돼 "너는 어떻게 이런 것도 모르니?" 하며 버럭 소리부터 지르게 되기 때문이다. 홈스쿨링! 말이 집에서 하는 공부이지, 하루 종일 내 시간이라고는 없이 아이만 지켜보고 있기가 어디 쉬운가. 남들 다 가는 길로 가지 않고 혼자 걷는 이 길이 옳은 길이긴 한건지 끊임없이 드는 불안함은 또 어떤가. 집에만 끼고 있다가 사회성이 떨어지면 어쩌나, 나중에 학교 가서 적응 못하면 어쩌나 이런저런 걱정이 드는 것도 감당하기 쉬운 일은 아니다.

　물론 홈스쿨링 자체가 합법적으로 받아들여지지 않는 우리나라에 비해 미국은 제도적으로 뒷받침이 잘 되어 있는 게 사실이다. 부모의 퇴근 시간이 빠르다는 점, 평균 자녀의 수가 많다는 점, 대중교통 수단이 거의 없어 아이의 생활을 통솔하기 쉽다는 점 등 몇 가지 차이점도 유리하다. 하지만 홈스쿨링을 선택할 경우, 여전히 아이에 대한 책임은 고스란히 부모의 몫으로 남는다.

　그러나 한 기독교 기관의 국제 봉사 프로그램 책임자로 있는 데이비드와 사립학교 수학 교사인 부인에게서 들어본 그들의 욕심은 과연 그러한 노력과 봉사, 부담을 감수할 만한 것이었다.

"부모라는 이름의
위대한 선생님, 데이비드의
홈스쿨링 교육법"

맞춤식 학습 효과는
물론 가정의 소중함을 일깨워주다 지난 10년간 홈스쿨링을 하
는 사람이 많아졌어요. 이 지역이 홈스쿨링을 하기에 좋은 조건
이거든요. 주변에 홈스쿨링을 하는 가정이 많아서 다른 가정 아
이들과 견학을 가는 등 만날 기회도 많죠. 일주일에 한 번씩 아
이들 데리고 동물원이나 박물관을 가고, 케네디 센터에 공연도
보러 가곤 하죠. 아무래도 워싱턴 D.C. 근방이다 보니 기회가 많
아요. 아이가 어릴 땐 뭐니 뭐니 해도 배움에 대한 흥미를 주는
게 가장 중요한데, 학습과 현장을 바로 연결해줄 수 있다는 점이
홈스쿨링의 제일 큰 장점이죠.

  어린아이들은 기본적으로 배우는 것을 좋아하고 새로운 것을
탐험하는 걸 즐기잖아요. 그러다가 학교에 들어가면 아침 8시부
터 오후 3시까지 학교에 매여 있어야 하고, 숙제도 잔뜩 있어 의
무 사항만 많이 늘죠. 그러면서 점차 책 읽는 데 흥미를 잃고 호

기심이 사라져서 그냥 답이 뭔지만 알면 된다는 식의 사고를 합니다. 말하자면 시험에 맞는 답을 쓰는 데만 집중하는 거죠.

홈스쿨링의 장점은 아이들이 학교 시험에 대한 부담감을 갖지 않아도 된다는 거예요. 그러면서도 실제로는 훨씬 많이 배울 수 있죠. 예를 들어 커리큘럼을 문학 중심으로 짠다면 고전을 많이 읽게 하고, 전쟁 유적지나 박물관 등에 다니면서 체험을 하게 하는 거예요. 그러면 책에서 배운 내용들이 훨씬 잘 흡수되고 생생하게 살죠. 시험을 보고 뒤돌아서면 바로 잊어버리는 것과는 다르죠. 즉 아이들의 호기심을 자극하고 배움의 즐거움을 깨우쳐줄 수 있는 기회가 된다는 의미에요.

미국에는 스스로 좋아서 공부하기보다는 그냥 좋은 성적을 받아 좋은 직장에 가고, 결과적으로 가족들이 자랑스럽게 여기도록 하는 게 공부의 주된 목적인 학생이 많아요. 어릴 적 자연스럽게 생겨났던 배움의 즐거움은 점점 사라지는 거죠.

홈스쿨링을 하면 가족에게도 좋은 점이 많아요. 저희 가족은 여행을 좋아하는데, 아이들이 학교를 다닐 경우 정해진 시간에 자리를 지켜야 하니 아무래도 원하는 만큼 여행을 하기 쉽지 않잖아요. 저희는 바다에 가고 싶을 때 그냥 차를 타고 가면 돼요. 10월에 바다에 갔어요. 아이들이 조개나 돌고래, 고래 등 바다 생활에 대해서 공부하고 난 뒤였는데, 사람도 별로 없어서 여유롭게 즐기기 좋았죠. 홈스쿨링을 하면 가족과 그런 시간을 많이 보낼 수 있어요. 학교가 가정생활 전체를 컨트롤하는 게 아니라 가정이 중심이 되어서 학습을 해나가는 거죠.

제일 오랫동안 홈스쿨링을 한 아이는 첫째 아이에요. 3학년 때까지 쭉 집에서 공부했는데 당시 둘째는 1학년, 막내는 프리스쿨에 다닐 나이였죠. 그땐 세 아이 다 홈스쿨링을 했어요. 첫째는 4학년 때 처음 학교에 보냈고, 작년에 7학년인 둘째 아이가 또 홈스쿨링을 했어요. 막내는 4학년 때 다시 홈스쿨링을 했죠. 저희는 아이들을 학교에 보냈다가 홈스쿨링으로 교육을 했다가 하는 경우예요. 길 건너 사는 이웃은 아이 7명 모두 유치원 때부터 12학년까지 홈스쿨링으로 교육했는데, 아이가 하나같이 굉장히 영리하고 똑똑해요.

사람마다 홈스쿨링을 하는 이유는 다양해요. 학교가 추구하는 가치가 마음에 들지 않아서 그럴 수도 있고, 학교 교육은 괜찮지만 학교 환경이 가정생활이나 종교적인 가치를 뒷받침해주지 않아서일 수 있죠. 기본적으로 보수적인 기독교나 천주교인들은 홈스쿨링을 지지해요. 공립학교에서 어린 나이부터 세속적인 가치들과 맞닿는 것을 원하지 않으니까요. 어떤 사람들에게는 그게 동기가 되기도 해요. 예를 들어 과학 시간에 다윈의 진화론을 배우는 건 이 세상을 하느님이 창조하셨다는 논리와 정면으로 부딪히는 거죠.

저희는 기독교를 믿지만 종교적인 이유 때문에 홈스쿨링을 한 건 아니고 아이들 공부에 더 큰 이유가 있어요. 아이가 배움의 즐거움에 한창 빠져 있는데, 그 아이가 학교에서 20명의 아이들과 함께 수업하면서 다른 아이들이 이해할 때까지 기다리는 동안 지루해할 수도 있잖아요. 지루함 때문에 배움에 대한 애정이 식어버릴까 봐요. 아이가 좋아하는 과목에서 최대한 배울 수 있도록 기회를 만들어주고 싶었어요.

내 아이만을 위한

커리큘럼 홈스쿨링을 한다고 하면 주변 사람들은 대개 그걸 어떻게 하느냐, 선생님도 아닌데 어떻게 가르칠 수 있느냐며 걱정을 하세요. 하지만 구입해서 쓸 수 있는 커리큘럼이 굉장히 많아요. 홈스쿨링을 하는 가정에서 활용할 수 있도록 개발된 것들이 많죠. 수업 계획표가 쫙 나와 있어서 원하는 학년만 이야기하면 계획표랑 수업에 쓸 교과서가 전부 들어있는 패키지를 보내줘요.*

수학은 학교 교과서와 똑같기도 하고 다르기도 해요. 자신이 직접 선택할 수 있는데, 대개 문학 교과서는 학교보다 수준이 높아요. 공립학교도 지역마다 교과서가 다른 것과 같다고 생각하시면 돼요. 선택할 수 있는 커

> **★TIP**
>
> **매년 증가하는 홈스쿨링 인구** 미국 교육부(USDE) 산하 교육통계센터(NCES)에 따르면, 최근 4년간 미국 내 홈스쿨링 인구는 해마다 8%씩 증가하고 있다. 홈스쿨링의 특성상 정확한 인구를 측정하기는 어렵지만 2007년 유치원부터 고등학생까지 대략 200만 명의 학생이 가정에서 학습을 하고 있는 것으로 조사됐다. 홈스쿨링을 하는 가장 큰 이유로는 종교적 또는 도덕적 가치를 심어주기 위해서이며, 그 다음은 학교 환경에 대한 우려, 수업 내용에 대한 불만족이 따랐다.

리큘럼도 다양하고요.

엄마나 아빠가 시간을 들여야 되는 건 당연하죠. 2학년 첫째 주 커리큘럼을 예로 들어볼게요. 기독교인용이기 때문에 월요일엔 마태복음을 읽고, 외우는 과제도 있어요. 어디부터 어디까지 읽 으라고 분량을 정해주죠. 이번 주 세계사는 아프가니스탄에 관한 내용이었네요. 노래도 몇 개 있고, 수학도 있고, 아이가 스스로 읽 어야 할 책이랑 엄마와 아빠가 읽어주는 책들도 있어요. 부모님 을 위한 지도 가이드 같은 것도 한 주 한 주 따라갈 수 있도록 나 와요. 월요일엔 《Exploring Math》라는 책이 교재였네요. 한 주를 기준으로 수업 지도안이 구체적으로 나와서 주로 그걸 따라하죠.

이런 교육이 어떻게 보면 매우 힘들지만 불가능한 건 아니에 요. 아이가 1~2학년이면 시간이 많이 걸려서 좀 더 힘들 수 있 어요. 하지만 3~4학년쯤 되면 시간표를 보며 '오늘은 이걸 하는 구나' 하면서 스스로 해당 분량을 하고 체크를 하는데, 엄마, 아 빠는 다 했나 확인을 하면 되거든요. '부모님과 소리 내어 읽기' 같은 경우 7학년 과정까지도 있으니까 아이들의 진행 상황을 늘 지켜볼 수 있어요.

7학년 커리큘럼도 예로 들어볼게요. 성경, 세계사, 시사, 시, 수 학 등 구체적인 시간표가 다양한 활동별로 다 주어져요. 책마다 뒷면엔 부모를 위한 학습 가이드가 있어요. 커리큘럼은 DVD를 이용해 수업 내용을 보는 것부터 인터넷을 이용해 할 수 있는 것

등 아주 다양해요. 믿기 어려우시겠지만 홈스쿨링을 해서 좋은 점 중 하나가 이 모든 교과 내용이 하루 3~4시간이면 끝난다는 거예요. 특히 공립학교의 경우 낭비되는 시간이 많잖아요. 뛰어난 아이들의 경우, 잘 못 따라오는 아이들이 이해할 때까지 기다려야 하고요. 공립학교에서 6~7시간 공부해야 하는 내용이 홈스쿨링을 하면 3~4시간이면 충분히 끝나요.

물론 부모 중 한 명이 집에 있어야죠. 그래서 대체로 홈스쿨링을 하는 집은 부모 중 한 명이 재택근무를 하거나 파트타임으로 일하는 경우가 많아요. 누군가 감독을 해야 하니까요. 버지니아 주에서는 홈스쿨링을 하면 필수적으로 시험을 보게 되어 있어요. SOL은 아니지만 단계마다 진행 상황을 확인하기 위한 거죠. 대부분의 홈스쿨링 학생들은 실력이 평균보다 훨씬 좋아요.

홈스쿨링의
장단점　홈스쿨링을 하면 학교에 들어가거나 단체 생활을 할 때 물론 어려움을 겪을 수도 있어요. 큰아이 같은 경우는 성격이 외향적이고 이웃 아이들과 축구 교실을 줄곧 같이 했기 때문에 친구들과 어울리는 데는 문제가 없었어요. 그래도 학교 첫날 모든 종이에 자기 이름을 쓴다거나 하는 데 낯설었던 모양이에요. 그 외엔 잘 적응했어요.

그런데 이 부분도 부모가 하기 나름이에요. 단체 생활 경험이 없으니 학교에서 갑자기 많은 아이를 대하며 힘든 면도 있겠죠. 큰 학교 같은 경우엔 버릇없는 아이들도 있기 마련이고, 중학교에는 불량배처럼 아이를 괴롭히는 애들도 있는데, 홈스쿨링 출신 아이들은 그런 경우를 처음 당하니 어떻게 대해야 할지 모르는 거죠. 또한 학습 면에서의 적응도 마찬가지예요. 예를 들어 아이가 역사는 아주 잘하는데 수학을 싫어할 경우, 아이에게 수학을 충분히 가르치지 않는 부모도 있어요. 잘못하는 거죠. 그런 식으로 배우다가 갑자기 학교에 가면 수학을 따라갈 수 없잖아요. 또한 홈스쿨링을 하다가 학교에 가면서 이런 경험을 하는 경우도 있지만, 반대로 학교에서 좋지 않은 경험을 하고 난 뒤 홈스쿨링을 결정하기도 해요. 저희 둘째 아들이 그런 경우였어요. 7학년 때 아이가 감정을 잘 조절하지 못하고, 사회성 면에서 불안한 모습을 보였어요. 그래서 작년에 홈스쿨링을 했죠. 아이가 굉장히 수줍어하고 다정한 성격이거든요. 중학교가 학생 수 1,200명이나 되는 큰 학교인 데다 7, 8학년이 한 건물에 있어서 아이에게 안 좋은 환경이라고 판단했어요. 불리bully:아이들을 괴롭히는 골목대장도 몇 명 있었고요. 여하튼 중요한 건 선택할 수 있는 여지가 있다는 거예요. 다양한 이유를 놓고 학교나 집 등 아이에게 최선의 환경을 제공해줄 수 있는 거죠.

아이가 수줍어하고 내성적인 성격이라면 여럿이 어울리는 학교생활이 부담이 될 수가 있어요. 다른 아이들이 하는 걸 보면서

'난 저걸 할 수 없을 거야' 하고 지레 걱정을 하죠. 첫째가 4학년 때 처음 공립학교에 다녔는데, 제가 "홈스쿨링이 더 좋았던 점이 뭐니?" 하고 물어봤어요. 아이의 대답이 하도 인상적이어서 지금도 기억하는데, "전 학교가 좋아요. 다만 이제는 생각할 시간이 없을 뿐이에요."라고 말하더군요.

전 그게 무척 마음 아팠어요. 집에선 '왜?'라는 질문을 하며 스스로 탐구할 시간이 많잖아요. 그런데 학교에선 진도에 따라 배워야 하고, 시험을 봐야 하니깐 빨리 습득해야 되고 그렇잖아요. 학교는 바쁘게 돌아가니 새로운 개념을 가르치는 데 급급하고, 시간을 때우기 위한 과제도 많아요. 무엇보다 대부분 수업이 앞서가는 아이들을 기준으로 진행된다는 데 문제가 있죠.

행복한 삶을 위한 교육

교육을 통해 아이가 자신의 강점을 찾게 되길 바라요. 자신에게 어떤 재능이 있는지, 그리고 그걸 이용해서 앞으로 인생을 어떻게 채울지 설계할 수 있어야죠. 대학에 가고 안 가고는 상관하지 않아요. 물론 가기를 바라지만, 대학에 안 간다고 해서 실패라는 생각은 하지 않아요. 아이가 진정 무엇을 하고 싶어하는지 스스로 깨닫고 있다면 학위 자체는 중요하지 않아요.

일전에 한 교육 분야 컨퍼런스에서 사회학자 토니 캠폴로의 발표를 들은 적이 있어요. 아이들에게 무엇을 바라는지 아시아계 부모들에게 물었는데 공통된 답변이 "아이가 성공했으면 좋겠다"는 것인 데 비해, 미국 부모들은 대부분 "아이가 행복했으면 좋겠다"고 답변했다더군요. 저희도 아이가 행복하기를 바라요. 물론 성공하면 기쁘겠죠. 하지만 중요한 건 가정을 꾸리고 자기 가정을 부양하고 책임질 수 있는 것이에요. 꼭 커다란 집과 성능 좋은 차를 몰지 않아도 가족과 살 수 있는 집과 먹을 수 있는 음식이 있고, 그 안에서 행복을 느끼고 감사하게 생각하며 살 수 있으면 좋겠어요. 그렇게 행복을 느끼며 좋은 사람으로 자랐으면 좋겠어요.

저희가 열여섯 살, 열세 살, 열한 살 이렇게 아들만 셋이잖아요. 첫째는 중국에서 선생님이 되고 싶어 하니까 돈은 별로 못 벌 거예요. 둘째는 동물을 좋아해서 애완동물 돌보는 일을 하고 싶다니, 역시 돈을 못 벌 거고요. 그래서 우린 늘 막내에게 우스갯소리를 해요. 네가 버지니아텍에 들어가서 엔지니어가 되어 늙은 엄마, 아빠를 돌봐야 한다고요(웃음).

아내가 사립학교에서 학생들을 가르치다 보니 부모로부터 압박받는 아이를 많이 봐요. 올 A를 받으라고 강요받고 하는 걸 보면 기분이 좋지 않죠. 올 A를 받고 좋은 대학에 들어갔던 아이가 대학교 2학년이 돼서 그만 지쳐서 낙제를 하는 경우도 보았어요. 하버드 대학을 나와서 좋은 직장에 취직하든 중위권 대학을 나와 일을 하든 인생을 사는 데는 그것 자체가 문제가 아니라는 걸 많이 느껴요. 어떤 부모들은 아이들이 잘되는 것을 자랑하고 싶어 하죠. 미국보다 한국에서 그런 경우가 많다고 들었어요. 그런 환경에서 자라는 아이들은 스트레스가 심할 거예요.

특별활동도 아이의 발달 리듬에 따라

홈스쿨링을 하면 특별활동을 하기에 아주 좋죠. 시간이 많으니까요. 아이들 모두 피아노 연주를 즐겨요. 매일 앉아서 연습하는 건 아니고 자기가 하고 싶을 때 하는데, 아주 훌륭하다고는 할 수 없겠지만 다들 잘해요. 적어도 연주하는 걸 진심으로 좋아하고, 오랫동안 꾸준히 해오고 있어요.

운동도 다양하게 했어요. 첫째가 운동엔 제일 소질이 있는데, 축구도 하고 수영과 라크로스를 했죠. 둘째는 운동하곤 거리가 멀어요. 몇 가지 해봤는데 별로 좋아하지 않더라고요. 셋째는 그냥 보통 정도죠. 크게 관심을 두진 않고 이웃 아이들과 팀을 만들어서 게임을 하고 노는 정도예요. 연습을 많이 시켰으면 더 잘했겠지만 그러질 않았거든요. 둘째랑 막내는 지금 가라테랑 태권도를 배우고 있어요. 자신감을 키우는 데 도움이 되죠. 태권도의 기본 철학인 존경과 규범 등을 배우는 게 중요할 뿐, 띠의 색은 그저 과정을 나타내는 것이라고 생각해요. 자신감과 자제력 등 인생에 필요한 기술을 연마할 수 있다는 게 좋은 거죠. 자신을 제어하고 훈련하는 과정을 배우는 게 중요하니까요.

특별활동 같은 경우 한번 시켰다가 잘 안 되면 충분히 시간을 두고 좀 더 자란 뒤 다시 시도해보자는 게 저의 논리예요. 예를 들어 다섯 살에 잘 안 됐으면 한 일곱 살쯤 다시 시켜보는 거죠. 물론 싫다는 걸 억지로 시키긴 무척 힘든 일이에요. 막내는 교회 성가대를 끔찍이 싫어했고, 보이스카우트도 하지 않으려고 했어요. 부모가 생각하기에 정말 좋겠다 싶은 것도 아이에게 억지로 시킬 순 없죠. 하지만 싫어도 해야 하는 최소한의 선은 정해놓는 게 필요하다고 생각해요. 예를 들어 피아노는 싫어도 꼭 해야 된다든가, 3개월 혹은 6개월동안은 필수적으로 시도를 해보고 나서 할지 말지 결정해야 된다는 식의 규칙을 만들어놓는 거죠.

이 지역에선 방과 후 활동이 무척 활발한데요, 자칫 가족만의 시간을 빼앗는 경우도 생길 수 있어요. 자녀가 두세 명쯤 되고 이것저것 시키다 보면 가족이 모두 모이기가 쉽지 않은데, 저희는 스케줄을 잡을 때 가족이 모이는 시간을 최우선에 놓고 짜요. 어렸을 때부터 가족이 모여서 대화하는 걸 중요시했는데, 아이들이 클수록 잘했다는 생각이 들어요. 아이들끼리 잘 어울려 놀고, 부모와 같이 있는 시간을 좋아하니까요. 아이들이 초등학생 때는 일하느라 정신없이 바빠서 함께 지내는 시간이 적었던 제 친구들의 경우 많이 후회하더군요. 아이들이 열다섯 살이 넘어가면서부터는 가족끼리 아예 얘깃거리도 없어서 시간을 보내기가 점점 힘들어진다는 거예요.

홈스쿨링은 지난 20~25년간
발전해왔죠. 이제 미국에서는 연간 200만 명이 넘는 학생이 홈스
쿨링을 받고 있어요. 하버드나 예일 같은 경우도 요즘은 홈스쿨
링 교육을 받은 학생들을 선호해요. 대학 측은 "홈스쿨링을 받은
학생들은 이미 스스로 공부하고 절제하는 방법을 터득했기 때문
에 우리가 찾고 있는, 리더십과 사회적 성숙함을 갖춘 학생에 부
합한다"고 말하죠. 왜냐하면 홈스쿨링을 한 아이들이 SAT 점수
는 물론 다른 점수도 높고, 비교적 더 성숙하며, 치팅cheating : 눈속임,
커닝도 안 하는 등 학교에서 모범적이기 때문이에요. 홈스쿨링을
하는 학생의 합격 비중을 늘리겠다고 발표는 했지만, 이를 염두
에 두고 홈스쿨링을 선택하는 부모는 없다고 생각해요. 단지 그
런 점들이 홈스쿨링의 예상치 못한 특혜라고 생각할 뿐이죠.

저희가 공립학교보다 더 효율적으로 공부를 시키기 위해, 뛰어
난 아이의 특성을 잘 살리기 위해 홈스쿨링을 한다고 하면서 명
문대 입학에 관심이 없다고 하면 모순으로 들릴지 모르겠어요.
하지만 저희는 대학 시험을 위한 지식보다 지혜롭고 견문 있는
사람이 되는 데 필요한 지식과 학습을 제공하고 싶은 거예요. 아
이가 명문대에 가면 좋겠죠. 그럴 가능성도 물론 충분히 있고요.
하지만 그저 시험을 잘 봐서가 아니라 여러 다재다능한 면을 갖
춘 결과로 그렇게 되길 바라요. 그런 면에서 저희는 아이가 직업

학교에 가서 전기기술자가 되고 싶다고 하더라도 괜한 공부를 시켰다고 생각하지 않아요. 아이가 책 읽기를 좋아하고 폭넓은 학식을 갖추기 위해 노력한다면, 다른 사람들과 문화적으로 교류할 수 있고 인생을 풍요롭게 살 수 있는 거니까요. 저희는 부모로서 할 수 있는 한 가장 좋은 교육 환경을 제공하고 싶을 뿐이에요. 홈스쿨링을 한 아이가 아이비리그에서 원하는 학생상에 잘 부합하는지는 모르지만, 단지 명문대에 보내기 위해 홈스쿨링을 선택한 건 아니라는 의미예요.

홈스쿨링을 고민하는 부모들에게

솔직히 홈스쿨링을 하는 게 부모한테 쉬운 일은 아니에요. 일이 많아지니까요. 하지만 아이들이 문학이나 과학을 배우면서 공부의 즐거움을 느끼고 나아가 재능을 빛낼 수 있다면 그만한 가치가 있는 거겠죠.

홈스쿨링을 고민하는 부모님이 있다면 엄마, 아빠 모두의 힘이 반드시 필요하다고 얘기해주고 싶어요. 엄마, 아빠 둘 다 직접 공부를 가르치지는 않더라도 반드시 지지하는 입장이어야 해요. 그리고 홈스쿨링을 하는 부모들의 모임에 꼭 참여해야 해요. 그런 것들이 부모를 지탱해줄 수 있어요. 다른 아이들을 만날 수 있는 기회도 제공하고요. 모임에서 여러 가지 아이디어를 얻을 수도 있고, 같이 현장학습을 갈 수도 있죠. 그렇게 힘을 합쳐나가는 과정이 필수적이에요. 참여하는 부모들이 각기 다른 전공을 갖고 있다면 아이들 학습 면에서도 도움을 받을 수 있고요.

제 아내가 교사이기 때문에 홈스쿨링을 할 수 있었던 게 아니냐는 말들도 하는데, 솔직히 그렇게 생각하진 않아요. 교사가 아닌 제 친구들 중에도 홈스쿨링을 잘하는 친구가 많거든요. 물론 아내가 수학 교사라는 점이 도움이 되긴 해요. 대부분의 부모가 고등학교 수학은 다 잊어버리잖아요. 아내는 수학을 전공했고 저는 인류학을 전공했기 때문에 보완이 많이 되는 편이지만, 아무리 그렇다 해도 어차피 부모가 전부 가르칠 순 없어요. 이럴 때 홈스쿨링 모임의 도움을 받죠. 아니면 홈스쿨링을 하는 아이들을 위한 수업을 듣기도 해요. 예를 들어 미적분을 공부하고 싶으면 그런 프로그램을 등록하면 되죠. 외국어도 그런 식으로 배울 수 있고요. 문학이나 역사는 함께 모여서 공부하는 모임도 있어요. 많은 아이가 고등학교 때 아예 칼리지를 가요. 이 지역에선 NOVA^{북버지니아 커뮤니티 칼리지}를 가죠. 2년 과정을 듣고 나서 가고 싶은 데로 가는 거예요. NOVA에서 두세 과목, 집에서 한두 과목 선택해서 공부할 수도 있고, NOVA에서 반 듣고 집에서 반 공부하는 식으로 할 수 있어요. 대학을 열여섯 살 때 시작하는 셈이죠. 엄청난 영재가 아니어도 잘 따라가요.

이민이나 유학으로 온
한국 부모님들에게 가장 강조하고 싶은 건 부모들이 아이들 공부에 함께 참여하고, 무엇을 공부하는지에 대해 많이 이야기하고, 학교 정보에도 항상 귀 기울이라는 거예요. 학교에서 자원봉사를 하는 것도 좋고요. 미국은 문화 자체가 학부모의 참여를 이상하게 생각하지 않아요. 부모가 학교에 와서 "제가 도와드릴 방법이 뭐 없을까요?" 하고 묻는 걸 이상하게 생각하지 않거든요. 비판하려고 하는 게 아니라 도움을 주려고 한다는 걸 아니까요.

그리고 영어를 배우는 것의 중요성은 아무리 강조해도 지나치지 않아요. 외국에 와서 공부하다 보면 그 나라 언어를 습득하는 것이 피할 수 없는 어려움이지만, 이를 극복하지 못하면 학교 공부에 상당한 지장을 초래하죠. 과외를 받거나 여러 다양한 방법으로 그런 부족함을 채울 수 있어요.

한두 해 유학을 왔다가 돌아가는 경우, 한국에서 다시 학교 수업을 따라가는 문제로 걱정하는 걸 많이 봤어요. 아이가 당장 학교 수업을 따라가지 못하더라도 장기적으로 볼 때 그건 실패가 아니라고 생각해요. 영어를 가르치기 위해 왔던 거고, 영어를 잘할 수 있게 되었으니 성공이죠. 이곳에서의 시간이 아이에게 평생 자산이 되길 바라요.

하지만 기러기 가족만큼은 반대해요. 아이들을 위해서 힘든 결정을 내리는 거겠지만, 제 생각에 그보다 중요한 건 청소년기에

맺는 아빠와의 관계인 것 같아요. 교육을 위해서 그런 관계를 희생시키는 건 잘못되었다는 생각이 들어요. 주변에서 안 좋은 모습을 보기 때문인지, 가족이 같이 사는 게 가장 건강하고 좋다는 데 대한 확신은 변함이 없어요.

미국의 교실에서는 질문을 많이 하고 그걸 격려하는 분위긴데, 제가 듣기로 한국은 선생님을 굉장히 존경하고 어려워해서 질문을 잘 못한다더군요. 아시아에서는 학교에 지식을 배우러 가고 미국은 생각하는 법을 배우러 간다는 말이 있던데, 아이들이 이곳에 있는 동안 그런 걸 배웠으면 좋겠어요. 그래서 3~4년 뒤 다시 한국으로 돌아가서도 그게 힘이 될 수 있도록 말이죠.

부모의 가장 큰 역할은 아이가 좋아하는 걸 찾아주는 거라고 생각해요. 특히 어릴 때는요. 피아노든 축구든 그게 어떤 것이든 직접 나가서 체험하고 놀며 배우는 것만큼 좋은 건 없어요. 부모와 같이 세상을 탐구하고, 그런 시간이 즐겁다는 걸 아이들이 기억할 수 있다면 그 이상은 없을 거예요.

언젠가 잡지에서 어른들을 대상으로 유년기를 돌아봤을 때 가장 기억나는 점이 무엇인지 질문한 기사를 보았는데, 제일 높게 나온 답이 아빠와 보낸 행복한 시간이었어요. 그것도 대단한 순간이 아니라 그냥 같이 동네를 산책했다던가 하는, 돈도 안 들고 쉽게 할 수 있는 경험들 말이죠. 사회에서는 '더 큰 것, 더 좋은 것'을 지향하라고 하지만, 유년기를 다시 산다면 엄마, 아빠랑 더

자주 놀겠다는 등의 얘기가 많이 나왔다는 것을 기억했으면 좋겠
어요.[*]

행복한 아이로 키우고 싶다면 미국에서는 해마다 학기 초인 9월에 학부모들을 모두 불러 오픈 하우스를 연다. 학교의 교육 이념에서부터 학습 방향 등을 전반적으로 소개해주고 선생님들을 인사시키는 자리이다. 준경이네 몬테소리 학교에서는 학원 창립자이자, 마리아 몬테소리의 제자들에게서 직접 가르침을 받았다는, 연세 지긋하신 선생님을 초대했다. 유년 시절에 가장 행복했던 기억이 아빠와 보낸 시간이었다는 그분은 아이들을 행복하게 키우는 방법도 단적으로 역설하셨다. 동네에서 한 열성 한다는 엄마들이 다 모인 몬테소리 학교에서 "아이를 행복하게 키우고 싶으세요? 제가 좋은 방법을 알려드릴까요?" 하며 질문을 던지신 뒤 들려주신 답은 모든 부모의 허를 찌르는 것이었다. 아이를 존중하라는 것도, 적성을 살려주라는 것도 아니고 바로 "You need to be happy first.(부모님이 먼저 행복해지세요.)"였다. 부모가 행복하면 아이들은 자연히 행복해진다는 것이다.

1. 엄마들의 육아 전쟁-알파맘 VS. 베타맘

일찍이 미국에서 사회적 쟁점이 되었던 '엄마들의 전쟁Mommy Wars'은 일하는 엄마와 전업주부인 엄마들 간의 가치가 충돌하면서 생겼다. 소위 사회에서 잘나간다는 성공한 엄마들이 아이들 교육을 이유로 가정으로 돌아가면서 논란이 불거졌는데, 요즘은 '제2의 엄마들의 전쟁'이라고 불리는 알파맘Alpha Mom과 베타맘Beta Mom의 논란이 뜨겁다.

사실 알파맘이라는 개념이 나오기 전 극성 엄마의 대명사는 '사커맘Soccer Mom'이었다. 이는 매주 일요일에 아이가 축구 레슨을 받는 동안 운동장 한편에서 복잡한 스케줄 표를 죽 늘어놓고 머리를 짜내는 엄마들을 일컫는 말로, 고등교육을 받은 중산층 출신의 엄마들이 아이의 로드 매니저 역할에 매달리는 점을 두고 만들어진 용어이다.

미국에서는 대학 입시에서 예체능 쪽의 특별활동도 일반 교과만큼이나 중요시하다 보니, 고등학생 아이의 수영 레슨을 위해 매일 새벽 3시 수영장으로 향하는 엄마들이 실제로 존재한다. 우리나라처럼 학원 셔틀이 있는 것도 아니어서 자녀 교육에 신경 좀 쓴다는 미국 엄마들은 아이들을 실어 나르기에 바쁘다. 보통 자녀가 두세 명 이상은 되니 아이들 실어 나를 스케줄을 짜느라 일요일 축구장 한 켠에서 바쁜 모습이 이상한 일도 아니다. 여기에 인터넷과 블랙베리_{인터넷 기능이 되는 스마트폰으로 미국에서 많이 사용한다}라는 요소가 추가되어 탄생된 용어가 바로 알파맘이다.

얼마 전 국내 한 방송에서도 알파맘과 베타맘에 대한 이야기가 소개되었다. 방송과 여러 매체에서 이 용어들이 자주 사용되면서 아이를 학원에 많이 보내는 엄마는 알파맘이고, 집에서 교육하는 엄마는 베타맘이라든가, 베타맘이 이상적인데 현실적으로 알파맘이 될 수밖에 없다든가 하는 식의 왜곡된 이야기들도 생겼났다. 이에 따라 방송 이후 많은 엄마가 '나는 과연 아파맘인가? 베타맘인가?', '어느 쪽이 이상적인 부모의 모습인가?'하는, 사실상 왜곡되고 불필요한 논쟁에 말려들었다.

그리스 식 알파벳에 '맘mom'을 붙인 이 신조어들은 미국의 방송과 광고 시장에서 흘러나왔다. 미국의 '알파맘 TV'라는 케이블 채널이 일과 육아에서 모두 성공한 이상적인 엄마의 이미지를 '알파맘'으로 규정하면서 이를 육아 용품 판매와 연결시켰다. 미국의 자동차 브랜드 링컨 역시 자사의 신차 광고를 하면서 알파맘의 이미지를 적극 사용했다. 섹시한 여성이 자동차에서 서핑보드를 들고 내린다. 뭇 남성들은 비키니 탑에 핫팬츠를 입은 이 여성에 시선이 집중되지만, 잠시 후 자동차에서 그녀의 세 딸이 내린다. 엄마들에게 완벽한 여성이라는 이미지를 심어주고 엄마들을 동화시켜 세일즈에 이용하고자 하는 의도가 짙다. 알파맘 TV에서 물건을 사지 않는다고, 혹은 아이 셋을 데리고 비키니 차림에 서핑을 가지 않는다고 해서 좋은 엄마가 아닌 것도 아닌데 말이다.

이러한 알파맘 찬양은 정치 쪽까지 이어진다. 1999년 빌 클린턴이 선거에서 '사커맘'들에 어필해 효과를 보았던 것처럼 엄마들의 정치 참여, 구체적으로는 선거 참여를 부추기고 있다. 트렌드를 선도해가는 알파맘이라면 꼭 선거를 해야 하는 것처럼 말이다.

미국의 ABC 방송에서 정의한 알파맘이란 '대학 교육 이상을 받은 여성들 중 직장생활에서 얻은 경험을 육아에 사용하고, 일하는 것과 동일한 정도의 노력을 육아에 쏟아 붓는 엄마'이다. 물론 이들이 시장에서 엄청난 소비자 그룹으로 성장할 것이라는 내용도 빠지지 않는다. 말하자면 아이비리그 출신으로 월스트리트를 주름잡던 알파걸이 결혼을 해 아이를 낳고, 자녀 교육을 하나의 프로젝트로 인식하면서 온갖 노력을 쏟아 붓는다면 그녀는 분명 알파맘 그룹에 든다. 이들이 사회에 미치는 긍정적인 영향도 물론 있다. 아이들 식단에서 GMOGenetically Modified Organism: 유전자 변형 농산물을 배제시킨다든가, 납 성분이 든 장난감을 리콜시킨다든가 하는 움직임에 힘을 실어주는 것이 그것이다. 일반적으로 미국의 알파맘들은 자기 블로그를 운영하면서 활동하는 경우가 많다. 블로그를 통해 서로 의사소통하면서 의견을 전파시키는, 가장 적극적인 소비자 계층이니만큼 업체들에서도 이들의 의견을 무시하지 못한다. 우리나라에도 분명히 이런 그룹의 엄마들이 있다. 먼저 나서서 정보를 얻고, 그 정보를 공유하는 사람들이다. 육아를 하나의 프로젝트로 인식하고 마치 직장생활을 하듯 아이를 키운다. 하지만 이런 엄마들의 모습과 여러 곳의 학원을 보내는 엄마와는 아무 상관이 없다. 아이를 집에서 직접 가르치면 베타맘, 학원에 보내면 알파맘 하는 식의 논리는 완전히 왜곡된 것이다. 집에서 아이와 책 한 줄 읽지 않으면서 좋은 학원 알아보는 것으로 학습 매니저 역할을 다했다고 생각하는 것은 알파맘이 아니다.

어차피 '선택'의 문제이다. 원조 '엄마들의 전쟁'이 직장맘과 전업주부들 간의 이데올로기 싸움이었다면, 지금 벌어지고 있는 알파맘과 베타맘 간의 논쟁은 개개인의 육아 스타일, 즉 자신의 선택에 대해 일종의 우월성을 평가받고자 하는 데 있다. 용어 자체부터 그렇다. 알파는 에이, 다시 말해 알파벳 중 제일 먼저 나오는 글자이다. 따라서 다른 글자들이 알파 뒤를 따른다는 의미를 내포하고 있으며, 그 의미를 차용해 광고와 방송 쪽에서 알파맘이라는 명칭을 만들어냈다. 그렇다면 베타맘은 그 뒤를 따라오는 의미이니 애초에 이 논쟁은 알파맘이 우월하다는 논리를 저변에 깔고 있다고 볼 수 있다.

하지만 먼저 앞서 나간다고 늘 좋을까? 베타맘 또는 슬래커맘

Slacker Mom : 'slacker'는 교육은 받았으나 물질적인 것에 가치를 두지 않고 사회적 성공에 초연한 사람을 일컫는다. 슬래커맘은 베타맘과 같은 의미로 쓰인다.을 지향하는 무리들은 다른 주장을 한다. 미국의 CBS 뉴스 앵커였던 르네 사일러는 알파맘들을 향해 "우리 아이들은 사람이지 프로젝트가 아니다. 육아는 시합이 아니다."

라고 경고했다. 베타맘 혹은 슬래커맘을 지향하는 부류들은 가끔은 학교에 준비물 보내는 것도 잊고, 아이들 축구팀에 간식 보내는 차례도 좀 까먹어가면서 힘을 빼고 살자고 한다. 이와 다른 견해를 가지고 있다고 해서, 또는 남보다 빨리 트렌드를 주도해간다고 해서 비난받을 필요 또한 없다. 알파맘이냐 베타맘이냐 하는 것은 선택의 문제일 뿐이다. 광고가 만들어낸 완벽한 엄마의 이미지를 좇아 숨차게 뛸 필요도 없고, 내 모습이 그와 같지 않다고 좌절할 필요도 없다. 내가 알파맘의 이미지를 추구하지 않거나 동조하지 않는다고 해서 그들을 비난하며 틀렸다고 말할 필요 또한 없다.

이 논쟁 속에서 어느 선택이 우월한가의 문제가 무의미한 데는 또 다른 이유가 있다. 심리학자들은 엄마들의 육아 스타일은 자신의 성격일 뿐 그 이상도 이하도 아니라고 한다. 치열하게 직장생활을 하며 성공을 경험한 엄마들이 육아에도 동일한 노력을 하고, 같은 정도의 성공을 기대하는 수가 많다는 것이다. 때문에 자신이 알파맘을 지향하든 베타맘을 지향하든 그것은 능력의 문제도, 최선이나 차선의 문제도 아닌 성격의 문제, 즉 다양성의 문제일 뿐이다.

2. 다양성을 존중하는 교육을 지향하자

나는 이 알파맘-베타맘 논쟁 속에서 한 가지 희망을 본다. 바로 엄마의 역할이 다양해지고 있다는 점이다. 엄마들은 이제 아이를 아이비리그에 보내고 싶으면 어릴 때부터 포트폴리오를 구상해 준비해야 한다는 것도 알고, 아이의 정신 건강을 위해서는 산촌 유학을 보낼 수도 있다고 생각한다. 육아는 어차피 확률을 높여 주는 데 지나지 않는다. 부모가 어떤 노력을 해도 아이는 원치 않는 방향으로 갈 수 있지만, 부모는 그저 자신이 알고 있는 가장 편하고 좋은 길로 아이가 가기를 바라는 마음에서 하나씩 하나씩 확률을 높여주고 있는 것뿐이다. 그런 의미에서 본다면 엄마들이 자신의 역할에 대해 의미를 생각해볼 수 있다는 것, 더구나 그 속에서 다양한 선택을 할 수 있다는 것은 좋은 움직임이라고 생각한다. 중요한 것은 서로의 선택에 대해 판단하거나 평가하지 말고, 다양함 그 자체를 존중해주었으면 하는 것이다.

이왕 다양성에 대해 이야기했으니 좀 더 구체적인 방법들을 이야기해보자. 앞에서 이야기한 아빠, 데이비드의 홈스쿨링도 다양성의 한 모습이다. 우리나라에서는 아직 홈스쿨링이 법적으로나 제도적으로 받아들여지지 않고 공교육을 대체하는 수단으로 인정받지 못하지만, 여전히 가족이 중심이 되는 홈스쿨링의 장점을 일부 적용해볼 수는 있다.

부모가 대안학교를 선택하는 이유도 다양해졌다. 1996년 '학교 중도 탈락자 예방 종합 대책'에 따라 학교 부적응자를 위한 교육 기관으로 시작한 대안학교는 이제 미인가 학교를 포함해 전국에 130여 곳에 이른다. 2000년대에 들어 생긴, 미국 교과과정을 그대로 들여와 미국 대학 진학을 목표로 학생들을 교육하는 대안 학교도 10여 곳에 이른다. 비싼 학비 때문에 '귀족 학교'라는 우려의 시선을 받기도 하지만, 외국인 학교에 보내고 싶으나 외국 국적이 없어 못가는 사람들에게 환영받는다는 점에서 역시 다양성의 한 모습으로 받아들일 수 있다.

요즘은 산촌 유학을 연결해주는 단체도 늘고 있다. 도시의 학원 생활에 찌든 아이들을 1년 정도 산골 학교에 보내 자연을 경험하도록 하는 것이다. 아이들의 성향을 고려하고 의견을 묻는다고는 하지만 결국은 부모의 믿음과 확신이 없으면 결단을 내리기 어려운 일이다.

직업이 점점 세분화하고 다양해져 부모들은 이해하기도 힘든 다양한 직업들이 자녀들 세대에서 수없이 나타나고 있다. 외화 더빙 연출로는 우리나라에서 대부 격이라 할 수 있는 분의 이야기를 들은 적이 있다. 그분의 할머니는 돌아가실 때까지 손자가 하는 일을 이해 못하셨다고 한다. 유명 외화 시리즈 〈맥가이버〉를 보시며 "저 청년은 어찌 저리 똑똑하고 잘생긴 데다 마음 씀씀이도 고와 남도 잘 돕고, 게다가 우리말도 저렇게 잘하냐"고 칭찬을 하셨다니, 아무리 번역과 더빙에 대해 설명을 해드려도 이해하기 힘드셨을 것이다. 기성세대들이 보기엔 불안하기만 하고 돈도 되지 않을 것 같은 직종이 인기를 얻고 젊은이들의 눈길을 사로잡기도 한다. 연예 엔터테인먼트 사업을 비롯해 스포츠 관련 사업도 그렇다. 의사 부모가 의사인 자식을 두었다면 인생에 대해, 좋은 의사가 되는 방법에 대해 조언을 해줄 수 있을지 모른다. 하지만 의사의 자녀가 외국계 투자회사에서 기업 인수 합병을 주도해 수십 억의 보너스를 받거나 수백 억의 헤지펀드를 운용하다 망해서 죽음을 생각할 때, 부모가 자식에게 구체적으로 조언해줄 수 있는 부분은 거의 없다. 그저 "잘 해라"라는 한 마디뿐이다.

앞에서 아이들에게 세상의 흐름을 읽도록 도와주어야 한다고 이야기 한 바 있다. 이를 위해서는 부모들이 다양성에 유연해지는 노력을 해야 한다. 다양한 교육법에 등급을 매기기보다는 하나하나 존중하고 인정해야 한다. 어차피 우리 아이들이 사는 세상은 우리 부모님들의 세대가 그랬던 것처럼 의사나 변호사가 되기 위해 모두 한 곳을 향해 뛰어가는 양상이 아니기 때문이다. 옆집 엄마가 아이들을 아이비리그 보낸다며 학습 매니저를 자처하고 하루 종일 바삐 뛰어도, 나중에 애들이 다 커버리면 어쩌려고 그렇게 아이한테 올인하느냐고 걱정할 필요가 없다. 어릴 땐 체력과 근성만 길러주면 된다며 학교 들어갈 때까지 운동만 열심히 시키고 한글을 가르치지 않는다고 뭘 모르는 엄마 취급할 필요도 없다. 모두 자신이 결정하고 선택한 양육법이다. 그에 따르는 장점도, 혹 따를지 모르는 단점도 모두 그들 자신의 몫이다.

우리 사회에서 자녀 교육이 어려운 이유는 서로 지나치게 간섭하고 평가하기 때문이다. 부모가 서로의 다양한 결정에 유연해지면 나름 옳다고 생각하는 최선의 방식대로 아이들은 다양하게 성장한다. 먼 훗날 우리 사회를 생각할 때 다양성이 자라는 것은 좋은 일이다. 서로 비교하고 비교당해 불행한 일은 이제 그만했으면 한다.

영어, 영어, 영어에 목말라하는 엄마들을 위한 실전 영어 교육법

칼럼을 통해 수많은 엄마들의 사연을 접하고, 교실에서 아이들을 가르치며, 거기에 무엇보다 내 아이의 영어를 고민하게 되면서 영어교육은 더 이상 값비싼 원서 속의 이론이 아닌 당장 해결해내야 하는 문제로 다가왔다. 이 장에서 이야기하는 내용들은 그러한 고민에 대한 응급처방들이다.

아이들의 영어를 고민하는 부모님들이 가장 궁금해 하는 질문들에 대한 답변과 영어교육에 대한 자가진단법을 제시함으로써 하루 이틀에 끝나지 않을 이 긴 여정에 조금이나마 응원이 되고자 한다.

영어 교육, 왜 안 되는 걸까?

한동안 미국의 영어 교과서를 들여와 공부하는 것이 최신 유행이더니, 요즘은 대치동을 중심으로 리딩 전문 학원들이 슬슬 바람을 일으킨다. 아무리 모든 것엔 트렌드가 있다지만 우리나라에서는 영어 교육만큼 유행을 타는 것도 없는 듯하다.

영어 학습의 최고 관건은 두 가지, 시기와 방법에 있다. 영어 학습 시기는 최근 10년 사이 점점 빨라져 유치원 취학 이전의 나이로까지 낮추어졌으나, 대부분은 초등학교 입학 전후에 본격적으로 시작하는 추세이다. 영어를 접하기 시작하는 나이, 즉 영어로 된 만화영화를 보거나 알파벳 놀이를 하는 등 영어에 노출되는 단계는 어릴수록 좋지만 본격적인 영어 학습의 나이로는 초등학교 취학 전후 무렵이 적절하다. 좀 더 정확히 말하자면 우리말 책을 대략 읽고 이해하기 시작하는 나이가 집중적인 영어 학습을 시작하기에 가장 적합한 연령이다. 앞의 여러 장에서 지적했다시피 한 가지 언어의 발달을 통해 인지된 부분, 즉 말에는 규칙이 있다는 등의 언어에 대한 개념과 사고력은 다른 언어로도 전달이 되기 때문에 이 시기에 영어를 집중적으로 배우면 실력이 놀라운 속도로 향상된다.

영어 학습지, 학원, 과외 등 여러 방법 중 영어 학습의 왕도는 물론 없다. 주어진 환경과 아이의 성격에 따라 선택하되, 중요한 것은 꾸준해야 한다는 점이다. 영어는 다른 과목과 달리 단기간에 담판을 지을 수 없다. 언어를 배우는 것이기 때문이다. 한 가지 꼭 기억해야 할 점은 영어가 느는 형태이다. 언어는 꾸준히 상승 곡선을 그리며 성장하는 과목이 아니다. 지루하고 힘들게 쭉 평지를 걷다가 어느 순간 도약을 경험한다. 올라선 곳에서 다시 지루하게 자신과 싸워야 또 한 번 도약의 순간을 경험할 수 있다. 이 순간을 경험한 사람들은 영어 공부의 재미에 홀딱 빠진다.

반대로 긴 여정을 견디지 못한 사람들은 늘 교재의 첫 장을 시작하다가 좌절하고 만다. 이 도약의 시기가 오기 전에 참지 못하고 방법을 바꾸거나 아이를 데리고 이 학원 저 학원으로 방황을 시작하면 아이는 끝내 이 달콤한 경험을 해보지 못한다. 영어 학습이 제대로 되지 않는 이유는 대개 'A 학습지를 했어야 하는데 B 학습지를 했다'는 등 엄마가 방법을 잘못 선택했기 때문이 아니라, 아이의 학습 태도에 있다. 물론 좋은 교사와 좋은 교재가 약간의 지름길이 될 수는 있겠지만, 앞서 이야기한 방법들로 아이에게 동기를 심어주고 성실히 임하도록 하면 성공할 수 있다. 어느 방법을 선택해도 장단점은 있기 마련이다. 어떤 것을 많이 얻고 어떤 것을 덜 얻을 것인지 분명히 알고 결정하되, 일단 선택한 것은 꾸준히 해나가야 한다.

어학연수나 캠프 역시 마찬가지이다. 시기나 방법에 있어 생길 수 있는 득과 실을 부모가 분명히 인지하고 선택해야 한다. 초등 저학년 때 미국으로 두 달간 캠프를 간다고 하자. 학습해야 할 과목이 아닌 생활 언어로 영어가 쓰이는 것을 보면서, 시험이 아닌 놀이의 도구가 될 수 있는 영어를 경험하면서 아이들은 많은 것을 얻는다. 두 달간 학습한 결과 얻은 영어 실력이 아니라 이러한 인식이 아이에게는 큰 수확이 된다. 반면 단점도 있다. 개인차가 있긴 하지만 대부분의 아이는 가기 전 한두 달, 다녀와서 두세 달은 이 새로운 경험에 들떠 완전히 자신의 페이스를 잃는다. 심하면 굉장히 산만해지는 아이도 있다. 때문에 학과 내용이 중요해지는 5학년 이후로는 한두 달간의 단기 연수는 별로 권하고 싶지 않다. 차라리 이 시기는 테마를 정해 가족과 여행을 하고 견문을 넓히는 것이 더 큰 수확이 되지 않을까 싶다.

늘 강조하고 또 강조하고 싶은 것은 리딩의 중요성이다. 영어 습득의 관건은 결국 리딩이다. 우리보다 10여 년 앞서 영어 교육에 시행착오를 겪고 있는 일본의 경우, 국제무대에서 말 못하는 설움을 떨쳐보고자 과거 말하기 위주의 교육에 치중했던 적이 있다. 필자가 미국에서 만난 일본인 출신 대학 강사는 일본에서 말하기만을 강조한 영어 교육을 받은 세대의 아이들은 성장한 뒤 영어 말하기도 안 될뿐더러 그나마 읽고 쓰는 것도 못하게 되었다고 토로했다. 결국 일본은 읽기와 쓰기의 중요성을 절감하며 영어 교육의 방향을 다시 바꾸었다고 한다.

지금 자라고 있는 아이들은 우리 세대처럼 외국인을 보고 얼어

버리는 세대가 아니다. 담는 내용만 풍부하다면 얼마든지 쏟아낼 수 있는 역량이 있다. 더욱이 우리나라 같은 EFL^{English as a Foreign Language:비영어권 국가에서 영어를 모국어나 제2언어로 쓰지 않고 외국어로 배우는 것} 환경에서 듣고 말하는 기회는 어찌됐든 충분할 수 없다. 책을 제대로 읽도록 하고 글과 말로 생각을 표현할 수 있도록 이끌어주는 것이 궁극적인 왕도가 될 것이다. 이 땅에서 영어 교육에 목말라하는 수많은 엄마의 가장 큰 고민 몇 가지를 통해 우리가 자칫 잘못 생각할 수 있는 오류들을 짚어보자.

엄마도 영어 공부해야 할까?

몇 해 동안 칼럼을 쓰고 상담을 하면서 가장 많이 받았던 질문이 바로 "엄마도 영어 공부해야 하나요?"이다. 우선 결론부터 말한다면 "아니다"이다. 물론 엄마가 영어를 잘하면 여러모로 득이 될 수 있다. 숙제를 봐주기에도 좋고, 집에서 몇 마디 영어를 할 수도 있다. 하지만 이 부분에 대한 요즘 엄마들의 부담감은 다소 도를 지나치는 경향이 있다. 아이가 수학을 잘하려면 엄마부터 수학을 잘해야 한다고 생각하는 사람은 거의 없는데, 왜 유독 영어 못하는 것에만 죄책감을 가지는가? 이제 엄마가 영어를 못해도 아이에게 미안해 할 필요가 없는 이유를 정리해보겠다.

영어는 말, 즉 언어이다. 보통의 사람들은 별로 인식하지 못하지만 언어에는 두 가지 분야가 있다. 일상적인 의사소통 능력 BICS:Basic Interpersonal Communication Skills과 학문 인지적 언어 능력CALP:Cognitive Academic Language Proficiency이 그것이다. 다시 말해서 일상의 의사소통을 위한 언어, 학습에 필요한 인지 능력과 연관된 언어로 나눌 수 있다. 미국에서는 쉽게 표현해서 '놀이터 영어'와 '학교 영어'라고 하기도 한다. 흔히 말하는 생활 영어라는 것은 놀이터 영어 범주에 든다. 엄마가 영어 학원을 다녀서 회화를 익힌들, 제아무리 교포 2세라 한들 엄마가 집에서 늘려줄 수 있는 영어는 놀이터 영어 이상이 아니다. 물론 엄마가 영어 교육 전문가라서 집에서 아이와 영어로 수업을 하고 토론을 한다면 다르겠지만 말이다.

이는 집에서 영어를 쓰는 미국의 교포 가정 아이들이 3, 4학년이 되도록 ESOL반을 졸업하지 못하는 경우가 비일비재한 것에서도 잘 증명이 된다. 미국의 ESOL반에는 부모 한 쪽이 완벽한 영어를 쓰는 미국인인 경우도 있다. 학교에서 필요한 영어, 즉 글을 읽고 이해하고 그것을 다시 글이나 말로 표현하는 분야는 완전히 다른 인지 능력을 필요로 한다. 그리고 어느 언어나 기본 바탕은 같기 때문에 다소 표현 양식에는 차이가 있다 하더라도 한 언어에서 성장한 부분이 다른 언어를 습득할 때 그대로 이동transfer 된다. 우리말을 논리 있게 잘하는 아이가 영어도 잘하는 이유는 이 때문이다. 따라서 엄마가 영어 못하는 것에 주눅 들어 마음의 짐으로 삼기보다는, 우리말 책을 고루 읽고 아이와 대화의 시간을 많이 가지는 것이 최고의 방법이다.

실제로 내가 2006년 국제 TESOL 학회에서 발표한 사례 연구 Case Study 내용도 이 부분에 착안한 것이다. 미국의 초등학교에서 아이들을 가르칠 때, 1학년 교실에 눈에 띄던 두 명의 한국 여자 아이가 있었다. 첫 수업 내내 수줍어 아무 말도 못하고 있던 아이들에게 수업을 마치고 귓속말로 "나도 한국에서 왔다"고 얘기해주자 깜짝 놀라며 반가워했다. 다음 날부터 아이들은 조금씩 용기를 내어 손을 들고 발표를 했기에 누구보다 기억에 남았다. 학기 초 두 아이의 읽기와 쓰기 등 영어 실력은 별반 다를 바 없었지만, 1년 뒤 한 아이는 ESOL을 졸업하고 또 1년 뒤에는 GT 테스트까지 통과를 했다. 하지만 다른 한 아이는 1학년을 마치고 유급 retention 위원회에까지 회부되었다.

수줍어하던 그 두 아이에게 1년 동안 어떤 일이 있었을까? 성적이 월등히 향상된 A의 경우, 부모가 어렵게 미국으로 이민을 와서 밤낮없이 일했던 분들로 영어 실력이 제로에 가까웠다. 반면 유급 위원회까지 갔던 B의 경우, 매우 유복한 환경에서 많은 사랑을 받고 자란 교포 가정의 아이였다. 가정환경을 조사한 뒤 예상했던 결과와 너무 달라 연구를 포기할까 생각했을 정도로 제반 조건들은 전통적인 기대치를 많이 비껴갔다. 비슷한 IQ와 비슷한 동기, 적성, 성격…. 6개월간 모든 요소를 추적한 끝에 발견한 결정적인 차이는 두 가지였다. 하나는 두 아이의 모국어 실력, 즉 우리말 실력의 차이였고, 다른 하나는 부모의 기대치 차이였다. 학회에서 동료 교사들도 연구 과정을 매우 흥미롭게 지켜보면서 자신의 학생들도 비슷한 경우가 있었다며 십분 공감했다. 그 중에서 모든 ESL 교사가 동의하는 부분은 아이의 모국어 발달, 즉 자기 나라 말을 잘 읽고 이해하고 표현할 줄 아는 아이가 영어 실력도 빠르게 는다는 점이었다.

아이가 혼자서 책을 읽을 수 있게 되면 부모는 어느새 책 읽어주는 것을 멈춘다. 하지만 글자 사이사이에서 흘러나올 수 있는 수많은 이야기와 좋은 질문들을 생각할 때, 초등학교 때는 함께 책 읽는 시간을 어느 정도 가지는 것이 좋다. 그것이 엄마가 영어 학원을 다니며 회화를 공부하고, "Are you hungry?(배고프니?)" 하고 몇 마디 묻는 것보다 천 배나 아이에게 도움이 되는 일이다.

어릴 때 배운 영어를 잊지 않게 해주려면?

아이가 어릴 때 미국에서 학교를 다녔거나 영어 유치원을 다녀서 영어에 편해진 경우, 엄마들은 아이가 커가면서 말하는 기회를 점점 잃으니 스피킹 능력이 떨어지지 않을까 전전긍긍한다. 외국인 학교를 보내고 싶고, 영어학원도 매일 보내고 싶고, 어디서 원어민 선생을 구해 과외라도 시켜서 이중 언어 구사자bilingual

로 만들고 싶어 한다.

미국 대학원의 언어학 수업을 들을 때 교수님이 "완벽한 이중 언어 구사자는 없다!" 하고 단호하게 말씀하셨던 기억이 떠오른다. 이런 말을 하면 "우리 집안에 누구누구는 미국에서 대학을 나왔는데, 우리말도 완벽하게 하고 영어도 미국 사람처럼 잘해요."라고들 말한다. 하지만 이것은 완전한 허상이다. 물론 두 나라의 생활 언어(위에서 이야기한 놀이터 영어)를 준수한 발음으로 자연스럽게 구사할 수는 있다. 하지만 전문 분야에 대해서도 이중 언어로 자연스럽게 이야기할 수 있을까? 미국에서 학부를 나와 대학원에 다니고 전문 분야에 취직을 했다면, 그 사람은 전문 분야의 용어들을 우리말로는 완전히 알 길이 없다. 유학파 교수님들이 종종 조사만 빼고 죄다 영어단어를 넣어 강의하는 것도 아는 척하려고 그러는 게 아니라 그게 편하기 때문이다.

사람의 일생을 유아기부터 노년기까지 시간의 연장선상에서 생각해본다면, 어느 한 언어가 지배적으로 사용된 시기에 다른 언어는 절대 같은 양과 질로 사용되어질 수 없다. 한 마디로 '득'과 '실'을 인정해야 한다는 것이다. 초등학교 5, 6학년을 미국에서 보낸 아이들은 놀라우리만치 영어가 빨리 늘고 발음도 싹 달라지지만, 사회나 국어 면에서 발생하는 손실은 아무리 노력한다고 해도 완전히 보상될 수 없다. 아이의 영어 실력에 대해 어떤 기대치를 가지기 전에 이 부분은 반드시 명심해야 한다.

같은 맥락에서 교육 환경에 따라 달라지는 언어 습득의 정도 차이도 인정해야 한다. 영어에 노출되는 시간이 줄면 당연히 어휘나 유창함의 정도도 떨어진다. 미국에서 힘들게 배워온 영어라고 해서, 영어 유치원에서 비싼 돈 주고 배운 영어라고 해서 다를 것은 없다. 스피킹 실력이 떨어지는 것에 연연하기보다는 바뀐 환경에 맞는 최선의 'Input영어에 노출' 방식을 찾아야 한다.

우리나라 같은 EFL, 즉 영어를 외국어로 배우는 상황에서는 읽기가 최선이다. 요즘은 매체가 다양하게 발달해서 영어 방송이나 어린이 비디오를 접하기도 쉽고 인터넷 사용도 자유로우니 이들을 보완적으로 사용해도 좋다. 이렇게 많이 읽고 다양하게 써보면서 성장하면 언제고 말이 필요한 시기가 되었을 때 약간의 적응 과정만으로도 원하는 바를 구현할 수 있다. 이러한 EFL 상황을 설명할 때 필자가 가장 즐겨 사용하는 비유는 국수 뽑는 기계이다. 반죽만 제대로 들어가면 주둥이의 모양을 바꿔 끼워주는 것만으로 가늘게도 길게도, 똑똑 끊어지게도 나오는 것이 영 신통방통하다. 영어도 마찬가지다. 말을 사용할 기회가 줄어 실력이 떨어진다고 생각할 수도 있지만, 지속적으로 영어에 노출시킴으로써 반죽만 잘 이루어진다면 필요할 때 약간의 노력만으로도 필요한 모양으로 구현이 된다.

발음은 어떻게 잡아줘야 할까?

우리나라 사람들이 영어를 잘한다고 평가하는 기준의 허상 중하나가 발음에 대한 부분이다. 발음에는 '결정적 시기^{Critical Period}'라는 것이 있다. 주로 아이들의 사춘기에 해당하는 시기인데, 이 시기가 지나서 외국어를 배우면 무슨 수를 써도 원어민 발음처럼은 안 된다는 이론이다. 어찌 보면 절망적인 얘기이지만, 한편으로는 발음이 꼭 원어민 같아야 하는지에 생각이 미친다. 세계는 이미 'World English'라 하여 영미의 발음만이 아닌, 영어를 주요 언어로 사용하는 국가들의 발음까지 인정하는 추세이다. 근래 TOEFL 시험에 다양한 지역의 발음이 포함된 것도 같은 맥락이다.

미국의 대학원에서 공부할 때 교수님의 연구 대상이 된 적이 있다. 6개월 동안 발음 향상을 위한 실험을 한다고 해서 무리하게 졸라 연구 대상이 되었는데, 막상 실험 내용은 나의 기대와 완전히 다른 것이었다. 우선 '발음이 좋다'는 것에 대한 정의가 우리와는 달랐다. 발음 향상을 개별 음가 하나하나에 중점을 두는 것이 아니라, 문맥에 따라 의미가 있는 구와 절^{Thought Group}을 제대로 끊어 읽고 끊어진 말의 덩어리 속에서 속도를 빠르게 하는 것으로 보았다. 이렇게 하면 의미 전달이 명확해서 듣는 사람들이 훨씬 쉽게 받아들이고, 말하는 사람이 영어를 잘한다고 여겨진다. 뉴스 앵커나 성우들의 말이 일반 사람들의 속도보다 1.5배가 빠름에도 더 또렷하게 들리는 것도 같은 이치이다.

수업 중에 토플 시험을 위해 녹음된 몇몇 응시자들의 스피킹 테스트 부분을 듣고 동료 대학원생들과 함께 점수를 매겨본 적이 있다. 흥미로웠던 사실은 유학생 출신의 대학원생들과 원어민 출신 학생들이 점수를 매긴 양상이 크게 달랐던 점이다. 예를 들어 케냐 출신 응시자의 대답은 나로서는 전혀 알아듣기 힘든 낯선 발음이었던지라 낮은 점수를 주었는데 실제 원어민들은 가장 높은 점수를 주었고, 한국 사람임이 분명한 응시자는 해박한 단어 선택과 막힘없는 답변에도 불구하고 원어민 학생들에게서 최하점을 받았다. 원어민들에 따르면, 한국 응시자의 경우 의미 단락의 구분 없이 그저 빠르게만 쏘아대니 도대체 무슨 소리인지 알아들을 수가 없더라는 것이다.

교수님도 그 부분에 중점을 두어 연구를 진행하셨다. 교수님께서 학회에서 연구 발표를 하실 때 실험 전후 나의 변화 과정이 동영상으로 비교되어 보여졌는데, 한국 유학생들은 물론 나조차도 별 큰 차이를 못 느꼈다. 하지만 원어민 참가자들은 발표가 끝난 뒤 내게 개인적으로 와서 질문을 하고 칭찬을 할 정도로 실험 전후의 변화에 큰 관심을 보였다. 개별 음가의 발음은 변화된 것이 없는데도 제대로 끊어 읽고 그 안에서 속도를 조절해준 것이 그들의 귀에는 훨씬 편하게 들렸다고 했다.

결국 우리가 추구해나가야 하는 방향도 이쪽이 아닌가 싶다. 단지 원어민처럼 보이기 위한 노력보다는 의사소통에 효과적인 방향으로, 또한 개별 음가에 치중하기보다는 이야기 속에 얼마만큼 그들의 화법으로 내용을 전달하느냐에 중점을 두어야 한다.

엄마들의 영어교육 자가 진단법

아이가 성장하는 데 따라 엄마들의 두려움도 커진다. 유치원에서 초등학교로 갈 때, 초등학교에서 중학교로 갈 때 그리고 고등학교에 진학할 때 그 두려움은 극에 달한다. 정성 좀 들인다는 엄마들은 이때 학원 순방에 나선다. 입소문이 잘 난 학원들을 돌면서 설명을 듣다 보면 세상에 필요치 않은 수업이 없다. 이것도 저것도 다 시켜야 될 것만 같다. 내용 자체는 별것 아닌 듯하지만, 안 시키자니 불안해서 시켜야겠다는 생각이 든다.

유치원이나 초등 저학년 때 학원들을 돌며 바삐 산 아이들은 확실히 여러 면에서 뛰어나다. 하지만 그렇게 바삐 돌아가는 일상 중에, 그리고 또래보다 뛰어나다는 달콤함 속에서 엄마와 아이가 놓치고 있는 것이 분명 있다.

빨간 신호1 객관식과 작문 점수의 차이가 크다

저학년 아이들의 영어 시험 결과를 보면 굳이 얼굴을 보지 않아도 아이의 생활 스타일을 조금은 짐작할 수 있다. 물론 좋은 점수를 받은 아이는 당연히 열심히 했을 것이고, 점수가 떨어지는 아이는 다른 일에 시간을 보냈을 것이다. 하지만 이런 당연한 얘기를 하려는 게 아니다.

영어의 경우 객관식 영역에서는 높은 점수를 보이나 쓰기, 즉 작문 점수가 현저히 떨어지는 아이들이 있다. 이런 아이들은 대부분 자기 주도형으로 공부를 하는 것이 아니라, 엄마 주도하에 공부를 하는 경우이다. 작문은 주어진 주제를 읽거나 보고 자기가 생각을 해야 하며 스토리를 구상해야 한다. 거기에 글씨로 옮기는 번거로움까지 이겨내야 한다. 사고가 자유롭고 바탕 지식이 풍부하지 않으면, 무엇보다 이 말 저 말 쓰기 귀찮아하면 작문에서는 당연히 높은 점수를 받을 수 없다. 아는 것을 선택하는 객관식하고는 다르다.

내 아이가 만약 이런 상황이라면 엄마는 잠시 달리던 것을 멈추고 자신의 역할을 심각하게 고민해보아야 한다. 아이가 책을 읽고, 생각하고, 읽은 것과 본 것과 들은 것을 연결하고 고민할 시간이 충분히 있는지, 생각한 바를 말로 논리 있게 옮기며 대화를 할 시간이 있는지 생각해보아야 한다. 국어도 마찬가지겠지만 영어 작문에서 이는 매우 중요한 신호다.

수많은 아이디어가 산만하게라도 뿜어져 나오는 아이는 지도하기가 쉽다. 이야기를 정리하는 연습을 시키면 되고 문법이나 단어, 표현들은 훈련을 시키면 된다. 즉 성장 가능성이 크다는 얘기다. 하지만 몇 마디 정확한 표현과 단어로 몇 줄 써버리고 더 이상 쓸 게 없다고 하는 아이는 선생님이 도와줄 수 있는 부분이 많지 않다. 아무리 함께 브레인스토밍을 하고, 그림을 그리며 배경 지식을 모아보려 해도 아이 속에 들어 있는 생각과 느낌, 즉 말하고자 하는 내용이 없다면 발전을 기대하긴 힘들다. 책을 보고 생각할 시간, 모르는 것을 보고 궁금해 할 시간, 부족한 것을 느끼고 배우고 싶다는 생각이 들 시간이 아이들의 하루 속에 꼭 있어야 한다. 이것이 강한 동기가 되어 배움으로 연결될 수 있기 때문이다.

빨간 신호2 초간단 몇 문장으로 작문이 끝난다

초등학생들이 방학 숙제로 쓴 일기를 보면 "나는 아침에 일어났다. 학원에 갔다. 친구들과 놀았다. 참 재미있었다" 식의 초간단 작문들이 자주 등장한다. 쓰기 싫은 글을 억지로 쓰게 하니 그렇고, 작문하는 법을 배운 적이 없어서도 그렇다. 시중의 영어 작문 교재 대부분이 어휘나 표현 중심의 학습에 한정되어 있어 그 안타까움은 더욱 크다.

작문 교육의 대안을 찾기 위해 미국 초등학교에서 이루어지는 작문 수업 과정을 눈여겨볼 필요가 있다. 보통 한 가지 주제로 일주일에 걸쳐 작업을 하면서 함께 주제에 대해 이야기하고, 초고를 쓰고, 다시 이야기하고(이때 문법 검사는 하지 않는다), 수정본을 쓰고, 선생님이 검사한 뒤 완성본을 쓴다. 물론 발표 시간도 이어진다. 1학년 때부터 아주 사소한 소재를 가지고 이러한 과정을 반복하면서 자연스레 글 쓰는 과정을 익히는 것이다. 여러 내용을 쓰기보다는 한 가지 주제를 긴 호흡으로 쓴다.

미국에서 초등학생 작문 지도를 위한 워크숍에 참여한 적이 있다. 미국 공립학교에는 읽기 지도 전문가Reading Specialist라는 선생님이 있는데, 그 워크숍의 진행자도 그런 분이셨다. 그때 가장 인상에 남았던 이야기는 아이들이 인생에서 의미 있는 순간을 발견하도록 훈련시키라는 것이었다. 언뜻 들으면 뭔가 거창한 이야기인 듯 싶지만, 여기서 '의미 있는 순간'이란 자기에게 감흥을 주는 어떤 순간, 다시 말해 아주 사소하고 구체적인 순간을 뜻한다. 가령 아이가 쓴 "오늘 선생님한테 혼이 났다"라는 단순한 문장을 놓고 아이로 하여금 그 상황 속으로 들어가보게 하자. 그러면 아이는 혼이 났을 때 자신의 느낌, 더 구체적으로는 얼굴이 얼마나 달아올랐고 손가락은 어떻게 안절부절 못했는지까지 묘사할 수 있으며, 혼을 내는 선생님 모습이 무엇처럼 보였는지, 목소리는 어떤 소리와 닮아 있는지, 좋아하는 친구가 쳐다볼 생각에 뒤통수가 찌릿찌릿했던 느낌까지 기억해낼 수 있다.

결국 읽는 이에게 감동을 주는 글은 이러한 사소함을 어떻게 잘 써 나갔느냐에 달렸다. 유명한 작가 로렌스D.H. Lawrence는 "좋은 글이란 그 속의 인물들이 단순히 계단을 올라가서는 안 된다. 반드시 15개나 40개의 계단을 올라가야 한다"고 했다. 즉 글 속의 인물들이 얼마나 오래, 얼마나 긴 계단을 올라가고 있는지를 읽는 사람들이 눈으로 생생히 볼 수 있어야 한다는 것이다. 이렇게 눈에 선하게 보이는 글을 쓰기 위해서는 반복되는 일상 속에서 의미 있는 한 순간을 기억하고 마음에 담는 훈련이 필요하다. 나는 아이들에게 이런 순간순간을 마음에 담는 것을 마치 사진을 찍듯이 하라고 말한다. 기억나는 순간을 사진처럼 한 장 한 장 떠올리면 그 순간을 묘사하기가 쉬워지기 때문이다.

이렇게 아이의 글과 말이 확장되고 풍부해지려 할 때 선생님이나 엄마에게는 중요한 임무가 있다. 아이가 보여준 글 속에 담긴 아이의 마음을 보는 것이다. 또한 너무 원칙적이지 않았으면 좋겠다. 아이는 서툴지만 한껏 이야기를 한바탕 풀어왔는데 선생님이나 엄마가 빨간펜을 들어 철자나 문법부터 고친다면, 그 빨간펜은 아이 가슴에 그어지는 상처나 다름없다.

위의 워크숍에서 다룬 주제 중 한 가지를 예로 들어보겠다. 어느 여자 아이가 할아버지가 돌아가셔서 병원에 갔던 일을 글로 썼다. 아이의 작문을 워크숍에 참가한 선생님들에게 나누어준 뒤, 이 글을 읽고 가장 먼저 해야 할 일이 무엇일까 물었다. 워크숍에 참가한 선생님들은 나름 열정이 있는 분들이라 다행히 문법부터 고치자는 사람은 없었고, 대부분은 위에서 이야기한 것처럼 그 순간 아이가 느꼈던 부분을 더 풍부하게 하고자 추가 질문을 해주고자 했다. 예를 들어 "그때 병원 냄새는 어땠니?", "병실의 색깔은 어땠고, 그런 색깔들 때문에 어떤 느낌을 받았니?", "할아버지와의 어떤 추억이 떠올랐니?" 등의 질문이었다. 하지만 이 모든 것은 정답이 아니었다. 정답은 받아든 작문 공책을 내려놓고 아이를 꼭 안아주는 것이었다. 사랑하는 할아버지를 잃은 아이의 마음을 먼저 보라는 것이다. 그 정도 시간이라면 진도 나가는 데도 크게 방해되지 않을 것이다.

듣는 사람이 열심히 들어줘야 수다 떠는 게 신나는 것처럼, 마음으로 읽어주는 사람이 있다고 믿어야 아이들은 이야기보따리를 풀어낸다. 아이의 글이 토막토막 떨어져 도무지 이어질 줄을 모른다면 '나는 과연 어떤 독자였나' 하고 되짚어보자. 사소한 순간의 느낌을 묘사하도록 격려하고, 이렇게 묘사된 아이의 글을 마음으로 읽어주는 시간을 꾸준히 갖는다면 아이들은 금세 수다쟁이가 된다.

빨간 신호3 초등 4학년부터 따라오질 못한다

요즘은 초등학교 4학년이면 사춘기가 온다고 말하는 엄마가 많다. 이 시기가 되면 아이는 더 이상 엄마 뜻대로 되지 않는다고 한다. 이러한 현상은 미국도 마찬가지다. '4학년 슬럼프 현상 4th Grade Slump'이 그것이다. 의미에 약간 차이가 있긴 하지만, 우리나라나 미국이나 4학년은 중요한 시점이다.

초등 4학년은 기본 해독 능력literacy을 마치고 공부의 내용으로 이동이 되는 시기이다. 영어 교육을 예로 들어 이야기한다면, '읽기를 배우는 것learn to read'에서 '배우기 위해 읽는 것read to learn'으로 이동하는 시기이다. 읽고 쓰고 셈하고 이후의 학습에 필요한 도구를 배우는 것이 1학년부터 3학년이라면, 4학년부터는 본격적으로 학습 내용이 등장한다. 3학년까지 학습 습관이 잡혀야 한다는 의미이기도 하고, 내용 학습을 위한 기본 지식이 다져져 있어야 한다는 의미이기도 하다. 미국의 경우 4학년을 기점으로 학교 공부에 손을 놓는 학생이 대량 발생하는 경우가 많아 이에 대한 여러 연구가 있어 왔다. 결과를 간단히 이야기하자면, 이 문제를 극복하는 가장 중요한 관건은 배경 지식을 쌓는 것, 즉 가정에서 다양한 분야의 독서와 대화가 이루어져야 한다는 것이다.

우리나라의 경우 유아 시절부터 학습 습관이 학원 위주로 이루어지면서 이 부분에서도 부작용이 발생한다. 가정에서 엄마나 아빠와 자연스럽게 이루어져야 할 이야기조차 학원이 전담하면서 문제가 많아진다. 초등학생들이 과학 과외까지 받는 게 요즘 현실이다. 선생님에게서 과학 원리 몇 가지를 더 들을지는 몰라도, 엄마랑 같이 설거지 하면서 쇠숟가락은 물에 가라앉고 플라스틱 컵은 물에 뜨는 걸 본다거나, 아빠랑 같이 자전거를 타면서 아빠

자전거가 왜 더 빨리 가는지 생각해볼 기회는 갖기 힘들어진 세상이다. "왜?"라는 질문이 계속 쏟아지고, 몰라서 답답한 경험을 한 뒤에 설명을 들어야 내 것이 된다. 궁금하게 생각해본 적도 없는 과학 지식, 사회 지식을 설명해준다고 해서 배경 지식이 되지는 않는다. 이렇게 생명력 없이 쌓인 내용들은 아이에겐 그저 잊어서는 안 될 짐이 될 뿐이다.

4학년 슬럼프 문제는 영어 학습에서도 나타난다. 영어책도 곧잘 읽고 하던 아이가 학원에 가더니 실력이 뒤처진다. "역시 일찍 학원을 보냈어야 하는데 괜히 집에서 가르쳤나 보다" 하는 얘기가 들린다. 이는 학원을 일찍 안 보내서 그런 것이 아니다. 초급 과정에서 배우는 영어는 역시 내용을 배우기 위한 준비 과정이다. 읽고, 쓰고, 말하는 연습이다. 이때 읽는 책들은 거의가 재미있는 스토리북 위주이고, 작문의 주제도 신변잡기적인 것이 대부분이다. 하지만 4학년 정도 되면 읽기 부분에도 내용 전달 위주의 지문이 등장한다. 미국의 역사, 세계의 문화유산, 과학 이야기 등 더 이상 스토리북 식의 지문이 아니다. 3학년까지 이러한 내용을 쉬운 영어로 차근차근 접해서 배경 지식으로 쌓아놓지 않으면, 4학년이 되어 아이는 이중고에 시달리게 되는 셈이다. 영어도 어렵고 내용도 생소하니 책을 더 붙잡고 있기가 싫어진다.

책 읽기란 문자를 읽어 새로운 내용을 배우는 것으로만 생각하기 쉽지만, 실제로는 자기가 이미 알고 있는 배경 지식을 총합하는 과정이 더 크다. 신문의 각 면을 생각해보면 이해가 쉽다. 늘 교육에 관심을 가진 엄마라면 교육면은 슬슬 읽어도 요점이 들어오지만, 경제면이나 정치면은 재미도 없고 읽어도 무슨 말인지 모르는 부분이 많다. 용어도 낯설고 주요 흐름도 모르니 당연하다. 영어도 마찬가지다. 쉬운 영어로 된 우주 이야기를 많이 읽은 아이는 4학년 때 어렵지 않게 《Solar System》을 읽을 수 있지만, 파닉스 위주의 책이나 스토리북만 읽은 아이들은 가뜩이나 어려워진 영어 표현에 깊이 있는 내용까지 가세한 영어 교재에 큰 어려움을 느낀다.

이처럼 내용 있는 지문을 이용한 읽기 학습content reading에 대한 관심이 커지면서 최근 학원들도 이 부분을 저학년부터 다루게 하는데, 집에서 스토리북만 읽던 아이와 학원을 다니며 다양한 지문에 익숙해진 아이들이 차이가 나게 되는 것이다. 하지만 집에서도 다양한 분야의 책을 구해서 읽게 해주면 이 문제는 해결된다. 또한 책을 읽은 뒤 아이와 다음 페이지의 표와 같은 6단계에 따라 대화를 이끌어낸다면 효과는 더욱 크다.

복잡한 것 같지만 질문을 시작하는 몇 가지 구문만 기억한다면 어렵지 않다. 우선 'what(무엇)', 'who(누가)'로 시작해서, 'how(어떻게)', 'why(왜)' 질문까지 자연스럽게 이어지는 게 좋다. 여기에 'if(만약에)', 'what do you think(네 생각에는?)' 질문이 추가되면 금상첨화다. 마지막에는 아이의 실생활과 연결 짓는 질문도 꼭 넣어보자.

1. 지식(Knowledge) 단계

책의 내용을 기억하고 있는가를 묻는다. 책을 펼치면 바로 보이는 답들이다.

"세 마리의 돼지는 각각 무엇으로 집을 지었을까?" 《아기 돼지 삼형제》

"잭은 시장에서 몇 개의 콩을 받아왔을까?" 《잭과 콩나무》

2. 이해(Comprehension) 단계

책 내용을 제대로 이해했는가를 묻는다.

"나무꾼이 도끼를 물에 빠뜨릴 때마다 어떤 일이 일어났지?" 《금도끼 은도끼》

"만약에 토끼가 바다를 무서워했다면 어떻게 되었을까?" 《용궁에 간 토끼》

"토끼가 나오는 다른 이야기는 뭐가 있을까?"

3. 적용(Application) 단계

이야기의 내용을 새로운 상황에 적용해본다.

"만약 곰들이 중간에 집으로 돌아왔다면 어떤 일이 벌어졌을까?" 《골디락과 세 마리 곰》

"만약 빨간 모자 소녀가 늑대보다 할머니 집에 먼저 도착했다면 어땠을까?"

《빨간 모자 소녀 이야기》

4. 분석(Analysis) 단계

전체 이야기 속에서 일부를 생각해보도록 한다.

"왜 다른 백조들이 미운 오리 새끼를 못살게 굴었다고 생각하니?" 《미운 오리 새끼》

"《해와 달》에 나오는 호랑이는 《팥죽 할머니》에 나오는 호랑이하고 어떤 점이 비슷하고 어떤 점이 다를까?"

5. 종합(Synthesis) 단계

"이야기가 계속 되었으면 왕자와 인어공주는 어떻게 되었을까?" 《인어 공주》

"만약 갑자기 비가 내렸다면 이야기의 결말이 어떻게 달라졌을까?" 《토끼와 거북이》

6. 평가, 감상(Evaluation)

"이 책을 친구에게 권하고 싶니? 그렇게 하고 싶은 이유는 뭐니?"

부모로서 자신감을 갖는 것이 더없이 중요하다

학부 시절에 한 대학병원의 소아재활 병동에서 아이들에게 영어를 가르치는 봉사활동을 한 적이 있다. 그곳 아이들은 대부분

하루아침에 편마비가 와서 신체의 한쪽이 불편해진 경우였는데, 아이들의 어머니들과 이야기하면서 한 가지 이상한 점을 발견했다. 어머니들 모두 '내가 혹시 뭘 잘못했을까' 하는 일종의 죄책감을 가지고 있는 것이다. '임신 중에 뭘 잘못 먹었나', '그때 병원을 갔어야 했나', '그날 학교에 보내지 말 걸 그랬나' 등 아이가 잘못된 데 대해 자신 탓을 하고 있었다.

편마비란 그저 누구에게나 일어날 수 있는 교통사고와 같은 병인데도 엄마들은 그랬다. 그땐 엄마들이 그렇게 생각한다는 데 안타까움이 컸지만, 엄마가 되고 보니 그분들의 심정이 이해가 된다. 내 잘못된 선택이 아이에게 해가 되면 어쩌나 하는 생각, 더 좋은 선택을 할 수 있는데 지금 실수하는 건 아닌가 하는 불안감이 그렇고, 혹 결과가 만족스럽지 않을 때 후회되는 마음이 그렇다. 부모라면 누구나 이런 두려움이 있다.

선택에 대한 두려움 때문인지 우리는 대개 다수의 사람이 하는 쪽으로 따르며 안심을 하곤 한다. 동네 아이들이 다 다니는 학원에 우리 아이도 보내고, 애들이 다 가지고 있으니 우리 애도 사준다. 언젠가 근거 없이 불어닥친 인라인스케이트 바람이며 요즘 유행하는 창의력 수학 바람도 그렇고, 모두가 안 좋은 걸 뻔히 알면서 사주는 게임기도 그렇다. 엄마가 좋다고 판단하고 아이도 좋다고 하면 선택하는 것이고, 남들이 다 하더라도 엄마가 안 좋다고 확신하면 아무리 졸라도 아이에게 단호할 수 있어야 한다.

엄마들은 자신의 선택에 좀 더 자신감을 가질 필요가 있다.

물론 주체적인 엄마 노릇이라는 것이 그리 쉽지는 않다. 요즘은 선택의 기회가 많아지다 보니 정보가 더욱 중요해지고 있으며, 엄마들도 정보의 흐름에 따라 움직인다. 대치동에는 정보를 쥐고 있는 엄마들 옆에서 치사하지만 친하게 지내며 정보의 혜택을 보는, 일명 '악어새맘'이라 불리는 엄마들도 있다고 한다. 아이가 대학만 들어가면 꼴도 안 보리라 이를 갈면서 겉으로는 친분을 유지해야 하니 그 스트레스가 얼마나 클까. 특히 요즘은 유아 때부터 팀으로 하는 활동이 많다 보니 팀을 짜와야만 받아주는 학원이 늘고 있어 '주체적' 운운하다가는 자칫 왕따 엄마가 되어 아이 미술학원도 못 보내는 신세가 될 수도 있다. 엄마 노릇이 정말 쉽지가 않은 요즘이다.

앞서 이야기한 사커맘이나 알파맘처럼 적극적으로 육아에 참여하는 것만이 정답이 될 순 없지만, 최소한 엄마의 역할을 짐으로 여기진 않았으면 한다. 쉽게들 우리나라 교육 현실을 탓하지만, 곰곰 생각해보면 사커맘도 알파맘도 원조는 미국이다. 아이를 잘 키우고자 노력하는 데 비단 우리만 힘든 것이 아니라는 얘기다. 학원 셔틀 버스가 없는 미국 같은 경우 서넛이나 되는 아이들 과외활동에 맞추어 엄마가 차로 데려다주고 데려오는 일은 말할 수 없이 번거로운 일이다. 하지만 똑같이 힘이 들더라도 내 생각, 내 판단에 따라 선택해서 하는 일이기 때문에 남이 하니까 죄다 숨차게 따라하는 우리네 엄마들보다는 덜 지쳐 보인다.

한 가지를 배우든 열 가지를 배우든, 알파맘이 되어 아이의 학습 매니저가 되든 베타맘이 되어 자유방임으로 키우든 간에 모든 결정을 엄마가 적극적이고 주체적인 마음으로 했으면 한다. 엄마가 옳다고 믿어야 아이도 마음 놓고 배우고, 엄마가 잘된다고 확신을 가져야 아이도 믿고 따라온다. 아이들은 엄마가 믿는 만큼 성장하기 때문이다.